# Gemüsegärtnern wie die Profis

## Boden schonen | Ertrag steigern

CHARLES DOWDING

blv

# Was Sie in diesem Buch finden

# Gärtnern wie die Profis

## Einführung

Bei meinen Praxiskursen auf der Lower Farm habe ich viele wunderbare Menschen kennengelernt. Einige waren Neulinge im Garten, andere blicken auf lebenslange Erfahrung zurück.

Allen gemein war, dass sie leichtere und produktivere Methoden erlernen wollten, um ihre Gärten und Gemüsegärten zu bearbeiten, und um mehr Produkte mit besserem Geschmack über einen längeren Zeitraum ernten zu können. Sie wollten lernen, welche Arbeiten »als Nächstes« erledigt werden müssen, um das ganze Jahr ernten zu können.

Viele Kursteilnehmer brachten ihre eigenen Ideen mit ein und zeigten mir, wie viel selbst ich noch lernen muss – nach drei Jahrzehnten Erfahrungen mit professionellem Gemüseanbau. In der Tat ist es sehr einfach, sein eigenes Gemüse zu ernten, wenn man auf das Umgraben verzichtet und zum richtigen Zeitpunkt sät. Mein Kursziel ist einfach: Fangen Sie an, staunen sie und genießen Sie die Erfahrungen.

## Erfolg ohne Umgraben

Meine eigene Situation ist eher untypisch, weil ich im Grenzbereich von häuslichem Garten und professioneller Vermarktung arbeite. Obwohl ich große Ernten einbringe, fühle ich mich mit Maschinen nicht wohl. Ich fing an mit ein paar Hochbeeten und habe alles stets in Handarbeit erledigt, wie im Hausgarten.

Auf das Umgraben zu verzichten, war mein Schlüssel zum Erfolg: So spare ich nicht nur Zeit, sondern habe auch weniger mit Unkraut zu kämpfen, weil auf

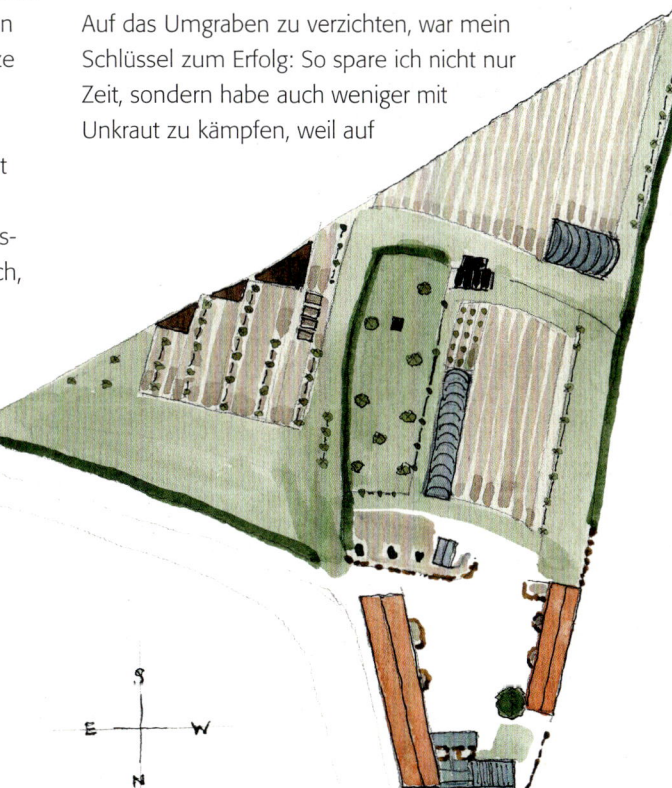

ungestörtem Boden weniger Wildkräuter-Arten wachsen. Bekannte und Gärtnerkollegen wundern sich immer wieder über meine sauberen Beete. Weil ich weniger jäte, kann ich einen größeren Garten bearbeiten und mich intensiver um den Boden kümmern.

Auf der Suche nach einem Kompromiss zwischen Wirtschaftlichkeit und hoher Qualität habe ich Vieles ausprobiert, um die Qualität des Bodens zu verbessern. Es stellte sich heraus, dass sich Wachstum und Qualität verbessert haben, seit ich meine Beete zwei bis drei Fingerbreit hoch mit Kompost mulche. Jedes Jahr liegen zwei Drittel der Gesamtfläche unter Mulch; das letzte Drittel sind die Wege und die abgeschrägten Randbereiche der Beete.

Gemüse ist hungrig. Egal wie groß sie bei der Ernte sind, alle Arten benötigen dieselbe Zeit zum Säen,

Pflanzen und Jäten; es ist also mehr als sinnvoll, den Boden so produktiv wie möglich zu nutzen.

## Die Gärten der Lower Farm

Die drei Teilgärten (1997, 1999 und 2006 angelegt) nehmen eine Fläche von etwa 4000 m² ein und bestehen aus Beeten, in denen Gemüse und Salat wächst. Ich verkaufe sie vor Ort, die Salate in Form gewaschener Blätter verschiedener Sorten in abgepackten Beuteln.

Das Gemüse wächst im Freien in Beeten mit nördlicher Exposition, die nicht umgegraben werden. Außerdem nutze ich zwei Polytunnel (5,50 × 9 m und 3,50 × 18 m) für Tomaten, Basilikum, Gurken und Melonen im Sommer und Salat im Winter und zeitigen Frühjahr.

Der untere Garten im August 2005; links wächst Spargel.

**Unterer Garten.** Als wir im November 1997 die Lower Farm übernahmen, habe ich im alten Küchengarten, damals eine Ziegenweide, sofort Knoblauch gepflanzt und Dicke Bohnen gesät.

Bis zum Jahresende hatte ich die Hälfte der Fläche umgegraben, und dabei Ampfer, Löwenzahn und Quecken entfernt, Ziegenmist in den Boden eingearbeitet und die Fläche in 1,20 m breite Beete mit 50 cm breite Wegen verwandelt. Danach konnte ich sofort mit Säen und Pflanzen beginnen.

Die Pflanzen wuchsen prächtig in dem dunklen Boden, der über die Jahrhunderte durch Stallmist und Nachtstuhl reichlich gedüngt worden war. Im ersten Jahr wuchsen dort noch einige Gräser, die ich mit der Handschaufel ausgrub und jede Menge einjährige Unkräuter, denen ich mit der Hacke zu Leibe rückte.

Im nächsten Jahr gründete ich einen Lieferservice für Frischgemüse und brauchte mehr Platz.

**Oberes Feld.** Ich hatte das obere Feld ins Auge gefasst, auf dem im zweiten Jahr biologisch angebauter Weizen wuchs. Mein Bruder überließ mir das etwa 800 m² große, spitze Dreieck am unteren Rand des Feldes. Also hackte ich eine Lücke in die Brombeerhecke und stand im klebrigen Matsch eines verdichteten Tonbodens.

Als Erstes grub ich den Ampfer aus; es gab verdächtig wenige einjährige Unkräuter. Vielleicht war der Boden zu sumpfig, denn dieser Herbst war feucht gewesen.

Da im August ein Federzahngrubber das Feld bearbeitet hatte, war die oberste Bodenschicht weich und klebrig. Ich nahm die Herausforderung an und legte zwei 20 m

Oberes Feld im September 2010/2011; von links: Asia-Salate, Porree, Chicorée, Bohnen, Pastinaken, Kohl.

lange, etwas erhöhte Beete an, indem ich Erde von den späteren Wegen auf die Beete schaufelte. Dann breitete ich zwei Fingerbreit hoch Pferdemist aus und säte im November Dicke Bohnen.

Obwohl sich die Erde wie Klebstoff anfühlte, wuchsen die Bohnen, bis sie im Mai von der Braunfleckenkrankheit befallen wurden – die Ernte fiel entsprechend mickrig aus. Bis dahin hatte ich Beete auf der gesamten Fläche angelegt und erntete winzige Zwiebeln, bleistiftdünnen Porree und Kohl ohne Herz. Alle zwei bis drei Wochen jätete ich mit der Hacke die Unkräuter, während sich der klebrige Boden bei Trockenheit in Beton zu verwandeln schien.

Offenbar war der Boden kaum durchlüftet, weil ständig schweres Gerät darüber gefahren war. Ich war mir nicht sicher, wie lange die Regeneration dauern würde,

mulchte die Beete aber jeden Herbst mit Pferdemist und grünen Pflanzenabfällen. Im zweiten Jahr war das Wachstum normal und das Unkraut ging zurück – ich fühlte mich ermutigt.

Wenn ich heute auf den üppigen Wuchs im Garten schaue, scheint diese Vorgeschichte unglaublich. Bei Starkregen fließt das Wasser nicht oberflächlich ab, wie auf dem Feld daneben, sondern dringt in den Boden ein. Unkraut wächst fast keines mehr, die Ernte ist reichlich und die Pflanzen sind gesund.

**Obstgarten.** Im Herbst 2005 übernahm ich unerwartet eine weitere, dreieckige Fläche auf demselben Feld, genauso feucht und nach Norden exponiert. Der Boden war nach sechs Jahren Nutzung als Wiese gesund und es gab viele Regenwürmer – und der Ampfer wuchs noch höher. Da ich damals die Gartenfläche nicht

Die Spalierapfelbäume im fünften Sommer; dazwischen wachsen zahlreiche Gemüsesorten.

erweitern wollte, überlegte ich mir, was ich mit der Fläche anfangen sollte. Im Februar 2006 breitete ich in der obersten Ecke schwarze Plastikfolie über Gras, Löwenzahn, Quecken und Kriechendem Hahnenfuß aus. Ende Mai entfernte ich die Folie und verteilte 7 bis 10 cm hoch grüne Pflanzenabfälle auf dem inzwischen fast sauberen Boden. Dann pflanzte ich Riesenkürbisse, grub die restlichen Quecken mit der Pflanzschaufel aus – mehrmals. Und fuhr eine beachtliche Kürbis- ernte ein.

Dann entschied ich mich, die ganze Fläche mit Obst- bäumen, vorwiegend Äpfeln, zu bepflanzen, weil ich dachte, Obstbäume erfordern keinen großen Arbeitsauf- wand. Im März 2007 legte ich zwischen zwei Baumrei- hen zwei Versuchsbeete an – eines wurde umgegraben, das andere nicht. Das ging gut, bis die Apfelbäume ihre Wurzeln bis in die Beete ausdehnten und umgesetzt werden mussten.

Außerdem startete ich Experimente mit unterschied- lichen Mulchmaterialien, die ich zwischen den Baum- reihen auf der Wiese verteilte. Ich wollte sehen, welcher Mulch gut funktionierte und wie lange es dauerte, bis ich Gemüse in sauberen, ungestörten Boden pflanzen konnte. Meine Experimente lieferten durchweg ausge- zeichnete Ergebnisse – sie flossen in dieses Buch ein.

An einem meiner Kurse (Oktober 2008) nahm glück- licherweise Mike Bowser teil, der seit vielen Jahren Äpfel anbaut und vermarktet. Er wies mich darauf hin, dass meine Obstbäume genauso viel Platz verbrauch- ten wie meine Gemüsebeete und riet mir zu Spalier- bäumen, die viel Platz zwischen den Reihen lassen. Im selben Herbst folgte ich seinem Rat, obwohl meine Bäume nicht speziell als Spalierobst beschnitten waren. Viele Zweige wuchsen nach außen und oben; ich musste sie sorgfältig umziehen. Inzwischen sehen sie zwar ziemlich unkonventionell aus, aber es gelang mir in zwei Jahren, die meisten Zweige in die Horizontale zu ziehen – im Eigenbau mit Haselnussstangen und Bambusstäben. In diesem Buch gebe ich keine Tipps zum Obstanbau, empfehle Ihnen aber, Zäune und Ecken Ihres Gartens für Spalierobst zu nutzen. Spaliere geben einem Garten Struktur und die Blüte- und Frucht- zeiten sind wunderschön. Schneiden Sie die Bäume nach dem gesunden Menschenverstand in die Form, die Ihnen gefällt – die Möglichkeiten sind grenzenlos. Sie brauchen keine teuren Rankgitter aus Pfosten und Drähten, um einen Fächer oder anderes Spalier zu erziehen.

## Nutzen Sie neue Ideen

Dieses Buch ist das Resultat meiner 30-jährigen, reichen Erfahrung auf der Lower Farm und anderswo. In dieser Zeit habe ich unterschiedliche Möglichkeiten auspro- biert, um den Boden zu pflegen, zu säen, das Unkraut unter Kontrolle zu halten, zu gießen und zu ernten. Das vorliegende Buch ist die Summe meiner Erfolge und Niederlagen. Ich finde Fehler hilfreich, wenn auch schmerzlich, denn sie halfen mir, bessere Ernten zu erzielen.

Dieses Buch ist kein Kompendium über Gemüseanbau. Vielmehr möchte ich Sie und andere Gärtner ermuntern und die wichtigsten Regeln aufzeigen, wie man mit einfachen Methoden mehr Gemüse ernten kann. Außerdem möchte ich aufzeigen, dass ein gepflegter Gemüsegarten ebenso schön und attraktiv sein kann wie ein Ziergarten. Man hört nur selten von »schönem« Gemüse und angepriesen wird es noch seltener, aber Gemüse, das auf gutem, gesundem Boden wächst, hat wirklich seinen Reiz. Die Farbpalette der Blätter ist üppig und auch bei den Formen haben Sie eine große Auswahl. Durch geschickte Kombination glänzender Blattfarben schaffen Sie echte Hingucker.

Ich hoffe, das Buch gefällt Ihnen und hilft Ihnen dabei, die Lust auf Gemüse zu wecken und mit weniger Auf- wand bessere Ernten zu erzielen.

# Ein neuer Weg

## Was ist notwendig, was unnötig?

Mein Weg unterscheidet sich teilweise deutlich von den üblichen Techniken des Gemüseanbaus, die von historischen Entwicklungen und Missverständnissen geprägt wurden, insbesondere, was den Boden angeht. Vielfach werden Ratschläge gegeben, ohne die Voraussetzungen zu berücksichtigen. Ein Beispiel: »Sie müssen Bretter auf feuchten Beeten auslegen, um die Erde nicht zu verdichten.« Das gilt aber nur für umgegrabene oder anderweitig gelockerte Erde. Ich schiebe schwere Schubkarren über den Tonboden in meinem Garten, ohne ihn zu verdichten – nicht umgegrabener Boden hat eine fest Struktur. Fast alle Hinweise und Warnungen gelten nur für umgegrabene Böden, denn der Spaten zerstört den Bodenaufbau. Auch meine anderen Kernpunkte mögen auf den ersten Blick ungewöhnlich erscheinen; mir haben sie geholfen, erfolgreich Gemüse anzubauen.

## Bodenvorbereitung einmal ganz einfach

Der erste Ratschlag ist meist, das Gemüsebeet einfach oder mit doppelter Spatentiefe umzugraben (Holländern). Die meisten Gärtner haben diesen Rat so oft gehört, dass sie ihn *widerspruchslos akzeptieren*.

In der Tat ist Umgraben nicht nötig. Mein Vergleich von umgegrabenen neben nicht umgegrabenen Beeten ist eindeutig (siehe Seite 39 ff.): Umgraben schadet dem Boden, wie Besucher und Kursteilnehmer selbst erfahren konnten. Die beiden nicht umgegrabenen Beete trugen im Frühling reicher, während sich die umgegrabenen Beete erst von der Spatenbearbeitung erholen müssen – erst im Herbst sind beide wieder gleichauf. Auf den umgegrabenen Beeten wachsen mehr Unkräuter und ihre tonige Oberfläche erschwert das Gießen; sie verschlammt und trocknet schneller aus.

Mein Rat ist einfach: Stören Sie die Bodenstruktur so wenig wie möglich, benutzen Sie den Spaten nur zur Ernte von Pastinaken, zum Bäumepflanzen oder Unkrautausgraben. Befreien Sie den Boden mit Mulch aus Pappe und Kompost von Unkräutern und Gräsern und graben Sie verholzte Pflanzen aus (siehe Seite 49 ff.). Danach halten Sie das Unkraut unter Kontrolle, wenn sie regelmäßig mit der Hand oder Hacke jäten. So lange der Boden ungestört bleibt, ist diese regelmäßige Arbeit leicht zu erledigen.

## Freunde im Boden

Der Boden lebt. Nützliche Bakterien, Pilze, Würmer, Käfer und andere brauchen regelmäßige Kompostgaben als Nahrung. Ich breite Jahr für Jahr zwei bis drei Fingerbreit hoch Kompost auf den Beeten aus, meistens nach der letzten Ernte im Herbst. Während des Winters

**LINKS: Charles verteilt im Oktober Kompost aus dem eigenen Garten auf den abgeernteten Bohnenbeeten.**

verwittert der Kompost zu einem lockeren Mulch, in den Sie direkt säen oder pflanzen können.

Daher sollten Sie stets genügend Kompost ansetzen, um alle Beete mulchen zu können.

Kompost verbessert den Ernteertrag und erleichtert die Gartenarbeit. Betrachten Sie Kompost als Dünger für den Boden, weniger für die Pflanzen. Die gebundenen Nährstoffe im organischen Mulchmaterial werden durch zahllose Mykorrhizapilze für die Pflanzen aufgeschlossen und der Mulch hält die Bodenfeuchtigkeit fest.

Der Boden soll nicht vermischt, gestört, angekratzt, ja nicht einmal gekitzelt werden. Nur größere Brocken organischen Materials an der Oberfläche werden im Winter und Frühling mit der Grabgabel oder dem Rechen zerkleinert, um die Beetoberfläche zu glätten.

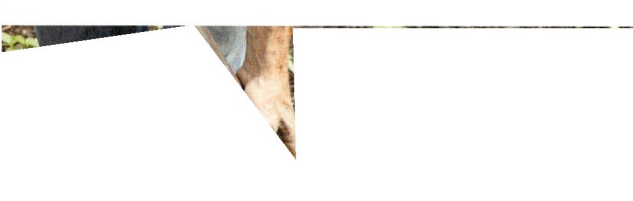

**Im Mai wird Kompost zwischen den Möhrenreihen verteilt.**

## Kompost verwenden

Kompost entsteht bei der Verrottung von Pflanzenresten, Tiermist oder beidem, und ist dunkelbraunes, reichhaltiges und lebendiges Bodengold (siehe Seite 81 ff.). Reifer Kompost ist krümelig und weich; feuchter und klebriger Kompost wird auf der Oberfläche ausgebreitet und verrottet unter der Lufteinwirkung schneller.

Kompost gibt dem Boden Nährstoffe zurück, aber völlig anders als wasserlösliche, chemische Dünger, die kein oder nur wenig organisches Material enthalten. Chemischer Dünger wird ausgewaschen, bevor ihn die Pflanzenwurzeln ganz aufnehmen können. Daher darf chemischer Dünger nur sparsam und sehr gezielt zu bestimmten Zeiten im Jahr ausgebracht werden – angepasst an den Bedarf der Pflanzen.

Die Nährstoffe im Kompost sind dagegen meist wasserunlöslich. Sie bleiben im Boden, bis die Pflanzenwurzeln sie bei der richtigen Temperatur auf der Suche nach Nährstoffen mobilisieren. Es ist also nicht nur möglich, sondern sogar praktisch, den Kompost im Herbst und Winter zu verteilen, ohne befürchten zu müssen, die Nährstoffe könnten ausgewaschen werden. Bei tiefen Temperaturen ruhen auch die Bodenorganismen. Die Nährstoffe für die nächste Vegetationsperiode warten sicher gespeichert im Kompost.

Sie können den Kompost sogar auf Beeten ausbreiten, in denen Sie Möhren oder Pastinaken säen möchten. Üblicherweise wird davon abgeraten, aber das gilt nur dann, wenn der Kompost in den Boden eingearbeitet wurde. Nur dann bilden sich Zonen mit unterschiedlichem Nährstoffgehalt, und die Möhrenwurzeln verzweigen sich. Auf der Oberfläche ausgebreiteter Kompost gibt seine Nährstoffe jedoch gleichmäßig und langsam an den Boden ab. Davon profitieren alle Gemüsesorten, auch Möhren und Pastinaken. Säen Sie direkt in den Kompost. Die Samen keimen gut, nehmen Nährstoffe auf und bilden gute Wurzeln.

## Sauberer Boden in drei Schritten

Viele Gärtner ärgern sich (zu Recht) über Unkräuter, dabei wird man ihrer relativ leicht Herr. Sobald der Boden frei von Unkrautsamen und -wurzeln ist, werden Säen und Pflanzenpflege sehr viel einfacher und angenehmer. Gehen Sie in drei Schritten vor, im ersten Jahr fällt die meiste Arbeit an.

**1.** Entfernen Sie alle verholzten Pflanzen. Dann werden die Unkräuter mit Mulch abgedeckt – die Dauer richtet sich nach der Art der Unkräuter – oder mit der Hand gejätet. Bei trockenem Wetter können Sie die Hacke einsetzen.

**2.** Jäten oder hacken Sie die Unkräuter, *so lange sie noch klein sind*, vor der Blüte und dem Samenansatz. Kleine Pflanzen lassen sich leichter ausziehen als große; der Boden bleibt sauber für die Aussaat. Nachwachsende Unkräuter, wie Honiggras oder Ackerwinde müssen regelmäßig mit der Handschaufel ausgegraben werden. Das Ziel ist, das Wurzelsystem immer weiter auszuhungern, bis sie schließlich eingehen.

**3.** Boden, der nicht umgegraben, aber mit Kompost bedeckt wird, befindet sich nach meiner Erfahrung in einer Art Ruhezustand, der für Unkräuter nicht attraktiv ist – schließlich sind die meisten Pionierpflanzen, die auf gestörten Bodenflächen am besten wachsen. Die wenigen, die es dennoch schaffen, können einfach entfernt werden.

## Weniger Dünger und Wasser

Den in einem ungestörten, nährstoffreichen Boden wachsenden Pflanzen stehen Nährstoffe in genügender Menge zur Verfügung. Gemüse muss nicht mehr gedüngt werden. Nur Pflanzen im Topf brauchen Dünger und müssen gegossen werden.

Pflanzen, die in einem ungestörten Boden unter einer Kompostschicht wachsen, müssen seltener gegossen

### GRUNDDÜNGUNG STATT EINZELNE PFLANZEN ZU DÜNGEN

Ich finde es praktisch, den Kompost jedes Jahr und gleichmäßig zu verteilen. Die Gartenarbeit wird einfacher, man braucht keine Düngepläne oder Fruchtwechsel aufzustellen. Gesunder Boden ist weniger anfällig für Krankheiten, das organische Material hält die Bodenfeuchtigkeit zurück und im weichen Boden geht das Jäten einfacher.

werden. Neue Pflanzen bekommen bei mir ein- oder zweimal Wasser, dann lasse ich sie in Ruhe, damit sie ihre Wurzeln bilden. Später werden die Pflanzen nur noch in großen Abständen und dann sehr tiefgründig gegossen.

Ausnahmen sind sonniges, warmes Wetter, Salate, die neue Blätter treiben, schnell wachsende Pflanzen, wie Tomaten und Gurken, und Arten mit flachem Wurzeln, wie Staudensellerie und Feldsalat.

## Fruchtwechsel – einfach gemacht

Ein vierjähriger Fruchtwechsel wird in vielen Ratgebern geradezu mantra-artig wiederholt. Die Grundidee ist gut,

### UNKRAUT BESIEGEN

Im ersten Jahr nach dem Verzicht auf Umgraben kostet das Unkrautjäten sehr viel Zeit. Im zweiten Jahr geht es schon einfacher, sofern sich die Unkräuter nicht ausgesät haben. Ab Seite 57 finden Sie viele Hinweise zu Unkräutern und zum Jäten, außerdem Tipps, wie Sie das Unkrautwachstum eindämmen.

die Umsetzung in einem kleinen Garten aber meist unpraktisch. Es ist frustrierend, sich streng an die Regel halten zu müssen, auf einem Viertel der Fläche bestimmte Sorten anzubauen. Außerdem ist ein Fruchtwechsel unmöglich durchzuhalten, wenn man zweimal im Jahr ernten möchte.

Mein Rat ist einfacher: *Bauen Sie an, was Ihnen schmeckt* – mit etwas Planung vor der Gartensaison geht das! Machen Sie sich eine Liste, wann jedes Gemüse gesät wird, wie viel Platz es braucht und wann es geerntet wird. Dabei wird ihnen auffallen, dass beispielsweise Salate, Spinat, Möhren, Frühkartoffeln, Knoblauch zwischen Spätfrühling und Frühsommer geerntet werden. Nach der Ernte säen Sie nach Belieben für die Herbst- und Winterernte; ab Seite 139 finden Sie entsprechende Hinweise.

Für die Rotation spricht allerdings, dass Schädlinge und Krankheiten eingedämmt werden. Lassen Sie Mitglieder derselben Pflanzenfamilie (siehe Seite 141) daher nur mit größtmöglichem zeitlichem Abstand auf derselben Fläche wachsen, um die Gefährdung durch ähnliche Probleme zu minimieren.

Die »Rotation« dauert in meinem Garten unterschiedlich lange. Da ich sehr viel Salat anpflanze, liegen manchmal nur zwei Jahre zwischen Salaten auf derselben Fläche, gegenüber vier Jahren bei Vertreter der Zwiebelfamilie (Alliaceae) und zehn Jahren bei Kartoffeln. Die Abstände entstehen, weil ich nicht jedes Jahr dieselbe Menge eines bestimmten Gemüses anbaue.

## Gründünger und Kompost

Gründüngerpflanzen sollen dem Boden Nährstoffe und organisches Material zurückgeben. Ihr Einsatz muss aber sorgfältig geplant werden und insbesondere in kleinen Gärten ergeben sich Nachteile. Bedenken Sie folgende Probleme:

Möhren aus nicht umgegrabenem Tonboden (von links): 'Early Nantes', 'Purple Haze', 'Rainbow' und 'Early Nantes'.

■ Da Gründüngerpflanzen in den Boden eingegraben werden müssen, dauert es eine gewisse Zeit, bis sie verrottet sind. Dabei werden anfangs sogar Bodennährstoffe verbraucht, die den Pflanzen später fehlen.

■ Häufig werden Gründüngerpflanzen als »einfache Lösung« angepriesen – säen und vergessen; die Bodenfruchtbarkeit soll sich von selbst einstellen. Wenn Sie so vorgehen, entwickeln sich aber auch die Unkräuter prächtig und Sie verlieren im Folgejahr viel Zeit durch Jäten. Am besten werden Gründüngerpflanzen gejätet, während sie wachsen (mehr darüber ab Seite 57). Außerdem locken sie während des Wachstums und der Verrottung Schnecken an, die sich in der feuchten Umgebung wohl fühlen.

■ So lange Gründüngerpflanzen ein Beet belegen, fällt es für die Kultur von anderen Gemüsen, auch für Wintergemüse, aus.

Ich empfehle stattdessen, die Bodenfruchtbarkeit auf kleinen, überschaubaren Flächen mit Kompost aufzubauen. Säen Sie sofort nach der Ernte ein neues Gemüse, beispielsweise Möhren nach Salat, Brokkoli oder Grünkohl nach Knoblauch, oder Buschbohnen nach früher Roter Bete, und Spitzkohl nach Stangenbohnen.

Wenn Ihr Garten größer ist als die für den Gemüseanbau benötigte Fläche, pflanzen Sie statt Gründüngerpflanzen lieber Beerensträucher und Obstbäume, und reduzieren Sie die Fläche der Gemüsebeete.

## Begleitpflanzen – nicht ganz so einfach

Es bietet tatsächlich gewisse Vorteile, wenn Pflanzen nebeneinander wachsen. Mir ist schon vor einiger Zeit aufgefallen, dass Rosenkohl mit ein paar Salatköpfen

Blüten im Frühling: Lupinen sind Stauden, die zur Zierde neben den Dicken Bohnen wachsen.

dazwischen besser wächst, als auf nacktem Boden. Ab Seite 139 stelle ich erfolgreiche Kombinationen vor.

Obwohl Begleitpflanzen gerne als Allheilmittel gegen Krankheiten gepriesen werden, bieten sie nach meiner Erfahrung keinen Komplettschutz. Sie sind nicht etwa völlig unwirksam, aber ihre Wirkung ist gering und unvollständig. Mein Gemüse hat auch im Schutz von Begleitpflanzen gelitten – Zwiebeln gegen die Möhrenfliege, Studentenblumen gegen Blattläuse und Möhren gegen die Lauchmotte. Ich säe zwar immer noch wunderschöne Studentenblumen neben meine Tomaten, allerdings ohne große Erwartungen.

## Der gesunde Garten

Gesunde Pflanzen blühen prächtig, der Ertrag ist besser und das Erntegut hält länger frisch als von kranken oder schwachen Pflanzen. Diese Antwort gab ich einem Küchenchef, der sich wunderte, warum mein Basilikum länger frisch bleibt als das anderer Gemüsebauern.

Ein Garten ist erfolgreich, wenn man sich auf dessen *Gesundheit* konzentriert und nicht versucht, Krankheiten und Schädlinge zu bekämpfen. Auch in einem gesunden Boden leben große Mengen Bakterien, aber sie gehören dorthin und ermöglichen ein gesundes Pflanzenwachstum.

Ich habe nie verstanden, warum im Garten dieselben Standards gelten sollen wie in einem Krankenhaus: Wieso sollte man benutzte Töpfe und Schalen sterilisieren, das Gewächshaus desinfizieren, als müsste man die Pflanzen vor einer Unzahl gefährlicher Krankheiten schützen?

Die gesunden Pflanzen in meinem Garten wachsen in Töpfen und Anzuchtschalen, die ich seit Jahrzehnten nutze, häufig mehrmals pro Jahr, ohne dass ich sie jedes Mal auswasche, spüle oder gar ausbürste. Ich spritze das Gewächshaus und die Polytunnel im Winter mit kaltem Wasser ab, damit Glas und Plastik durchsichtig bleiben und Licht durchlassen – das ist alles.

Stallmist bewirkt Wunder im Boden; er kann nach einem Jahr auf dem Komposthaufen ausgebracht werden. Er muss garantiert nicht, wie ich einmal gelesen habe, mehrere Jahre abgedeckt verrotten. Ein Anhänger der Permakultur erzählte mir allen Ernstes, Mulch verhindere, dass Bakterien bei Starkregen auf die Unterseite der Blätter gespritzt werden!

Im Boden wimmelt es von nützlichen Bakterien, Pilzen und Fadenwürmern (Nematoden). Wenn wir ihre Aufgabe verstehen und sie fördern, wachsen Pflanzen besser und bleiben gesund. Natürlich sind auch im gesunden Boden schädliche Bakterien vorhanden, aber sie gewinnen nur dann die Oberhand, wenn die Pflanzen nicht gesund sind. Am Ende der Vegetationszeit sind manche sogar notwendig, um die Reste der sterbenden Pflanzen zu recyceln.

## Im Garten muss man mutig sein!

Ich hoffe sehr, dass Sie meine Erfahrungen animieren und Sie sie in ihrem eigenen Garten anwenden. Sie werden den Garten in kurzer Zeit zu *Ihrem* Garten machen und mit einfachen Methoden genau die Gemüse anbauen können, die *Ihnen* am besten schmecken.

Wenn Sie gesundes Gemüse ernten möchten, nutzen Sie die Anbaumethoden, die Ihnen gefallen und zu Ihrem Garten passen. Das nächste Kapitel gibt Ihnen eine Vorstellung davon, wie Sie vorgehen müssen.

RECHTS: Eine prachtvolle Ernteausbeute im Juni: Salat, Spargel, Knoblauch, Möhren, Brokkoli, Dicke Bohnen und Kartoffeln.

# Das Jahr im Garten

## Welche Arbeiten fallen wann an?

Gartenarbeit ist »erträglicher«, wenn Sie sie auf das ganze Jahr verteilen – jede Aufgabe zur besten Zeit. »Wenig und oft« führt zu drei großartigen Ergebnissen:

■ Es wird einfacher, in den Zeiten besonders großer Arbeitsbelastung die Kontrolle zu behalten, wenn Pflege der Pflanzen, Ernte, Jäten, Säen fast gleichzeitig anfallen.

■ Wenn jede Arbeit zum idealen Zeitpunkt erledigt wird, nimmt die Arbeitszeit unter dem Strich ab. Das gilt besonders für das Unkrautjäten, wenn Sie nur kleine und keine großen Kräuter jäten müssen.

■ Beete und Garten sehen ordentlicher und schöner aus, wenn alles gesund wächst.

■ Um diesen Zustand zu erreichen, stelle ich Ihnen das Jahr und die jahreszeitlichen Arbeiten im Gemüsegarten vor, die wichtigsten Arbeiten kommen zuerst.

LINKS: Das neue Jahr (Januar): Ich zerkleinere größere Kompostbrocken an der Oberfläche des Beetes.
Unten: Unter einem verschneiten Netz im Obstgarten wächst Grünkohl.

# Begriffserklärungen

**Abräumen:** Nach der Ernte werden die Blätter und Stängel der Gemüse und das Unkraut entfernt. Nur die zarten Wurzeln der Gemüse und einjährige Wurzeln bleiben im Boden. Bei den meisten mehrjährigen Unkräutern müssen auch die Wurzeln ausgegraben werden (siehe Seite 57 ff.).

**Kompost** ist verrottetes organisches Material aus dem Garten, aus Stallmist oder anderen Quellen.

**Ernte:** Die regelmäßige Entnahme einzelner Blätter oder Früchte (Salat, Zucchini, Tomaten) von derselben Pflanze über viele Monate, aber auch die einmalige Ernte von Kartoffeln und Zwiebeln. Das Wetter beeinflusst den Zeitpunkt der Ernte.

**Unter Glas** kann ein Gewächshaus, Polytunnel, Wintergarten, aber auch Fensterbänke sowie jeden Ort bedeuten, der vor Regen und Kälte geschützt ist. Alles andere ist draußen!

Im Februar säe ich im Polytunnel Radieschen zwischen Tatsoi und Pak Choi.

**Pflanzen/Einpflanzen:** Wachsende Pflänzchen werden in die Erde gepflanzt; dieser Termin unterscheidet sich vom Säen. So wird Porree im April gesät und im Juni oder Juli eingepflanzt. *Ich halte mich in diesem Buch streng an den Unterschied: Wenn ich »pflanzen« oder »einpflanzen« schreibe, meine ich nicht »aussäen«!* Allerdings benutze ich »pflanzen« auch für große Samen und Knollen, wie Kartoffeln, und für kleine Pflanzen, wie Steckzwiebeln und Knoblauchzehen.

**Boden vorbereiten:** Eine Kombination aus Abräumen – sauberer Boden ohne Unkräuter – und dem Verteilen von Kompost auf einem Beet, wenn dies seit einem Jahr oder länger nicht mehr geschehen ist. Manchmal, aber nicht immer, müssen auch größere Kompostbrocken mit dem Rechen zerkleinert werden. Die Zeitspanne zwischen dem Verteilen des Komposts und der Pflanzung beträgt nach der Ernte im Sommer zehn Minuten, im Winter bis sechs Monate, wenn die Erde nach den Herbstregen verrottet und bis zum nächsten Frühling brach bleibt.

**Rechen/Grabgabel:** Mit beiden Werkzeugen wird die oberflächliche Auflage von organischem Material ausgebreitet, nachdem es etwa einen Monat verrotten durfte. Dabei werden größere Brocken zerkleinert und zu einem Saatbeet geglättet.

**Säen:** Samen werden entweder draußen in Saatrillen oder Löcher oder unter Glas in Schalen und Töpfen ausgestreut. Detaillierte Anweisungen zum Säen und den besten Aussaatterminen finden Sie ab Seite 99 ff. und 113 ff..

**Gießen:** Ich benutze eine Gießkanne oder den Gartenschlauch. Bei trockenem Wetter ist besser, einmal wöchentlich tiefgründig zu gießen, als täglich nur ein wenig Wasser zu verteilen. Prüfen Sie mit einer Pflanzschaufel, wie tief das Wasser in den Boden eingedrungen ist, um eine Vorstellung von der erforderlichen Wassermenge zu bekommen.

**Jäten:** Alle unerwünschten Pflanzen müssen gejätet werden, entweder mit der Hacke (bei trockenem Wetter bleiben sie einfach liegen) oder mit der Hand in einen Eimer, gegebenenfalls mit einer Pflanzschaufel.

# Januar und Februar

Januar und Februar sind ruhige Monate; der Arbeitsaufwand richtet sich danach, wie viel Sie schon im Herbst geschafft haben. Porree und Pastinaken, die unter einer dicken Mulchschicht aus Kompost wachsen, dürften kaum erfroren sein und können noch geerntet werden.

## Boden vorbereiten

**Kompost verteilen:** Breiten Sie auf allen freien Flächen gut verrotteten Kompost oder Stallmist aus; der Frost bricht das organische Material auf.
**Rechen/Grabgabel:** Zerkleinern Sie bei warmem, trockenem Wetter größere Brocken Kompost oder Stallmist, den Sie im Herbst verteilt haben.

## Säen

Sie können draußen bereits erste Gemüse säen, wenn auch mit zweifelhaftem Erfolg. Stecken Sie Knoblauchzehen in die Erde, wenn das nicht bereits geschehen ist. Säen Sie Kopfsalat, Spinat, Zwiebeln, Weißkohl, Blumenkohl und Dicke Bohnen unter Glas aus. Ab Mitte Februar werden Petersilie, Dill und Dicke Bohnen draußen gesät, bei trockenem Wetter auch Pastinaken.

## Ernte

Wurzelgemüse, wie Pastinaken und Steckrüben, und auch Lauch (Porree) werden noch geerntet.

Sofern Vögel und andere Tiere etwas übrig gelassen haben, sind nun Wintergemüse, wie Grünkohl, Rosenkohl und Weißkohl 'Tundra' und 'January King' erntereif. Bei mildem Wetter sollten sich im Februar ein paar Salatblätter (unter Folie) und Feldsalat (draußen) pflücken lassen.

# März

## Boden vorbereiten

**Unkraut jäten:** Zupfen Sie erste Gräser, Vogelmiere und Barbarakraut, und graben Sie die Wurzeln von Löwenzahn, Quecke und anderen Stauden aus. Ist der Frühling trocken, lohnt sich das Jäten der Einjährigen mit der Hacke.
**Kompost verteilen:** Wie im Januar.
**Rechen/Grabgabel:** Wie im Januar; jetzt sind die kleineren Brocken dran. Zerteilen Sie sie sorgfältig mit einer Harke oder dem Rechen.

Knackige Vielfalte: Salatblätter aus einem meiner Polytunnel.

## Säen

**Unter Glas:** Wie im Februar; dazu Tomaten, Chilis, Auberginen, Paprika und Melonen (alle mit zusätzlicher Wärme), Erbsen, Brokkoli, Stauden- und Knollensellerie, Rote Bete.
**Draußen:** Pastinaken, Zwiebeln, Radieschen.
**Pflanzen:** Knoblauch Anfang März, ab der Monatsmitte Frühkartoffeln, Steckzwiebeln, Schalotten, Dicke Bohnen und Spargel.

## Ernte

**Unter Glas:** Wie im Februar, dazu mehr Salat und Spinat
**Draußen:** Lila Sprossenbrokkoli und ersten Rhabarber

# April

## Boden vorbereiten

**Abräumen:** Die Reste von Porree, Winterkohl und Rosenkohlstängel sowie die blühenden Wintersalatpflanzen entfernen.
**Jäten:** Sobald der Boden einigermaßen trocken ist, werden die jungen Unkräuter gehackt und Unkrautstauden entfernt.
**Kompost verteilen:** Wenn die Beete schon mit Kompost bedeckt sind, brauchen Sie neuen Kompost nur für die gerade aufgeräumten Beete, beispielsweise das Porree- oder Rosenkohlbeet.
**Rechen/Grabgabel:** Wie im Januar, außer der Boden ist bereits fein gekrümelt.

## Säen

**Unter Glas:** Wie im März, dazu in der Monatsmitte Zucchini, Kürbis, Gurken, Basilikum.

**Draußen:** Porree, Möhren und Rote Bete. Heben Sie Sommerbohnen und Winterkohl für Mai und Juni auf.

## Pflanzen

Alle Kartoffeln, Brokkoli, Blumenkohl, Rote Bete, Artischocken, Erbsen, Kopfsalat, Dicke Bohnen, Zwiebeln, Spinat.

## Gießen

Salate, die unter Folienschutz überwintert haben.

## Ernte

Der letzte Porree, Wirsing und lila Sprossenbrokkoli; am Monatsende Spargel; unter Glas reichlich Salatblätter, viele Pflanzen blühen nun und können ab Ende April nicht mehr beerntet werden.

# Mai

## Boden vorbereiten

**Abräumen:** Der letzte überwinterte Grünkohl, lila Sprossenbrokkoli, Mangold, Spinat und überwinterter Salat.
**Jäten:** Im Mai wachsen die Unkräuter schnell. Jäten Sie – mit der Hand und der Hacke – und entfernen Sie Gräser am Beetrand. Von jetzt an müssen Sie Unkräuter sofort bekämpfen, sonst erobern sie dank ihres raschen Wachstums das Beet und Sie sind frustriert. Kleine Unkrautpflänzchen sind leichter zu jäten und ein sauberes Beet hebt die Stimmung.
**Kompost** auf jedem aufgeräumten Beet verteilen, falls keine Reste mehr übrig sind; Kartoffeln aufhäufeln.

## Säen

**Unter Glas und draußen:** Rosenkohl, Herbstkohl und Zuckermais; Mitte des Monats auch Gurken, Stangen- und Buschbohnen unter Glas oder Anfang Juni draußen.

## Pflanzen

Tomaten, Auberginen oder andere unter Glas wachsende Pflanzen; wenn keine Spätfröste mehr drohen, dürfen Zucchini, Kürbis, Stauden- und Knollensellerie nach draußen.

## Gießen

Vor allem Jungpflanzen, die nach draußen gesetzt wurden und Salat.

## Ernte

Nur Salatblätter, Spinat, Radieschen, Spargel, Rhabarber, überwinterter Kohl und Frühlingszwiebeln.

# Juni

## Boden vorbereiten

**Abräumen:** Spinat, Winterkohl, Zwiebeln und Salat.
**Jäten:** Wie im Mai. Achten Sie auf unkrautfreien Boden um die Pflanzen und dort, wo Sie säen oder pflanzen.

## Säen

**Unter Glas oder draußen:** Anfang Juni Grünkohl, lila Sprossenbrokkoli, Wirsing, Kohlrüben und eine zweite

Juniernte: Dicke Bohnen, Spargel, Spinat, Kohl und Rote Bete.

Saat Kopfsalat; Mitte des Monats oder später Möhren zum Überwintern, Rote Bete, Knollenfenchel und Brokkoli für den Herbst.

## Pflanzen

Rosenkohl, alle Sommerbohnen, Anfang Juni Gurken und Tomaten draußen; Porree und Kohlrüben, die zum Monatsende ins Freie kommen, haben viel Zeit zu wachsen.

## Gießen

Wie im Mai.

## Ernte

Ein aufregender Monat mit der ersten Ernte: Rote Bete, Möhren, Kartoffeln, Zucchini, Brokkoli, Blumenkohl, Salatherzen, Dicke Bohnen und Erbsen werden zu unterschiedlichen Zeiten reif. Der Spargel kann bis zur letzten Woche geerntet werden.

# Juli

## Boden vorbereiten

**Abräumen:** Einige Gemüse sind nun abgeerntet wie Salate, Möhren, Rote Bete, Spinat, Erbsen, überwinterte Dicke Bohnen, Knoblauch, Schalotten.
Entfernen Sie nach der Ernte alle Reste und Unkräuter (einige haben sich sicher angesiedelt) und treten Sie den Boden fest – sanft bei feuchtem, stärker bei trockenem Wetter. Anschließend pflanzen Sie neues Gemüse, in der Gärtnerei gekaufte oder selbst gezogene Jungpflanzen.

**Jäten:** Obwohl in trockenen Sommern weniger Unkräuter wachsen, halten Sie die Augen offen, denn schon die Samen von wenigen Unkräutern machen in den Folgejahren Arbeit.
Suchen Sie unter den großen Blättern von Zucchini, Bohnen und Kohl nach Unkraut.
**Kompost:** Wo die Kompostschicht nicht mehr sichtbar ist, breiten sie 1 cm dick neuen Kompost aus, damit wieder gesät und gepflanzt werden kann; außerdem um wachsende Pflanzen.

## Säen

**Unter Glas und draußen:** Säen Sie Herbstsalate und Herbst-/Wintersalate, wie Endivien und Chicorée, dazu Petersilie zum Überwintern.

## Pflanzen

Anfang Juli Grünkohl, Kohlrüben, Wirsing, Blumenkohl, lila Sprossenbrokkoli und Rote Bete; dazu Knollenfenchel und Brokkoli.

## Gießen

Bei trockenem Wetter brauchen Salate und alle größeren blühenden oder fruchtenden Pflanzen (Bohnen, Zucchini) Wasser. Ideal ist Regenwasser aus der Tonne.

## Ernte

Der Juli ist ein üppiger Erntemonat: Kartoffeln, Erbsen, Dicke Bohnen und Zucchini liefern nun reichlich, die Artischocken werden langsam reif und am Monatsanfang ist der Knoblauch soweit – trocknen und lagern; Schalotten ernten.

# August

## Boden vorbereiten

**Abräumen:** Entfernen Sie weiterhin alle Erntereste, damit Sie gleich wieder säen oder pflanzen können, am besten noch am selben Tag; beispielsweise Steckrüben, nachdem die Zwiebelreste entfernt sind, oder Gartenkresse nach den frühen Buschbohnen.
**Jäten:** Wie im Juli
**Kompost verteilen,** möglichst bevor Sie Herbstsalat pflanzen.

## Säen

**Unter Glas und draußen:** Asia-Salate, Rucola, Koriander und Schnittlauch werden Anfang August gesät, dazu Spinat und Mangold zum Überwintern. Darauf folgen in der letzten Woche Kohl zum Überwintern, Zwiebeln und Kopfsalat; am Monatsende Feldsalat, der ab November geerntet wird, und Salate, die im September gepflanzt werden und unter Folie im Winter wachsen.

## Pflanzen

Anfang August Radicchio, Endivien, Rucola, Asia-Salate, Schnittlauch, Koriander, Spinat und Mangold.

## Gießen

Wie im Juli; mit Kompost bedeckter Boden braucht weniger Wasser. Sie können auch Wasser sparen, wenn Sie die Saatrillen vorsichtig gießen, die Samen in die feuchte Rille streuen und mit trockener Erde bedecken.

Der August sieht die üppige Ernte der Kirschtomaten: 'Sungold', 'Sakura', 'Rosada' und andere.

## Ernte

Jetzt liefern Stangen- und Buschbohnen, Tomaten, Zucchini und Gurken reiche Ernte; Zwiebeln und Kartoffeln werden nach der Ernte gelagert.

# September

## Boden vorbereiten

**Abräumen:** Entfernen Sie nach der Ernte so schnell wie möglich Stängel und Blätter, damit das Beet frei wird für die letzte Saat Feldsalat; pflanzen Sie Asia-Salate und andere Sorten.
**Jäten:** Wie im Juli.
**Kompost:** Verteilen Sie Kompost, wo kein Gemüse mehr geerntet und die Fläche nicht für eine neue Saat gebraucht wird; oder säen sie Asia-Salate als essbaren Gründünger.

## Säen

**Unter Glas oder draußen:** In der ersten Woche werden zum letzten Mal Feldsalat, Mizuna, Rucola, Senf und Blattrettich gesät; zum Überwintern unter Glas Kopfsalat und Endivien, Mitte des Monats alle anderen Salate unter Glas für die Winterernte.

## Pflanzen

Salate für den Spätherbst (ein Teil wird später mit Folie abgedeckt); in der zweiten Monatshälfte Spinat, dann Kohl, Zwiebeln und Kopfsalat zum Überwintern.

## Gießen

Viele Sommergemüse, wie Bohnen, Tomaten und Zucchini, wachsen nun langsamer und brauchen weniger Wasser; gießen Sie stattdessen lieber Knollensellerie, Porree und andere Herbst- und Wintergemüse, die im warmen Herbstwetter noch etwas zulegen.

## Ernte

Da sich Sommer- und Herbsternte überlappen, kann der September eine reiche Ernte liefern.

# Oktober

## Boden vorbereiten

**Abräumen:** Viele Gemüse, auch Zucchini, Kürbis, Sommerbohnen, Kopfsalat, Zuckermais, Tomaten, Gurken, Auberginen oder Paprika, stellen ihr Wachstum ein. Entfernen Sie beim Säubern alle Unkräuter und zerschneiden Sie die Gemüsestängel in 15 cm lange Stücke für den Kompost.
**Jäten:** Das Wachstum der Unkräuter, auch der Zaunwinden, nimmt ab, nur Gräser und Vogelmiere bilden noch Blüten und Samen – sie müssen rigoros mit der Hand

**Im Oktober überschneiden sich die Ernten des Sommers und des Winters.**

entfernt werden, denn zum Hacken ist der Oktober meist zu feucht.

**Kompost:** Verteilen Sie Kompost und Stallmist auf dem aufgeräumten Boden; Knoblauch und Dicke Bohnen werden in Löchern gepflanzt und mit Grün- oder Mistkompost bedeckt.

## Säen/Pflanzen

Anfang Oktober ist die beste Zeit zum Stecken von Knoblauchzehen, Ende des Monats oder Anfang November kommen die Samen der Dicken Bohnen als letztes Gemüse in den Boden. Wenn möglich, pflanzen Sie Mitte Oktober noch Salat unter Folie, damit die Pflanzen vor dem Winter Wurzeln bilden können.

## Gießen

Nötig bei trockenem Boden unter den Folien, nachdem die Tomaten- und Sommergemüsebeete aufgeräumt wurden. Gießen Sie gründlich und länger als Sie sich vorstellen können, damit der Boden für die Wintergemüse durchdringend feucht ist.

## Ernte

Obwohl das Sommergemüse abgeerntet ist, bringt der Oktober noch reiche Ernte von Pastinaken, Knollensellerie, Kohl, Porree, Rosenkohl und Kürbissen.

# November

## Boden vorbereiten

**Abräumen:** Während große Sprosse und Blätter, auch vom Spargel, auf den Komposthaufen gehören, dürfen kleinere Blätter – Pastinaken, Porree oder Endivien – auf dem Beet liegen bleiben; sie werden nach der Ernte mit Kompost bedeckt.

**Jäten:** Wenn Sie im Frühling, Sommer und Herbst fleißig gejätet haben, sollten nicht mehr viele Unkräuter übrig sein. Dennoch sollten Sie immer noch jedes Gras, Labkraut, Löwenzahn und andere ausreißen.

**Kompost:** Verteilen Sie weiter Kompost, bis alle Beete nach der Ernte bedeckt sind. Verteilen Sie Kompost um die noch wachsenden Pflanzen, beispielsweise Grünkohl.

## Ernte

Geerntet werden Spinat, Mangold, die letzten Brokkoli, Pastinaken, Kohlrüben und Salatblätter (auch Pak Choi, Tatsoi, Senf, Rucola, Schnittlauch, Endivien, Chicorée, Spinat). Möhren, Rote Bete, Knollensellerie und Steckrüben werden jetzt für die Lagerung geerntet, wenn der Wetterbericht Frost ankündigt.

# Dezember

## Boden vorbereiten

**Abräumen, Jäten, Kompost:** Wie im November; die Beete werden bis Weihnachten gesäubert und Kompost verteilt, bis nur noch die Gemüse für die Winterernte wachsen.

## Ernte

Rosenkohl, Wirsing, Grünkohl, Porree, Pastinaken, Kohlrüben, Chicoréewurzeln zum Treiben, Salate wie Feldsalat, Gartenkresse und Winterportulak. Endivien, Radicchio aus dem Vorrat sowie Blätter von Pflanzen unter Folie.

# Werkzeuge und Hilfsmittel

## Was brauchen Sie wirklich?

Im Garten fallen immer wieder dieselben Arbeiten an, die mit denselben Werkzeugen erledigt werden müssen. Es lohnt sich also, nach den besten Produkten oder gut erhaltenen, alten Werkzeugen Ausschau zu halten.

In der Tat sind viele angepriesene Geräte purer Luxus; mir geht es in diesem Kapitel darum, die wirklich notwendigen Geräte und Hilfsmittel vorzustellen.

## Werkzeuge

Meine Lieblingswerkzeuge sind aus Kupfer – genauer aus einer Legierung von 95 % Kupfer und 5 % Zinn. Diese Mischung bevorzugten schon die Waffenschmiede der Römer: Das Metall ist stabil und rostet nicht, ein unschätzbarer Vorteil für Pflanzschaufeln, Hacken und Spaten. Scharfe Schneiden und glatte Oberflächen erleichtern die Arbeit, und das Metall muss nicht ständig gesäubert und eingeölt werden.

Obwohl Kupferlegierungen nicht ganz so hart sind wie Eisen und unter Böden mit vielen Steinen mehr leiden, sind sie für Dauerbelastung gefertigt. Mir ist aufgefallen, dass Pflanzschaufeln aus Kupfer stabiler sind als Werkzeuge aus Edelstahl, die häufig nach einem oder zwei Jahren an der Verbindungsstelle von Blatt und Griff brechen.

**LINKS: Im Unterschied zur Pflanzschaufel aus Kupfer (oben), hat die Edelstahlschaufel einen Schwachpunkt am Übergang von Blatt und Stiel.**

### 1 Eimer

Ein einfaches und doch vielseitiges Hilfsmittel, um Unkraut, Pflanzenreste und Schnecken einzusammeln, Wasser zu transportieren oder die Ernte ins Haus zu tragen. Schaffen Sie sich ein paar an.

### 2 Pflanzholz

Mit einem Pflanzholz bohren Sie Löcher in den Boden: für die Wurzelballen von Pflanzen aus Torfquelltöpfen und Anzuchtschalen, Steckzwiebeln, Knoblauchzehen und sogar zum Kartoffelnpflanzen. Das Loch ist schnell gebohrt und gefüllt; auch mit großen Samen, wie jenen von Bohnen oder Erbsen.

Zugespitzte Pflanzhölzer aus Holz, mit einem langen Stiel und Spatengriff., sind meiner Meinung nach am besten geeignet. Viele Modelle sind zu kurz. Man muss sich tief bücken oder hinknien und die Verteilung der Pflanzlöcher ist aus der Froschperspektive kaum zu überblicken.

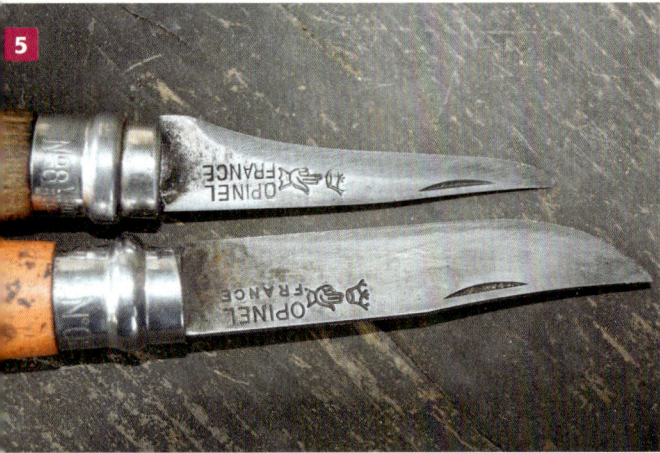

Bauen Sie ihr Pflanzholz einfach selbst: Spitzen Sie einen 75 cm langen Stiel an einem Ende zu und schleifen Sie ihn glatt und rund, um ihn gut in die Erde drücken zu können.

### 3 Grabgabel (links)

Kürzere und breitere Zinken als bei einer Mistgabel garantieren Stabilität beim Ernten von Wurzelgemüse (Pastinaken) oder dem Ausgraben der Wurzelstöcke hartnäckiger Quecken. Achten Sie auf einen stabilen Griff, der nicht bei der ersten Belastung zerbricht.

### Mistgabel (rechts)

Nützlich, um Kompost und organisches Material umzuschichten. Zum Graben sind die Zinken zu lang und zu dünn.

### 4 Hacke

Eine gute Hacke hat ein schmales Blatt mit scharfer Schneide, die leicht in die Erde eindringt. Beim Hacken sollten die Wurzeln kleiner Unkräuter nahe der Oberfläche glatt durchtrennt werden. Hebelt die Hacke zu viel Erde aus, überlebt das Unkraut und verwelkt nicht. Hacken werden in unterschiedlichen Formen angeboten: Stoß-, Zug-, Schlag- und Pendelhacken mit unterschiedlich großen Blättern und Winkeln. Probieren Sie einige Modelle aus, denn jeder hat seine Favoriten. Ich bevorzuge Pendelhacken aus Kupfer: Die dünne, scharfe Schneide durchtrennt das Unkraut beim Ziehen und Stoßen.

### 5 Messer

Im Garten fallen viele Arbeiten an, die man am schnellsten mit einem kleinen Messer erledigen kann – Schnur, Stöcke und Blumen abschneiden, Kohlköpfe und Tomaten beschneiden, Verblühtes entfernen. Gehen Sie nie ohne Taschenmesser in den Garten.

### 6 Rechen

Mit dem Rechen werden die Erdklumpen zerkleinert, Saatbeete geglättet und die Saatrillen nach der Aussaat wieder geschlossen. Mit ihr werden auch Blätter und

Gras zusammengerecht. Die Standardmodelle mit kurzen Zinken sind vielseitiger zu nutzen als Modelle mit langen Zinken.

## 7 Sense

Sensen sind vielseitiger und einfacher zu nutzen als häufig behauptet wird, vor allem wenn die Blattlänge des Schnittguts eine Länge von 60 cm nicht übersteigt. Wir benutzen Sensen zum Trimmen von Rasenkanten, Brennnesseln oder zum Brombeerenschneiden. Der Umgang mit der Sense will gelernt sein – auch hier ist das kurze Blatt hilfreich. Wer mit der Hand arbeitet, erspart seinen Nachbarn (und sich selbst) den ohrenbetäubenden Lärm eines Rasentrimmers. Nur große Rasenflächen müssen mit dem Rasenmäher gemäht werden.

## 8 Spaten

Auch wer ohne Umgraben gärtnern möchte, kommt nicht ohne einen Spaten aus: Pflanzlöcher für Bäume und große Pflanzen, Beete abstechen, Abfall zerkleinern oder Pastinaken ausgraben. Die Schneide sollte stets scharf sein (Tipps zum Schärfen auf Seite 37). Spaten aus Kupfer oder Edelstahl sind die Mehrkosten wert. Sie erleichtern die Arbeit, weil an ihnen weniger Erde haften bleibt.

## 9 Pflanzschaufel

Ich benutzte meine Pflanzschaufel häufiger als jedes andere Werkzeug: Boden vorbereiten, staudige Unkräuter ausgraben, Pflanzlöcher für Tomaten, Zucchini, Kartoffeln ausheben und anderes mehr. Kupferschaufeln sind praktisch. Ihre Schneide bleibt scharf und sie gleiten leicht durch den Boden.

## 10 Gießkanne

Während einer Trockenperiode geht nichts ohne eine Gießkanne. Entscheiden Sie sich für das größte Modell, das Sie gefüllt tragen können. Wer viel pflanzt, sollte auch in eine kleinere Kanne mit feiner Brause investieren.

## Schubkarre

Was die Kosten und Energieeffizienz angeht, rangiert die wunderbare Erfindung der Schubkarre auf derselben Stufe wie das Fahrrad. Schubkarren transportieren jegliches Material zum Komposthaufen und wieder zurück.

# Nützliches Zubehör

Manche der Hilfsmittel werden Sie gebrauchen können, andere vielleicht nicht. Viele sind ihren Anschaffungspreis aber mehr als wert: Gartenvlies ist leicht zu gebrauchen und sehr kosteneffizient. Es kostet zwar Zeit, einen Polytunnel aufzubauen und zu pflegen, aber er eröffnet ganz neue Möglichkeiten für bessere Ernten.

## Folientunnel

Ein einfaches, wirkungsvolles Hilfsmittel, um im Winter Salat zu kultivieren und im Frühling Luft und Boden zu erwärmen. Unter der auf Bügeln gespannten Folie ist es warm, die Pflanzen müssen gelegentlich gelüftet und häufiger gegossen werden. Als Alternative bieten sich Bügel für Vliese oder Netze an (Vlies- und Netztunnel siehe unten); beide garantieren bessere Belüftung und können auch direkt über die Pflanzen ausgebreitet werden.

## Bügel

Wenn Sie die Bügel aus Kunststoffwasserrohren, Elektrokabel oder Draht selbst biegen, sparen Sie viel Geld für den Folientunnel. Für ein ganzes Beet müssen die Bügel 120 cm überspannen; je breiter der Folientunnel, wird, desto höher muss der Bügel veranschlagt werden, um den Winddruck auszuhalten. Drücken Sie die Bügel in 1 m Abstand 10 bis 15 cm tief in den Boden. Ziehen Sie Folie oder Netz darüber und beschweren Sie den Rand mit Ziegelsteinen oder Pflöcken.

## Frühbeet

Nützlich, um den Saatzeitpunkt vorzuverlegen und empfindliche Pflanzen zu schützen, aber in den Ecken siedeln sich gerne Schnecken an. Voll verglaste Frühbeete sind empfindlicher, halten aber Schnecken fern.

## Komposter

Die einfachsten Komposter bestehen aus Holzwänden, alten Paletten oder einer konischen Kunststofftonne; siehe Seite 81 ff.

## Töpfe

Alles, was Kompost aufnehmen kann und ein Loch im Boden hat, eignet sich als Pflanzgefäß. Größere Töpfe verlängern die Ernteperiode; kleine Töpfe und Anzuchtschalen müssen gedüngt werden, damit das Pflanzsubstrat nicht auslaugt.

Nehmen Sie ruhig alte Töpfe. Die Erde in Töpfen aus Ton und Terrakotta trocknet schneller aus als in Kunststoffgefäßen. Töpfe müssen nicht gespült werden. Pflanzen können auch in alten Lebensmittelkartons oder -kisten, in Plastikschalen für Pilze oder Styroporboxen wachsen. Wenn die Behälter zu viele Löcher haben, kleiden Sie den Boden mit zwei bis drei Lagen Zeitung aus.

## Vlies und feinmaschige Netze

Als Wetterschutz lassen sich Vliese und Netze mehrfach verwenden, ein paar Löcher sind nicht schlimm. Vlies hält die Wärme besser und ist im Frühling besonders nützlich, weil es die Jungpflanzen vor kalten Winden schützt. Im Sommer und Herbst hält es Schädlinge ab; in mehreren Lagen oder in dickerer Qualität dient es im Winter als Kälteschutz.

Netze isolieren schlechter, sind aber stabiler als Vlies. Sie schützen die Pflanzen im Sommer und Herbst vor fliegenden Schädlingen, die sich z. B. über Kohl, Möhren und Porree hermachen wollen. Die Maschenweite ist unterschiedlich; gegen Blattläuse hilft nur die kleinste Maschenweite.

Vlies und Netze können direkt auf den Pflanzen liegen; sie werden an den Rändern mit Gewichten etwa jeden

Meter beschwert. Die Pflanzen heben die leichten Abdeckungen mit dem Wachstum an und profitieren von dem windstillen, aber luftigen Mikroklima.

## Gewächshaus

Sie können ihre Gartenarbeit an feuchten, windigen Tagen an jedem geschützten, überdachten Ort erledigen. Wenn Sie genügend Platz und Geld haben, sollten Sie sich unbedingt ein Gewächshaus anschaffen – es zahlt sich aus. Gewächshäuser aus Glas oder Stegdoppelplatten sind teuer, aber es gelangt mehr Licht ins Innere und die Wärme bleibt länger im Haus als bei Billigkonstruktionen mit grüner Gewebefolie. Im Gewächshaus können Sie Pflanzen aussäen, Pflanzen ganzjährig geschützt anbauen, Werkzeuge trocken lagern und vieles mehr. Uneingeschränkt empfehlenswert also.

Preiswerter sind kleine Polytunnel (siehe Seite 36) oder schräge Plastikdächer, die sich an eine Mauer anlehnen.

Zur Sicherheit empfehle ich, die Folie mit einem Holzgerüst zu stützen.

In kleinen Gärten plädiere ich eher für den Kauf eines mobilen »Mini-Gewächshauses« als für ein Frühbeet. Frühbeete sind solide Strukturen, nehmen viel Platz weg und sind wegen der tiefen Position anfälliger gegenüber Frost und Schnecken.

## Grobmaschige Netze

Wenn Tauben, Rehe oder Kaninchen zur Plage werden, können Sie versuchen, ihre Ernte mit Netzen zu schützen. Die Maschenweite kann bis 2,5 cm betragen; ein 4 m langes, schwarzes Netz auf einer Rolle passt über die meisten Gemüsebeete. Da die Maschen dehnbar sind, lässt sich das Netz über unterschiedlich breite Beete oder Gemüsereihen spannen. Mit Bügeln oder Stöcken bauen Sie daraus Folientunnel.

Radicchio ist unter der Vliesabdeckung vor Frost geschützt (Oktober 2010).

## Polytunnel

Polytunnel sind preiswerter als Gewächshäuser; es gibt sie in vielen Breiten und Längen. Wenn Sie etwas mehr Erfahrungen mit Gemüse im Freiland gesammelt haben, lohnt sich ein Polytunnel, um empfindliche Sorten und Pflanzen jenseits der üblichen Jahreszeit zu kultivieren. Sie können in ihm kleine Pflanzen anziehen, Zwiebeln und Knoblauch trocknen oder verschiedene Dinge darin lagern. Die Folie muss alle fünf bis sieben Jahre erneuert werden.

## Anzuchtschalen

Für die Anzucht unter Glas können Sie die unterschiedlichsten Modelle kaufen oder kostenlos andere zweckentfremden. Es ist zwar nicht nötig, alte Schalen und Töpfe zu säubern, aber die meisten Gärtnereien benutzen nur neue Schalen – was sie wegwerfen, können Sie im Garten gut gebrauchen. Nehmen Sie alte Eierkartons, Joghurtbecher oder andere Behälter in passender Größe; der Boden muss porös oder durchlöchert sein, denn in nasser Pflanzerde wächst kein Sämling lange.

Echte Anzuchtschalen sind nicht unterteilt und leicht zu verwenden. Ich schlage eine Größe von 15 × 22 cm vor. Beim Umpflanzen werden allerdings die Pflanzenwurzeln gestresst.

Noch besser gefallen mir Hartplastikschalen mit Fächern oder Löchern (Topfplatten), in die einzelne Pflanzen gesät werden; der Wurzelballen kann nahezu schadlos herausgenommen werden und die Schalen lassen sich immer wieder neu verwenden.

März: Diese Salate im Polytunnel haben im Winter viele Frosttage erlebt.

Schalen aus Styropor sind genauso gut, aber teurer. Eine Standardgröße beträgt 35 × 22 cm mit 24, 40, oder 60 Fächern oder Löchern. Die 60-er Topfplatten sind ideal für Salate, die 40-er besser für Kohlpflänzchen, die etwas mehr Substrat brauchen. Da die Topfplatten nicht überall erhältlich sind, verweise ich auf die Liste mit Anbietern. Lassen Sie die Finger von zerbrechlichen Plastikschalen als »Einsätze«.

Details zur Aussaat unter Glas finden Sie ab Seite 99.

## Gartenhaus

Sie brauchen ein Gartenhaus als sicheren Aufbewahrungsort für Geräte und Hilfsmittel, auch als Lagerraum für Zwiebeln, Knoblauch und andere Lagergemüse. Da die wenigsten Gartenhäuser vor Frost schützen, sind sie nicht als Lager für Kartoffeln oder Kürbisse geeignet.

## Schleifstein

Ein einfacher Schleifstein ist unbedingt notwendig, um die Schneiden von Spaten und Kantenstechern zweimal im Jahr zu schärfen. Das Schärfen ist nicht sehr schwierig, es geht vor allem darum, die Kanten zu glätten. Mit etwas Übung können Sie mit diesem nützlichen Gerät aber auch ein stumpfes Taschenmesser wieder scharf bekommen.

## Regentonne

Mit dem Wasser aus der Regentonne (oder einer anderen leicht zu füllenden Tonne) können Sie frisch versetzte Pflänzchen gießen. In Plastiktonnen mit Deckel und Hahn (100 bis 200 l) beginnt das Wasser rasch zu faulen, daher müssen sie regelmäßig geleert und geschrubbt werden.

Eine Topfplatte wird mit Pflanzerde gefüllt.

# Ein Garten ohne Umgraben

## Ergebnisse eines Experiments

Der Gartenboden birgt mehr Geheimnisse als wir uns vorstellen können. Einige Antworten hat mein Experiment geliefert, das ich seit 2007 durchführe: Ich habe je zwei nebeneinanderliegende Beete umgegraben bzw. in Ruhe gelassen (»ungestört«) und in beiden Gemüse angepflanzt – seither verstehe ich besser, welchen Einfluss Umgraben bzw. Nicht-Umgraben auf den Boden hat.

Ich habe herausgefunden, dass die ungestörten Beete mindestens genauso reiche Ernten liefern wie die umgegrabenen, manchmal sogar bessere. Die Kompostschicht auf den ungestörten Beeten hält die Feuchtigkeit im Boden zurück, in diesen Beeten wachsen weniger Unkräuter und das Gemüse ist, insbesondere zum Ende der Vegetationsperiode, deutlich kräftiger.

*Der Boden in einem ungestörten Beet ist fest.* Dieser Zustand ist erstrebenswert und ist etwas völlig anderes als harter, verdichteter Boden. Die Wurzeln können sich frei ausbreiten und finden dennoch einen guten Halt. Ich kann auf diesen Beeten wie auf einem Rasen herumlaufen, ohne ihn zu verdichten, da er von einem Labyrinth aus winzigen Hohlräumen durchzogen ist, die von Wurzeln und Bodenorganismen geschaffen wurden – als »Kleber« dient organisches Material.

**LINKS: Im ungestörten (vorn) und umgegrabenen Beet (hinten) wachsen dieselben Gemüse.**

Das ungestörte Bodenleben erhöht die Bodenfruchtbarkeit, Nährstoffe werden leichter mobilisiert und die Wurzeln können sie besser aufnehmen. Das fällt vor allem im Frühling auf, wenn die Pflanzen im ungestörten Boden schneller wachsen, während sich das Bodenleben in den anderen Beeten erst vom Umgraben im Winter erholen muss.

## Experiment: umgegrabener/ ungestörter Boden

### Die Planung

Im März 2007 hatte ich auf einer ehemaligen Weide mit schwerem, tonigem Lehmboden vier Beete mit Stäben an den Ecken abgesteckt und mit Schnüren abgegrenzt. Als Nächstes wurden als Wege rund um die Beete etwa 10 cm der Grassoden mit dem Spaten abgestochen und auf den Beeten abgelegt.

Die Kanten der 1,50 × 2,50 m großen Beete wurden mit 2,5 cm dicken und 22,5 cm breiten Holzbrettern gesichert; sie waren zur Imprägnierung mit einem natürlichen Öl (Osmo®) angestrichen, das keine Schadstoffe enthält. Die Wege dazwischen waren 45 cm breit.

Auf zwei Beeten habe ich 20 cm hoch Kompost verteilt – ohne umzugraben, einfach über das Gras, Löwenzahn und Hahnenfuß. Der Kompost bestand zu einem Drittel aus gut verrottetem Pferdemist (erste Lage); die obersten zwei Drittel bestanden aus kompostierten Pflanzen und 10 kg Urgesteinsmehl. In diesen ungestörten Beeten habe ich direkt in den Kompost gesät und gepflanzt.

In den umgegrabenen Beeten habe ich die Grassoden abgestochen, dann dieselben Zutaten wie in den anderen Beeten eingefüllt und zum Schluss mit den umgedrehten Grassoden abgedeckt. Im ersten Frühling wäre das Säen und Pflanzen leichter gewesen, wenn ich im Herbst oder Winter umgegraben hätte; die Frostgare hätte die Klumpen aufgebrochen.

## Der Ablauf des Experimentes

Die vier Beete erhielten dieselbe Zufuhr an Kompost, dieser wurde auf den ungestörten Beeten oberflächlich verteilt; auf den anderen mit dem Umgraben in den Boden eingearbeitet. Im Dezember habe ich alle Beete mit einer Schubkarre eigenen Komposts oder gut verrottetem Stallmist versorgt. Bei den ersten beiden Beeten ergab das eine 5 cm dicke Auflage, bei den anderen beiden wurde der Kompost mit dem Umgraben in den Boden eingearbeitet.

In beide Beetpaare säte oder pflanzte ich dieselben Gemüse und säte oder pflanzte nach der Ernte sofort nach, um gleiche Bedingungen zu schaffen. Zum Glück schlug fast keine Saat fehl. Die Beetpaare wurden gleichzeitig beerntet, die Produkte gewogen und ihre Qualität erfasst.

## Die Ernte

Beide Beete erbrachten eine ausgezeichnete Ernte, weil sie zum richtigen Zeitpunkt bepflanzt und nach der Ernte neu bepflanzt wurden; außerdem sorgten das organische Material und der Feuchte speichernde Tonboden für gute Voraussetzungen. In der Vegeta-

Die vier Beete des Experiments (von vorn): ungestört, umgegraben, ungestört, umgegraben.

tionszeit lieferten beide etwa 30 kg Gemüse ohne die nicht nutzbaren Blätter, Wurzeln und Hülsen. Die Tabelle unten stellt die vergleichenden Ergebnisse der Jahre 2007 bis 2010 dar.

Die Unterschiede zwischen früher und später Ernte belegen, dass die ungestörten Beete im Frühling besser starten, bis die umgegrabenen Beete im Spätsommer und Herbst wieder aufholen.

## Wachstumsunterschiede

Die größten Unterschiede im Wachstum zeigten sich zwischen März und Juni, wenn sich die umgegrabenen Beete noch vom Umgraben erholten.

Zwischen Frühling und Frühsommer wuchsen in den umgegrabenen Beeten viele Pflanzen etwas langsamer, vor allem Radieschen, Zwiebeln und Spinat. Ein Ver-

## Vergleich der Erzeugnisse der umgegrabenen und nicht-umgegrabenen Beete

| Gemüse | Ertrag aus den umgegrabenen Beeten (kg) | Ertrag aus den nicht-umgegrabenen Beeten (kg) |
|---|---|---|
| Bohnen, Zwergbusch- (4 Jahre) | 4,49 | 4,38 |
| Brokkoli (1 Jahr) | 1,12 | 0,62 |
| Endivien und Chicorée (3 Jahre) | 11,76 | 14,42 |
| Erbsen (4 Jahre) | 23,51 | 24,12* |
| Grünkohl (1 Jahr) | 3,95 | 4,02 |
| Kartoffeln, Früh- (3 Jahre) | 7,81 | 8,14* |
| Knollensellerie (3 Jahre) | 12,24 | 15,82 |
| Kohl, Rot- (3 Jahre) | 8,77 | 5,75 |
| Kopfsalat (4 Jahre) | 29,11 | 33,25* |
| Mangold (2 Jahre) | 12,33 | 11,59* |
| Möhren (3 Jahre) | 11,99 | 12,49 |
| Pastinake (3 Jahre) | 32,26 | 32,21 |
| Porree (4 Jahre) | 12,05 | 13,25 |
| Radieschen (3 Jahre) | 1,59 | 2,03* |
| Rote Bete (4 Jahre) | 9,52 | 10,51* |
| Salat, Herbst- (2 Jahre) | 4,03 | 4,13 |
| Spinat (3 Jahre) | 16,43 | 21,36* |
| Steckrüben (2 Jahre) | 11,97 | 9,54 |
| Zwiebeln (4 Jahre) | 19,51 | 23,53* |
| **Gesamt** | **234,44** | **251,16** |
| Frühe Ernten* | 119,81 | 134,53 |
| Späte Ernten** | 114,63 | 116,63 |

* Frühe Ernten von April bis Anfang August (Rote Bete, Kopfsalat, Zwiebeln, Erbsen, Kartoffeln, Radieschen und Spinat)

** Späte Ernten (alle übrigen aufgeführten Gemüse)

Kartoffelernte aus dem umgegrabenen Beet (Mai 2011).

Kartoffeln aus dem nicht-umgegrabenen Beet (Mai 2011).

Bei Trockenheit bilden sich Risse auf dem umgegrabenen Beet (rechts).

gleich der frühen Ernten zeigt, dass im ungestörten Beet die Radieschen frischer aussahen, Spinat- und Kopfsalatblätter dicker und die Zwiebeln intensiver gefärbt waren.

Ab Juli holen die Pflanzen in den umgegrabenen Beeten auf: Der Knollensellerie, der im Juni noch deutlich kleiner war, wuchs ab Juli plötzlich stärker und im Oktober glich er mehr oder weniger dem Knollensellerie aus den ungestörten Beeten. Der im Sommer gepflanzte Kohl ergab in den umgegrabenen Beeten manchmal sogar bessere Ernten.

Wie die Tabelle auf Seite 41 zeigt, lieferten beide Anbauformen, bezogen auf das ganze Jahr, unter dem Strich etwa den gleichen Ertrag. Die Reaktion meiner Kursteilnehmer im Spätsommer und Herbst war stets dieselbe: »Warum soll ich mir die Arbeit machen, wenn Umgraben keine Vorteile hat?«

## Unterschiede zwischen den Oberflächen

Der Unterschied zwischen dem glatten, braunen Tonboden und dem lockeren, dunklen Kompost auf den  ungestörten Beeten ist faszinierend.

Beim Gießen in Trockenzeiten dringt das Wasser direkt aus dem Schlauch leicht in den Kompost der ungestörten Beete ein und versickert im Kapillarsystem des Bodens. In den umgegrabenen Beeten bildet das Wasser mit dem Ton eine schmierige Oberfläche und fließt teilweise oberflächlich ab.

Eigentlich sollte man erwarten, dass beim Umgraben die Bodenstruktur aufgebrochen wird und das Wasser leichter eindringt. Das geschieht allerdings erst, nachdem es durch die strukturlose Oberflächenschicht gedrungen ist. Wenn die Bodenorganismen im Spätsommer ihre Arbeit erledigt hatten, konnte ich auch die umgegrabenen Beete leichter gießen.

## Unterschiedliche Unkrautkeimung

Auf den umgegrabenen Beeten keimen vor allem im zeitigen Frühjahr mehr Unkräuter. Ihre Samen lagen lange im Untergrund und wurden durch das Umgraben an die Oberfläche befördert. Ich hacke die Beete oberflächlich im April und jäte das Unkraut danach mit der Hand – es sind nicht mehr viele, weil der Boden bis dahin sauber ist und die neuen Unkräuter keine Samen bilden konnten.

Da mein Kompost gewöhnlich frei von Unkrautsamen ist, keimen auf den ungestörten Beeten deutlich weniger Unkräuter. Wenn Sie samenhaltigen Kompost verteilen, müssen Sie mehr jäten, aber die jungen Unkrautpflanzen lassen sich leicht herausziehen oder entfernen.

In keinem der Beete wachsen staudige Unkräuter. Ampfer, Löwenzahn und Quecken wurden vor Beginn des Experimentes entweder tief untergegraben (in den umgegrabenen Beeten) oder unter Kompost erstickt (in den ungestörten Beeten). Die schwachen Nachzügler werden mit der Pflanzschaufel ausgegraben.

## Unterschiede bei den Schädlingen

Die Holzverschalungen der Beete waren zwar gute Begrenzungen, dienten allerdings auch vielen Schnecken als Unterschlupf. Alles in allem litten die umgegrabenen Beete jedoch stärker unter den Schnecken; dort musste ich mehr Pflanzen austauschen als in den ungestörten Beeten. Vielleicht mögen Schnecken die glatte Tonoberfläche lieber als den rauen Kompost.

## Schwankende Erträge

Die Erntetabelle zeigt beträchtliche Schwankungen im Ertrag. Das liegt teilweise an der Jahreszeit, teilweise

Von links nach rechts: Kartoffeln, Möhren, Kopfsalat, Spinat, Pastinaken.

Die Pastinaken im ungestörten Beet (links) wachsen üppiger.

aber auch an der Familie der Gemüse. Beim Umgraben wird das Geflecht der Mykorrhizapilze zerstört, die den Wurzeln mancher Pflanzen bei der Nährstoffaufnahme helfen. Rote Bete, Kohlsorten, Mangold und Steckrüben sind davon nicht betroffen, da ihre Wurzeln keinen Kontakt zu Mykorrhizapilzen aufnehmen – sie leiden weniger unter den unterschiedlichen Bodenbedingungen.

# So funktioniert das Nicht-Umgraben

Luft ist ein lebenswichtiger Bestandteil des Bodens. Stellen Sie sich den Boden unter einem Rasen oder Weide mit grasenden Tieren einfach als Wiese vor, in der die Grasspitzen nach unten wachsen. Intakte Luftkanäle durchziehen den Boden und werden von organischem Material und Pflanzenwurzeln stabil erhalten.

Der Boden für Gemüse sollte genauso sein. Da hier die dauerhaften Strukturen der Staudenwurzeln fehlen, müssen wir ständig das organische Material ersetzen, das Bakterien, Pilze, Fadenwürmer und Regenwürmer brauchen, um die Bodenstruktur offen zu halten. Damit fördern wir die Bodenstruktur mehr als mit Werkzeugen und Maschinen

## Fester und verdichteter Boden sind nicht dasselbe

Ein fester, normaler Boden in stabilem Zustand gilt oft als »verdichtet«. Anders ausgedrückt: *Offen ist nicht dasselbe wie locker*. Böden, die mechanisch gelockert wurden, sind nicht stabil. Wir müssen auf Brettern darüber laufen, um schwere Böden nicht zu komprimieren. Andererseits ist ein nicht umgegrabener Boden so gut wie nicht komprimierbar. Wenn ich mit einer vollen Schubkarre mit Mist, die vollbeladen gut und gerne 200 kg wiegen kann, über meinen feuchten Tonboden fahre, hinterlasse ich zwar eine Reifenspur, aber der Boden wird nicht dauerhaft zusammengedrückt und das Regenwasser versickert immer noch.

Um diesen Unterschied zu demonstrieren, stelle ich mich bei meinen Kursen auf meine Beete: Ich sinke weder darin ein, noch bereite ich den wachsenden Pflanzen Schwierigkeiten. Wenn die Kursteilnehmer über die Wege zwischen den Beeten laufen, beschreiben sie oft, wie elastisch sie sind.

## Verdichteter Boden

Wenn Druck, Feuchtigkeit und gestörte Bodenstruktur mit Mangel an organischem Material oder fehlenden

Komprimierter Tonboden ist orange und grau; er wird nicht mit Luft versorgt.

Dichter, aber offener, ungestörter Tonboden, durchzogen von Pflanzenwurzeln und Luftkanälen.

Pflanzenwurzeln zusammentreffen, wird der Boden verdichtet. Das gilt beispielsweise für stark genutzte Felder oder Gärten bei Regenwetter und insbesondere dann, wenn der Boden kurz vorher umgegraben wurde, sowie auf mit schweren Maschinen bearbeiteten Feldern oder Baugrundstücken.

Feuchter, komprimierter Boden ist glitschig und wird bei Trockenheit steinhart – er ist mehr tot als lebendig. Er enthält wenig oder keine Wurmröhren, krümelt nicht in der Hand und kann wegen des Sauerstoffmangels sogar schweflig riechen. Menschen verursachen diese Schäden vor allem in den obersten 15 bis 20 cm, was mit einem Spaten leicht nachprüfbar ist. Komprimierter Boden verändert seine Farbe, er wird matt grau oder orange. Wenn ihr Boden so aussieht, sollten Sie ihn reichlich mit organischem Material versorgen und geduldig warten, bis das Bodenleben zurückkommt.

Als ich das obere Feld mit seinem, feuchten, komprimierten Tonboden 1999 übernahm, wusste ich nicht, wie ich vorgehen sollte. Also wählte ich die einfachste Lösung: Ich legte 45 cm breite Wege an, schaufelte die dabei anfallende Erde auf 120 cm breite Streifen und verteilte darauf zwei Fingerbreit hoch Pferdemist. Diese Arbeit konnte ich nur bei trockenem Wetter erledigen, denn auf feuchter Erde

Unterboden aus 45 cm Tiefe unter meinen nicht umgegrabenen Beeten; dicht, aber krümelig.

kam ich mit der Schubkarre auf dem klebrigen Boden kaum voran.

Die Ernte des ersten Jahres war schwer erkämpft. Ich musste die einjährigen Unkräuter mit der Hacke jäten und mit der Pflanzschaufel die Wurzeln der Quecken ausgraben, die vom Rand her in die Beetstreifen vordrangen. Ich glaube, dass ihre starken Wurzeln an verdichtete Böden angepasst sind. Inzwischen ist der Boden offener und das Queckenproblem nimmt ab.

Als ich im Herbst 2000 wieder Pferdemist auf den Beetstreifen verteilte, blieb bereits weniger Erde an meinen Stiefeln haften. Das Jahr 2001 war deutlich ertragreicher und seither geht es aufwärts; 2002 war ich zum ersten Mal stolz auf meine Gemüsebeete.

Hätte sich der Erfolg schneller eingestellt, wenn ich umgegraben und das organische Material in den Boden eingearbeitet hätte? Ich bin nicht sicher, aber dank meiner langsamen Methode konnte sich eine stabile Bodenstruktur entwickeln. Die Ergebnisse sind prächtig; sie zeigen die enorme Widerstandsfähigkeit der Bodenorganismen, ihre Fähigkeit, schlechte Bedingen zu verbessern und dass die Heilung des Bodens Zeit braucht.

## »Schädlinge« im Boden

Man hört häufig das Argument: »Das Umgraben bringt die Schädlinge nach oben, dort werden sie von Vögel gefressen oder der Gärtner kann sie bekämpfen.« Da ist sicher richtig, *aber was macht das Umgraben mit den Nützlingen*? Wollen Sie wirklich, dass die Vögel auch die Regenwürmer fressen? Manchmal scheint mir, dass bis auf die Regenwürmer alles als Schädling gilt, was im Boden lebt und kriecht, und bekämpft werden muss. Ich kann nur hoffen, dass Sie nach der Lektüre dieses Buches die wunderbare Arbeit zu schätzen wissen, die Milliarden von Bodenlebewesen für Sie erledigen.

# Was ist Fruchtbarkeit?

Bodenfruchtbarkeit wird in der Regel als Nährstoffgehalt definiert, also ausreichend Nährstoffe für die Pflanzen. Das ist aber nur eine Seite der Geschichte. Die andere Seite der Fruchtbarkeit ist das Bodenleben:

Boden enthält zahllose Organismen, die abgestorbenes Material abbauen, die darin enthaltenen Nährstoffe freisetzen und für die Pflanzenwurzeln nutzbar machen.

Ein gutes Beispiel für diesen Kreislauf sind die Mykorrhizapilze, die in Symbiose mit vielen Pflanzen leben. Ihre mikroskopisch dünnen Pilzfäden durchziehen den Boden, nehmen mineralische Nährstoffe auf und geben sie an die Pflanzenwurzeln weiter. Als Gegenleistung werden sie von den Pflanzenwurzeln mit Kohlenhydraten versorgt, die aus der Fotosynthese in den Blättern der Pflanze stammen. Von dieser wechselseitigen Beziehung profitieren beide Partner.

Die Pilze in diesem gesunden Boden treiben nach dem Schneefall im Dezember ihre Fruchtkörper aus.

In einem bearbeiteten Boden werden die Pilzfäden zerrissen und sterben ab, wenn sie der Luft und dem austrocknenden Wind ausgesetzt sind. Bis sie sich wieder erholt haben, vergehen sechs bis acht Monate. Damit ist das Wachstum einiger Pflanzen, das belegt mein Experiment, anfangs gehemmt; es schließt erst später in der Jahreszeit wieder auf.

## Das Leben im Boden

In einem gesunden Boden leben unzählige Organismen, von mikroskopisch kleinen Bakterien und Pilzen bis zu Asseln, Käfern und Regenwürmern.
Jeder Organismus spielt eine bestimmte Rolle und die Aufgaben und die Lebensräume beeinflussen sich gegenseitig.

Mein Rat ist, sie völlig in Ruhe zu lassen, das tut dem Boden und uns gut, denn die Pflanzen wachsen besser in einem Boden, in dem alle ihre Aufgabe ungestört erfüllen können. In der Tat gibt es einige Organismen, die unseren Pflanzen schaden – Schnecken, pathogene Pilze und einige Nematoden. Sie richten die größten Schäden aber immer dann an, wenn wir es ihnen zu leicht machen: Wenn wir empfindliche Pflanzen zu früh ins Beet säen, machen sich die Schnecken über die schwachen Pflänzchen her. Die Schnecken *erfüllen nur ihre Aufgabe in der Natur*. Sie gehen nicht auf einen Kreuzzug gegen unsere Pflanzen, sondern recyceln die Pflanzenabfälle. Dieses Beispiel zeigt, dass wir gerade von Krankheiten und Schädlingen viel lernen können.

## Den Boden düngen, nicht die Pflanzen

Wenn Sie Ihr Hauptaugenmerk auf den Boden richten, wird die Gartenarbeit einfacher. Fruchtbarer Boden erfüllt zu jeder Jahreszeit die Ansprüche zahlreicher gesunder Pflanzen, ohne dass sich der Gärtner Gedanken über die Bedürfnisse einer bestimmten Pflanzenart machen muss.

Ich habe beispielsweise schon oft gelesen, man müsse Stangenbohnen in eine Rille pflanzen, die mit organischem Material angereichert wurde. Diesen Riesenaufwand sparen Sie sich, wenn Sie die Bohnen in die oberflächliche Kompostschicht säen. Man kann auch lesen, dass Bohnen und Erbsen *keine* Kompost- oder Düngergaben brauchen, weil sie Stickstoff fixieren können (mit Hilfe von Bodenbakterien, wie alle Leguminosen) – Nach diesen Aussagen wäre »Fruchtbarkeit« ein Sack voller Hauptnährstoffe, die den Pflanzen zur Verfügung stehen müssen und nicht ein Boden voller Leben und Lebenskraft. Wenn der Boden mit Nährstoffen versorgt und gepflegt ist, wachsen auch die Pflanzen.

## Organisches Material auf der Oberfläche

Zum Schluss möchte ich Ihnen die unterschiedlichen Methoden erklären, oberflächliche Klumpen organischen Materials auf ungestörten Beeten zu zerkleinern. Sie unterscheiden sich von den Erdschollen, die beim Umgraben an die Oberfläche gelangen, nachdem organisches Material eingearbeitet wurde.

Im Idealfall werden Kompost oder Mistkompost noch vor Weihnachten auf den Beeten ausgebreitet. So können Frost, Regen und austrocknende Winde die Zerkrümelung des Materials beschleunigen. Wenn Sie große Klumpen mit dem Rechen oder der Mistgabel – oder jedem anderen Gerät, das sich dafür eignet – zerkleinern, beschleunigt sich der Prozess. Erledigen Sie diese Arbeit jeweils während einer trockenen Phase im Spätwinter, damit sich die Beetoberfläche mit feinen bis mittelgroßen Krumen präsentiert, in der sich die meisten Samen und alle Pflanzen wohl fühlen.

Große Brocken zerschlage ich mit der Mistgabel von oben: Die Zinken spalten sie in Bruchstücke. Nach etwa einem Monat zerdrücke ich die mittelgroßen Brocken mit dem Rechen in kleine Stücke. Dabei schiebe ich sie hin und her, ohne sie in den Boden einzuarbeiten. Wenn Sie den Rechen seitlich bewegen, wird die Krume sehr fein für die Aussaat.

Wenn Sie Grün- oder Mistkompost im Frühling oder Sommer ausbreiten, trocknen die größeren Stücke in der Sonne aus. Nach einem Regenschauer – außer der Boden ist wassergesättigt – laufe ich über das Beet und zertrete sie. Die Krume bleibt aber gröber als beim winterlichen Verteilen.

Was immer Sie mit dem Boden machen, zupfen Sie selbst im Winter jedes Unkraut aus, das sie sehen. In sauberem Boden halten sich weniger Schnecken auf und er ist stets bereit, Samen oder Pflanzen aufzunehmen.

Nach acht Monaten ist der Kompost reif; ich habe den Haufen einmal gewendet.

# Einen Gemüsegarten anlegen

## Das richtige Grundstück und ein unkrautfreier Boden

Gemüse braucht den sonnigsten Platz im Garten, so weit wie möglich von Mauern und Bäumen entfernt. Beginnen Sie mit einer kleinen Fläche und pflegen Sie sie gut. Ein einziges, gut gepflegtes Beet kann einen höheren Ertrag liefern als ein großes Beet mit viel Unkraut. Wenn man Ihnen ein großes Gartengrundstück mit sehr viel Unkraut anbietet, versuchen Sie, es gemeinsam mit einem Freund zu bearbeiten.

Wenn Sie einen Gemüsegarten neu anlegen, planen Sie im ersten Jahr viel Zeit ein, um aufzuräumen und Kompost auf den Unkräutern zu verteilen – für einen unkrautfreien, fruchtbaren Boden. Das erste Jahr birgt gewöhnlich auch die größten Herausforderungen, doch die Zeit und Mühe, die sie jetzt in die Beete stecken, *werden sich in den folgenden Jahren reichlich auszahlen*. Dann kommen Sie nach der Aussaat mit leichtem Jäten aus, statt einen Dauerkampf mit dem Unkraut zu führen.

## Der richtige Platz

Das ideale Gemüsebeet liegt in der vollen Sonne, ist geschützt vor Wind, und der Boden ist wasserdurchläs-

sig, enthält aber viel organisches Material, um Feuchtigkeit für Trockenzeiten zu speichern. Das Beet ist von einem gemähten Rasen oder festem Untergrund (Weg) umgeben. Es liegt nicht im Schatten von Bäumen oder Hecken, die ihm auch Wasser entziehen würden. Die Fläche kann ein leichtes Gefälle haben, sollte aber mit der Schubkarre noch zu bewältigen sein.

## Schatten

Bäume und Hecken können zum Problem werden. Sie werfen Schatten und ihre Wurzeln entziehen dem Boden Wasser. Eine Folie als unterer Abschluss eines Hochbeetes bietet einen gewissen Schutz vor durstigen

LINKS: Dieses Grundstück war vor zehn Jahren völlig öde mit verdichtetem Boden. Ich habe es nur mit Kompostauflagen »geheilt«.

RECHTS: Beete sollten vor dem Pflanzen völlig unkrautfrei sein. In den Pflanzenresten verstecken sich Schnecken.

Baumwurzeln. Kleine schmale Gärten mit wenig freier Fläche in der Mitte sind eher etwas für erfahrene Gärtner.

Extrem schattige Gärten eignen sich zwar kaum für Sonne liebende Sommergemüse wie Zuckermais, Zucchini und Tomaten, aber mit Salat könnte es klappen – wenn Sie die Schnecken besiegen. Im feuchten Schatten sind Schnecken ein echtes Problem.

Wenn umfriedete Gärten im Sommer mehr Sonne abbekommen, gedeihen dort auch Tomaten, vor allem wenn sie vor einer warmen, schützenden Mauer wachsen. Gemüse im Topf zu ziehen ist durchaus eine Überlegung wert, aber die Pflanzgefäße müssen häufiger gegossen werden und wirken wie ein Magnet auf Schnecken. Auf kleinem Raum liefern Salate immer noch die besten Flächenerträge.

Wenn Laub abwerfende Bäume Schatten werfen, können Sie Gemüse anbauen, das teilweise im Winter wächst. Asia-Salate, Gartenkresse, Feldsalat, lila Sprossenbrokkoli, Grünkohl, Spitzkohl, Knoblauch und überwinternde Dicke Bohnen sollten möglich sein.

## Schwierige Böden

Der Zustand von harten, dichten und steinigen Böden verbessert sich deutlich durch Hochbeete, die mit Kompost gefüllt werden. Im ersten Jahr ist es ohnehin am besten, Zeit und Ressourcen auf eine kleine Fläche zu konzentrieren: Fangen Sie an der besten Stelle im Garten mit einem oder zwei Beeten mit gutem Boden an.

## Gepachtete Flächen

Wenn der Hausgarten zu wenig Platz bietet, ist ein gepachteter Garten (Schrebergarten) der nächste Schritt. Bevor Sie definitiv zusagen, überlegen Sie, wie viel Zeit, inklusive An- und Abfahrten, Sie in diesem Garten verbringen können.

Ich möchte ihnen dazu zwei Ratschläge geben: Teilen Sie sich den gepachteten Garten mit Freunden und sehen Sie sich den Boden vorher sorgfältig an.

Geteilte Arbeit ist für beide von Vorteil und reduziert die zu bearbeitende Fläche für den Einzelnen. Schrebergärten waren ursprünglich für die Versorgung von großen Familien gedacht und dienten der Erzeugung großer Mengen von Lebensmitteln. Insbesondere Gemüse war früher teurer und der Anbau eine finanzielle Notwendigkeit. Mit genügend Zeit können Sie den Wunsch Realität werden lassen, sich autark aus dem Garten mit Kartoffeln, Blumenkohl und Zwiebeln zu versorgen. Wenn Sie weniger Zeit haben und eher auf Salat, grüne Bohnen und Zucchini abzielen, reicht ein Viertel einer üblichen Schrebergartenfläche aus. Sich die Arbeit zu teilen, hat einen weiteren Vorteil: Auf einer vernachlässigten Fläche zwischen zwei Pächtern siedeln sich so viele Unkräuter an, dass ein Einzelner kaum damit fertig wird. Bevor Sie mit dem Pflanzen beginnen, muss zuerst das Unkraut entfernt werden.

# Obstspaliere statt Hecken

Pflanzen Sie doch anstelle einer Hecke einige interessante Obstgehölze, beispielsweise Spalierobst als Kordons. Spalierobst sieht gut aus, liefert reichlich Früchte und die Erziehung und Pflege ist nicht so schwierig wie Sie glauben.

Ein großer Vorteil moderner Obstbäume gegenüber Zierhecken sind die schwach wachsenden Wurzelstöcke (M9 der M27) der Pfropfunterlagen. Sie konkurrieren nicht so stark mit dem Gemüse um Wasser und Nährstoffe.

# Die Fläche säubern

Die folgenden Ratschläge gelten für aufgegebene und vernachlässigte Flächen, lassen sich aber auch im Garten verwirklichen, wo der Kampf gegen hartnäckige Unkräuter, wie Quecken, Giersch und Ackerwinden viel Zeit kostet.

Große Mengen Unkrautstauden bekämpfen Sie am einfachsten mit langfristigem Mulchen. Welche Methoden Sie anwenden, richtet sich nach der Zeit, dem verfügbaren Material und den Unkräutern. Ab Seite 57 werden die häufigsten Unkräuter vorgestellt. Wenn Sie erkennen können, welche Arten vorkommen und welche nicht, haben Sie den ersten Schritt zur erfolgreichen Bekämpfung getan.

fe in dicken Speicherwurzeln lagern, die häufig tief in den Boden reichen. Sie gehören zu den »schwierigsten« Unkräutern, weil es sehr lange dauert, bis ihre Wurzeln durch Abdecken mit Mulch ausgelaugt sind (ein Jahr oder länger). Speicherwurzeln lassen sich nur schwer ausgraben und viele Unkräuter treiben aus dem kleinsten Wurzelstück wieder aus, das in der Erde zurück bleibt.

Einjährige Unkräuter wie Rispengras und Gänsedistel keimen dagegen jedes Jahr neu aus Samen aus, die lange im Boden überleben können – bis zehn Jahre und länger. Sie keimen im Licht, lassen sich aber im jungen Zustand leicht aus der Erde ziehen. Sie können sich nicht aus Wurzelstücken regenerieren und sterben unter einer Mulchdecke innerhalb von vier bis sechs Wochen ab.

## Ein- und mehrjährige Unkräuter – ein großer Unterschied

Quecken, Löwenzahn und andere mehrjährige Unkräuter (Unkrautstauden) überleben viele Jahre, da sie Nährstof-

## Staudige Unkräuter entfernen

Wenn nur wenige Unkräuter wachsen, zumal solche, die nicht aus Wurzeln austreiben – Brennnessel und Ampfer sehen wegen ihrer Größe schlimmer aus als sie sind –

Eine vernachlässigte Fläche. Da die Unkräuter Samen gebildet haben, liegt harte Arbeit vor ihnen.

schlage ich vor, sie auszugraben. Wenn die obersten 10 bis 15 cm einer Ampferwurzel und der Mittelteil des Brennnesselwurzelstocks entfernt wurden, wachsen sie nicht mehr nach.

Verholzende Pflanzen wie Brombeeren müssen Stück für Stück entfernt werden, denn sie schieben ihre Triebe durch jede Mulchdecke. Die eigentliche Arbeit ist nicht schwierig, weil sie nur wenige Wurzeln haben: Trennen Sie mit einem scharfen Spaten die Haupttriebe direkt unter der Oberfläche durch; aus den kleinen Wurzeln treiben keine neuen Triebe aus.

Die meisten anderen Unkrautstauden, insbesondere Ackerwinde und Quecke, lassen sich nicht so einfach ausgraben. Quecken sind schwierig von anderen Gräsern zu unterscheiden und sind in stark genutzten, verdichteten Böden allgegenwärtig.

Wo diese Unkräuter in größerer Zahl vorkommen, müssen sie langfristig entfernt werden, etwa durch

## SONDERFALL ACKERWINDE

Die Ackerwinde ist mit ihren 3 bis 5 m tief reichenden Wurzeln ein Sonderfall – sie kann unmöglich ausgegraben werden. Außerdem speichern ihre Wurzeln Vorräte für mehr als ein Jahr. Sie können nur mit einer schwarzen Plastikfolie ausgehungert werden, die ein ganzes Jahr liegen bleibt. Reißen Sie in dieser Zeit jedes Anzeichen der Winden am Rand der Mulchschicht aus – sie versorgen die Wurzeln mit neuen Vorräten. Nach dieser Zeit sind die Ackerwinden deutlich geschwächt. Nachdem die Folie abgenommen wurde, muss jedes Pflänzchen sofort ausgezogen oder mit der Pflanzschaufel ausgegraben werden, damit die Blätter keine Chance zur Fotosynthese bekommen.

eine sorgfältig ausgebreitete Mulchdecke, die ein Jahr liegen bleibt. Dieser Zeitverlust am Anfang, wenn Sie abwarten müssen, bis die Kräuter in der Dunkelheit vergehen, zahlt sich in späteren Jahren wieder aus, wenn Sie weniger Zeit beim Jäten verbringen.

## Welcher Mulch unterdrückt Unkrautstauden?

Kartons aus Wellpappe bekommt man überall; die Pappe verrottet langsam und nützt dem Bodenleben. Nach zwei oder drei Monaten ist eine zweite Lage fällig. Am besten sind große, dicke Stücke geeignet, die sich 15 cm überlappen sollten. Entfernen Sie Klebeband und Metallklammern und verwenden Sie keine Pappe mit kunststoffbeschichteter Oberfläche.

Auch schwarze Plastikfolie ist gut geeignet; schieben Sie große Pappstücke unter Risse, damit kein Licht durchfällt. Normale Plastikfolie (außer die teuren, gewobenen Qualitäten) lässt kein Wasser durch und sollte daher möglichst auf feuchtem Boden ausgebreitet werden. Plastikfolien eignen sich vor allem für windige Flächen. Auf stark verunkrauteten Flächen bleibt die Folie die gesamte Vegetationsperiode lang liegen, um alle Wurzeln auszuhungern. Die meisten Plastikfolien sind wieder verwendbar.

Obwohl auch Stroh und Grasschnitt ihren Zweck erfüllen, lassen sie nach einiger Zeit Licht durch und die widerstandsfähigen Unkrautarten keimen wieder aus. Im Heu könnten auch Samen enthalten sein. Zeitungspapier ist problematisch, weil die Stücke kleiner sind, und leichter vom Wind erfasst werden als andere Mulchdecken; fixieren Sie Zeitungen mit einer zwei Fingerbreit dicken Kompostschicht.

Alte Teppiche sind fast immer ungeeignet. Nur Teppiche aus reiner Wolle sind ausgezeichnete Mulchdecken, weil sie keine Rückstände hinterlassen. Fast alle modernen

Teppiche enthalten dagegen synthetische Fasern, die als Flusen auf dem Beet bleiben und von der Sonne nicht zersetzt werden. Auch wegen der chemischen Rückstände gehören sie nichts aufs Beet.

## Mulchdecken fixieren

Alle flächigen Mulchdecken werden mit Steinen oder Stangen fixiert, während Pappe besser mit Kompost und Stallmist an den Ecken und Kanten beschwert wird. Direkt unter den Gewichten verrottet Pappe schneller, gehen Sie sparsam damit um. Auch unter einer Kompostdecke verrottet die Pappe zu schnell, daher breite ich zuerst eine Kompost- und Stallmistdecke aus und lege die Pappe darüber. Auf diese Weise wird der Boden unkrautfrei und gleichzeitig verbessert, denn die Würmer und allerlei anderes nützliches Getier halten sich gerne in der Dunkelheit unter der Pappe auf.

1 Die Pappe wird überlappend ausgelegt und mit etwas Kompost abgedeckt. Sie können auch erst Kompost ausbreiten und dann die Pappe darüber legen und beschweren.

2 Die Blätter des Löwenzahns sind schwächer, wachsen aber selbst nach sechs Monaten unter Mulch.

3 Poröse, schwarze Plastikfolie unterdrückt das Unkraut am besten.

# Wann wird die Mulchdecke ausgebracht?

Im Spätwinter, bevor staudige Unkräuter im Frühling austreiben, ist eine Mulchdecke besonders effektiv. Gräser werden schon im Januar, Ackerwinden bis März abgedeckt. Sie können die Mulchdecke aber jederzeit ausbreiten, beispielsweise im Spätsommer als Vorbereitung auf das Gemüse des nächsten Jahres.

Verrottende Mulchdecken wie Pappe und Stroh müssen nach zwei bis drei Monaten erneuert werden, je nach Dicke der Schicht und Art des Unkrauts. Quecken müssen mindestens zweimal mit organischem Mulch oder sechs bis neun Monate unter schwarzer Plastikfolie abgedeckt werden.

# Nach dem Mulchen

Sehen Sie nach der veranschlagten Zeit unter dem Mulch nach. Wenn die Decke abgehoben wird oder verrottet ist, sollten keine grünen Blätter mehr vorhanden sein – allenfalls die bleichen Wurzeln von mehrjährigen Arten könnten sichtbar sein. Graben Sie die Wurzeln mit der Pflanzschaufel aus und entfernen Sie alle sichtbaren Reste bis zu einer Tiefe von 10 bis 15 cm.

Danach werden die Beete angelegt (siehe Seite 87 ff.) und bepflanzt. Jäten Sie in den folgenden Monaten konsequent jedes Unkraut. Sollten auch nur einige Quecken oder Ackerwinden überleben, erobern sie rasch wieder das ganze Beet. Ich habe zu oft erlebt, dass sich ein Gärtner zu früh über die unkrautfreie Erde gefreut hat. Immerhin sind Sie nach dem Mulchen in einer guten Position, denn die Erde ist sauber und bereit für Gemüse. Halten Sie durch!

# Unkrautfreier Boden durch Umgraben oder Bodenfräse

Wenn Sie gerne umgraben und die Zeit finden, diese Arbeit gründlich zu erledigen, können Sie damit die

Gras und mehrjährige Unkräuter wurden im Januar mit Pappe gemulcht. Im Mai wachsen Kartoffeln durch eine zweite Mulchdecke (Pappe und Stroh).

Dasselbe Beet im Juli: Porree hinter den Kartoffeln, wo der Boden gemulcht war. Nach der Kartoffelernte wurde im vorderen Bereich Rotkohl gepflanzt.

meisten verholzten Triebe und Unkrautstauden entfernen und brauchen nicht abzuwarten, bis sie unter Mulch verhungern. Allerdings bleiben immer Wurzel- und Triebreste im Boden, insbesondere von Quecken und Ackerwinden, die nach zwei Wochen im Sommer mit der Grabgabel entfernt werden müssen. Außerdem bleiben viel mehr Samen von Einjährigen im Boden zurück und keimen in freiem Boden ohne Mulch aus.

Eine Bodenfräse ist keine gute Idee, denn sie zerreißt die Wurzeln in kleine Bruchstücke, die sofort wieder austreiben, es sei denn nach dem Fräsen folgt eine lange, warme, trockene Wetterperiode. Um Unkrautstauden wirklich Herr zu werden, müssen Sie mindestens dreimal mit der Bodenfräse über die Beete gehen, jeweils bei trockenem, warmem Wetter.

## Herbizide – ja oder nein?

In einigen Fällen habe ich im Sommer, wenn der Wuchs besonders üppig war, Glyphosat mit einem Pinsel über

### MULCH UND SCHNECKEN

Schnecken nutzen Mulchdecken als Unterschlupf und machen sich über Möhren- und Salatkeimlinge her, kaum dass sie ausgesät sind. Entscheiden Sie sich zunächst für schnell wachsende Arten, die weniger anfällig gegen Schneckenfraß sind: Zwiebeln und Frühkartoffeln im Frühling, Zucchini und Porree im Frühsommer. Nachdem der Mulch abgetragen ist, nimmt auch die Zahl der Schnecken ab, wenn Sie weiter jedes Unkraut entfernen.

Unkrautblätter gestrichen. Glyphosat dringt in den Saftstrom ein und tötet die Pflanze. Man braucht zwar nur geringe Mengen, aber es ist ein Gift, auf das man nur als letzte Lösung zugreifen sollte, wenn alle anderen Mittel nicht greifen, beispielsweise wenn sich Ackerwinde zwischen Gemüsepflanzen ausbreitet und ein großflächiges Mulchen der gesamten Beetfläche nicht mehr möglich ist.

Im Oktober: auf die letzten Kartoffeln folgte im August eine Saat Blattrettich. Es ist auf dem gesamten Beet praktisch kein Unkraut mehr zu sehen.

Dasselbe Beet im Hochsommer (August) des Folgejahres: Auf der nun völlig unkrautfreien Fläche wachsen prächtige Zucchini – mit noch tolerierbarem Mehltaubefall.

# Unkrautfrei

## Unkraut verstehen und wirksam bekämpfen

Dies ist das letzte Teilchen des Unkrautbekämpfungs-puzzles. Aber was soll noch folgen, nachdem ich im letzten Kapitel gezeigt habe, wie man das Unkraut los wird? Bleibt jetzt nur die Aussaat und das Warten auf die Ernte? Nein: Lesen Sie zuerst dieses Kapitel.

### Warum wächst Unkraut?

Weil viele Unkrautsamen Lichtkeimer sind, bearbeiten manche Bauern ihr Feld in der Nacht. Ruhende Samen keimen aber auch aus, wenn Temperatur und Feuchtig-keit stimmen. Daher muss man während der Vegetati-onszeit mit unterschiedlichen Unkrautarten rechnen – Langeweile kommt bestimmt nicht auf!

Unkräuter sorgen dafür, dass die Erde nie brach liegt, sie nutzen verbliebene Nährstoffe, vermehren das organische Material und sorgen für ein Gleichgewicht, das meiner Ansicht nach durch die Bodenbearbeitung gestört wird.

Wenn der Boden ungestört bleibt, keimen weniger Unkräuter: Der Boden braucht keine neue Bedeckung, wie ein bearbeiteter Boden, dessen Gleichgewicht gestört wurde. Mulch scheint die Pflanzendecke in gewisser Weise zu ersetzen. Auf einem ungestörten

LINKS: Die Wurzeln der Ackerwinde reichen mehrere Meter tief in die Erde; nur kontinuierliches Jäten der oberen Ab-schnitte laugt sie aus und lässt sie absterben.

Boden mit Mulchkompost wachsen daher weniger Unkräuter als auf umgegrabenen Böden.

Natürlich weht der Wind neue Samen ein, auch Kom-post und Stallmist enthalten Samen. Die vielen Unkräu-ter, die im Frühling keimen, kann ich aber leicht aus dem krümeligen Boden ziehen oder hacken, so lange sie noch klein sind.

### Der Kern des Problems

Wir mögen keine Unkräuter, weil sie mit dem Gemüse um Licht, Wasser und Nährstoffe konkurrieren. Das wäre bereits Grund genug, sie zu entfernen, aber *es gibt einen weiteren, oft übersehenen Grund*: Unkräuter vermehren sich schnell und sehr effizient – über Wur-zelwachstum oder Samen – und behindern damit die nächste Aussaat oder Pflanzung.

### Gärtner gegen Unkraut – ein ewiger Kampf

Stellen Sie sich vor, Ihre Zwiebelpflanzen sind gut gewachsen und Anfang Juni sind die Zwiebeln zu sehen. Nun stören die Unkräuter nicht mehr und eigent-lich könnte man sagen, Unkräuter seien gut, weil sie den Boden decken. In der Tat könnten Nachbarpflanzen sogar nützlich sein, weil sie den reifenden Zwiebeln Stickstoff und andere Nährstoffe entziehen und sie schneller ausreifen lassen. Dennoch wäre es riskant, während der letzten Wochen der Zwiebelreifung nicht einzuschreiten. Wenn die Erde zwischen den Zwiebeln nicht gejätet wird, könnte sich das Folgende ereignen:

Bis Sie die Zwiebeln im August ernten, haben die ersten Unkräuter Samen gebildet; andere können wegen der starken Wurzeln nicht mehr ausgezupft, und bei feuchtem Wetter schon gar nicht gehackt werden.

Damit wird die Aussaat von Steckrüben und Endivien oder das Pflanzen von Knollenfenchel zu einem echten Problem, es sei denn, Sie würden vorher das Unkraut unter großem Zeitaufwand entfernen.

## Immer am Ball bleiben

Was wäre, wenn Sie die Unkräuter neben den Zwiebeln schon im Juli jäten? Da die Pflanzen noch jung sind, ist

Im Mai sprießen Massen von Gänsefuß aus den Samen des vorigen Herbstes.

der Zeitaufwand überschaubar. Mit zwei Arbeitsgängen im Juli bekommen Sie den Boden unkrautfrei und die restlichen jäten Sie, wenn Sie Anfang August die Zwiebeln ernten.

In den unkrautfreien Boden ziehen Sie die Saatrillen für die Steckrüben, Endivien, Rucola und Asia-Salate oder sie bohren Pflanzlöcher für späten Brokkoli, Knollenfenchel und Radicchio. Bis zum Ende der Vegetationsperiode tauchen nur noch vereinzelt Unkräuter auf. Dann haben Sie aber schon zum zweiten Mal geerntet und sie können etwas Kompost auf den sauberen Beeten verteilen. Nun dürfen Sie in Ruhe auf das nächste Gartenjahr warten – ohne Angst vor Unkräutern.

## Immer ein bisschen, dafür umso häufiger

Was ist die Schlussfolgerung aus den beiden Szenarien? Jäten Sie regelmäßig, niemals zu viel und so oft wie möglich. Das klingt leider nicht so spannend wie Pflanzen und Ernten, aber ein Beet bleibt nur produktiv, wenn Sie clever, regelmäßig und rasch auf Unkraut reagieren: Sie müssen das Unkraut zu jeder Zeit unter Kontrolle haben. Freuen Sie sich darüber, wenn die Zahl der Unkräuter abnimmt.

Klingt das zu rigoros? Sollte man sich nicht besser entspannen, abwarten und der Natur ihren Lauf lassen? Leider habe ich viel zu oft gesehen, wohin das führt: Massenhaft Unkräuter in Beeten, in denen nichts gesät werden kann. Die meiste Zeit geht dabei drauf, die unerwünschten Pflanzen zu entfernen. Hinzu kommen die Schnecken, die bei feuchtem Wetter zwischen dem Unkraut wunderbare Verstecke finden.

Ich habe miterlebt, dass Gärtner unendlich viel Zeit und Geld investiert haben, um ihre Gärten und Schrebergärten unkrautfrei zu machen. Doch dann, als es endlich geschafft war, schienen sie keine Lust mehr zu haben und zogen die kleinen Unkräuter – *nur ganz wenige* – nicht aus, die sich mit Tausenden von Samen vermehrten. Hätten sie nur ein paar Minuten investiert und die ersten Eltern ausgezupft, wäre ihnen die folgende Unkrautexplosion erspart geblieben.

## Wie viel jäten?

Wenn ihre Beete grundsätzlich aufgeräumt und dank Mulch frei von Unkrautwurzeln sind, beschränkt sich das Jäten auf kleine, gerade gekeimte Unkräuter. Wie viele Samen auskeimen, richtet sich danach, ob Sie die Unkrautstauden umgegraben oder mit Mulch entfernt haben.

Nach dem Umgraben keimen große Mengen Unkrautsamen aus, die am besten mit der Hacke bekämpft werden.

Nach dem Mulchen, insbesondere mit einer dünnen, weitgehend samenfreien Kompost- oder Stallmistschicht keimen deutlich weniger Unkräuter und das Jäten reduziert sich – vielleicht alle 14 Tage ein wenig.

Suchen Sie regelmäßig unter den großen Blättern von Gemüse, wie Brokkoli und Kürbis, nach Unkrautkeimlingen und riskieren Sie auf keinen Fall, dass versteckte Unkräuter Blüten und Samen bilden.

## Mehr Mulch?

Mit einer dauerhaften Plastikabdeckung bleibt ein sauberer Boden unkrautfrei, *es geht aber auch ohne dauerhafte Mulchdecke*. Unter einer Plastikfolie fühlen sich Schnecken wohl und der Anblick der Folie ist nicht besonders schön. Auch Pappe eignet sich gut, um den Boden unkrautfrei zu halten, passt aber schlecht zwischen dicht stehende Gemüse.

### DAS PRINZIP DES WENIG-ABER-OFT-JÄTENS

Halten Sie die Augen offen. Unkräuter wachsen schnell und machen sich gerne unsichtbar; plötzlich haben sie Blüten und massenhaft Samen gebildet. Zupfen Sie sofort jedes Unkraut aus, das Sie sehen, selbst wenn Sie gerade etwas anderes tun; das gehört zu den wichtigsten Aufgaben, um die Arbeit im Garten überschaubar zu halten.

In einen unkrautfreien Boden können Sie zu jeder Zeit spontan etwas Neues säen. Ein sauberer Boden ist kein Selbstzweck, sondern die Voraussetzung dafür, dass ihre Gemüsebeete mit leichtem Jäten auskommen.

Wer kontinuierlich sät und pflanzt, kann mehr ernten und essen!

## Hacken

Vor allem auf größeren Flächen lohnt es sich, mit der Hacke zu arbeiten. Sie durchtrennt vor allem die jungen, dünnen und verletzlichen Wurzeln junger Unkrautpflanzen. Beim Hacken sollte das Beet einigermaßen trocken sein oder die Sonne scheinen. Während junge Pflanzen absterben, leisten größere Unkräuter und die Wurzeln von Gräsern erstaunlich großen Widerstand.

Versuchen Sie, *so wenig Erde wie möglich zu bewegen*: Die Hacke soll nur die Wurzeln durchtrennen. Wenn Sie zu tief hacken, bewegen Sie die Unkräuter samt Wurzeln und Erde nur an eine andere Stelle. Flaches Hacken ist nicht anstrengend und säubert rasch große Flächen mit Hunderten oder Tausenden von Keimlingen. Denken Sie beim Hacken daran, wie viel Arbeit es kosten würde, die ausgewachsenen Unkräuter zu entfernen, an denen Sie jetzt arbeiten.

Unkrautkeimlinge lassen sich leicht mit der Hacke jäten.

Diese Keimlinge erholen sich nicht mehr.

# Gründünger

Mit Gründüngerpflanzen zwischen den Gemüseernten halten Sie die Erde bedeckt und bewahren ihre Fruchtbarkeit. Entsprechend müssen Sie weniger organisches Material auf den Beeten ausbreiten, wenn darauf kein Gemüse wächst (ein wichtiges Gegenargument finden Sie unten).

Im Vergleich zu gekauftem Grün- und Mistkompost ist Gründünger in der Tat preiswerter, einfacher und kostet weniger Aufwand, um die Fruchtbarkeit eines Bodens zu verbessern. Klee, Bienenfreund (*Phacelia*), Buchweizen oder Roggen lohnen sich für große Flächen, auf denen nur eine Gemüseart wächst; wenn dort nach der Ernte ohnehin umgegraben wird, macht die Aussaat keine zusätzliche Mühe.

In einem kleinen Garten, wo mehrere Ernten angestrebt werden, ist jedoch kein Platz für Gründüngungspflanzen. Dort ist es einfacher und produktiver, den Extrabedarf an Kompost zuzukaufen. Er wird im Spätherbst auf den Beeten ausgebreitet, denn während der Vegetationszeit wachsen ständig Gemüse in den Beeten. Dazwischen gesäte Gründüngerpflanzen müssten mühsam in den Boden eingearbeitet werden. Sie entzögen dem Boden Nährstoffe, während sie verrotten und böten Schnecken Unterschlupf – außerdem bringt das Umgraben neue Unkrautsamen an die Oberfläche und zwischen dem Gründünger versteckte Unkräuter können Samen bilden – brauchen Sie noch mehr Gegenargumente?

Es gibt allerdings zwei Ausnahmen: Persischer Klee (*Trifolium resupinatum*) und Brauner Senf (*Brassica juncea*). Beide wachsen schnell und sterben bei −7 °C ab, müssen also nicht aktiv erstickt werden. Klee wird zwischen Juli und August, Senf zwischen August und Anfang September gesät, *es sei denn Sie planen in dieser Zeit Gemüse anzupflanzen*. Ich empfehle, Gründünger wie Gemüse zu ernten.

# Einjährige Unkräuter

Nur wer ungebetene Gäste im Beet erkennen kann, ist in der Lage, sie zu bekämpfen. Im Idealfall werden sie abgehackt, bevor sie Blüten als Erkennungsmerkmale haben – umso besser für ihr Beet. Nach einem Jahr nehmen die Unkräuter garantiert ab.

Entfernen Sie große, fast ausgewachsene Unkräuter mit der Hand, nur die Keimlinge werden gehackt. Die Hacke vernichtet mehr Unkräuter mit weniger Aufwand, noch ein Argument, schon die kleinsten Unkräuter zu jäten.

Anders als die Unkrautstauden treiben Einjährige nicht aus Wurzeln aus. Schlagen Sie die Stängel mit der Hacke an der Stelle durch, wo sich die Wurzeln verzweigen. Die restlichen Wurzeln dürfen keinen Kontakt zum Stängel haben.

Dichte Horste von Einjährigen ersticken Sie am besten unter einer vier- bis sechswöchigen Mulchdecke.

## Behaartes Schaumkraut (1)
### (Cardamine hirsuta)

**Beschreibung:** 2,5 bis 5 cm hoch, winzige, weiße Blüten.
**Samenansatz:** Nach vier bis sechs Wochen; regelmäßig auf kühlen, feuchten Böden im Winter. Es ist klein genug, um nicht aufzufallen und verteilt Hunderte langlebiger Samen. Achten Sie darauf bei feuchtem, kühlen Wetter; die kleinen Blätter sind essbar und schmecken gut.

## Ackersenf (2)
### (Brassica arvensis)

**Beschreibung:** bis 60 cm hoch, hellgelbe Blüten.
**Samenansatz:** Nach acht bis zehn Wochen; keimt zu jeder Jahreszeit, vor allem im Frühling, kann überwin-

tern. Ein schnell wachsendes Kraut aus der Kohlfamilie, das auch bei starkem Kohlfliegenbefall noch Hunderte von Samen bildet. Jungpflanze lassen sich leicht hacken, größere ausziehen. Unterschätzen Sie niemals seine Fähigkeit, sich rasant zu vermehren.

## Vogelmiere (3)
### *(Stellaria media)*

**Beschreibung:** 5 bis 7 cm hoch, breitet sich wüchsig aus, kleine weiße Blüten und ein starkes Wurzelsystem.
**Samenansatz:** Innerhalb eines Monats. Vermutlich das häufigste einjährige Unkraut. Es keimt in feuchtem Boden, insbesondere im zeitigen Frühjahr, Herbst und milden Wintern. Einzelne Pflänzchen lassen sich leicht entfernen, aber der rasche Samenansatz ist ein Problem, da man in nassen Böden nicht hacken kann. Hacken oder jäten Sie mit der Hand jedes Exemplar (schneller, kräftiger Zug; die Wurzeln sind flach aber hartnäckig), das Sie entdecken.

## Weißer Gänsefuß (4)
### *(Chenopodium album)*

**Beschreibung:** Bis 75 cm hoch, unauffällige grüne Blüten.
**Samenansatz:** Innerhalb von sechs Wochen in hellgrünen Fruchtständen, meist im Sommer. Typisch für nährstoffreiche Böden, verwandt mit Gartenmelde und Baumspinat. Die kleinen, spinatartigen Blätter sind roh essbar, größere müssen gekocht werden. Die Samen keimen rasch und oft in großer Zahl; sie sehen zuerst unscheinbar aus, wachsen aber auf feuchtem, nährstoffreichem Boden oder auf Komposthaufen sehr schnell. Am wirkungsvollsten werden sie mit der Hacke bekämpft – möglichst zweimal. Der Rest wird mit der Hand ausgezogen.

## Einjähriges Rispengras (5)
### *(Poa annua)*

**Beschreibung:** 2,5 bis 15 cm hoch, winzige, fedrige Blütenstände.
**Samenansatz:** In sechs bis acht Wochen, zu allen Jahreszeiten. Ein kleines, robustes und häufiges Gras; wächst bei mildem, feuchtem Wetter, das ein paar Wochen anhält. Zahlreiche, oberflächennahe Wurzeln, die Nässe, aber keine Trockenheit vertragen; häufig in milden Wintern und regelmäßig während feuchter

Perioden. Schwer zu hacken; möglichst kleine Exemplare mit der Hand auszuziehen. Die Wurzeln der größeren Exemplare sind widerstandsfähig und krallen sich an der Erde fest; die Erde ist im Garten verloren und schadet dem Komposthaufen, weil sie die Erwärmung und Verrottung der anderen Bestandteile hemmt.

## Gewöhnliches Greiskraut (6)
### *(Senecio vulgaris)*

**Beschreibung:** 5 bis 25 cm hoch, gelbe Blüten in Köpfchen.

**Samenansatz:** In vier bis sechs Wochen. Das Unkraut ist leicht zu hacken, darf aber nicht unterschätzt werden, denn schon eine einzige Pflanze setzt nach wenigen Wochen Hunderte von Samen frei – Mehrarbeit in den Folgejahren. Keimt zu allen Jahreszeiten, außer mitten im Winter, meist in nährstoffreichen Böden. Auf trockenen oder schattigen Böden bildet es sehr früh Samen. Die Keimlinge verstecken sich unter den Blättern von Pastinaken, Zucchini und Spargel. Gehen Sie auf die Jagd! Reißen Sie alle Exemplare mit Blüten aus; sie können auch noch Samen bilden, wenn sie gehackt wurden.

## Sauerklee (7)
### *(Oxalis corniculata)*

**Beschreibung:** Nur 5 cm hoch, bildet aber massenhaft Samen und Ausläufer.

**Samenansatz:** Die Samen sitzen in winzigen Kapseln und werden ausgestreut, ehe man es bemerkt; werden oft mit Containerpflanzen eingeschleppt. Sobald Sauerklee auftritt, muss er rigoros bekämpft werden; es gibt Formen mit roten und grünen Blättern.

## Hirtentäschel (8)
### *(Capsella bursa-pastoris)*

**Beschreibung:** 5 bis 10 cm hoch; schmale Blätter in einer Rosette und ein hoher Blütenstängel.

**Samenansatz:** In sechs bis acht Wochen; am einfachsten an den etwa herzförmigen Schoten zu erkennen. Sie müssen gejätet werden, bevor sie die Samen ausstreuen; dann hat die Pflanze bereits eine dicke Pfahlwurzel gebildet, die sich kaum herausziehen lässt. Zertrennen Sie die Wurzel mit der Hacke oder einer Pflanzschaufel.

## Raue Gänsedistel (9)
### *(Sonchus asper)*

**Beschreibung:** Bis 90 cm hoch, häufig aber kleiner, hellgelbe Blüten.
**Samenansatz:** Bei Trockenheit oder im Schatten schon nach vier Wochen. Auch dieses Unkraut muss rigoros gejätet werden, es hat eine kräftige Pfahlwurzel und bildet Hunderte von Samen. Keimt meist im Spätsommer bis Herbst, aber auch unter anderen Bedingungen; kann überwintern. Die Blätter sind nicht so stachelig wie bei der mehrjährigen Ackerkratzdistel (*Sonchus arvensis*), deren fleischige Wurzeln ein Beet rasch erobern (Seite 67); um das zu verhindern, muss sie im Jugendstadium gejätet werden.

## Persischer Ehrenpreis (10)
### *(Veronica persica)*

**Beschreibung:** Kriechender Wuchs; im Frühling oder Herbst, schlanke Stängel, hellblaue Blüten.
**Samenansatz:** In vier bis sechs Wochen; die häufigste der zahlreichen ein- und mehrjährigen Ehrenpreisarten. Sie keimt im zeitigen Frühjahr und Spätherbst und lässt sich leicht mit der Hacke jäten, im Idealfall zwischen März und Mai. Später, wenn sich dichte Gruppen gebildet haben, ist das Jäten schwieriger. Der ähnliche Faden-Ehrenpreis bildet keine Samen, sondern verbreitet sich über Wurzelabschnitte.

LINKS UNTEN: Diese Kürbisse wuchsen im Mai 18 Tage unter Vlies; ich reiße gerade die wenigen Unkräuter aus.

# Mehrjährige Unkräuter

Die Zeiten geben an, wie lange das jeweilige Unkraut vollständig mit Mulch abgedeckt werden muss, bis die Reserven der Speicherwurzel durch das ständige Wachstum in der Dunkelheit verbraucht sind.

Wird diese Zeit verkürzt, treiben die Pflanzen wieder aus.  Wenn sie nicht ausnahmslos gejätet werden, ist das Beet bald wieder vollständig mit Unkräutern bedeckt. Erfolgreiches Mulchen bis zur völligen Ausrottung des Unkrauts verlangt sehr viel Geduld und Ausdauer.

Im zeitigen Frühjahr ist eine Mulchdecke besonders wirkungsvoll, weil die Triebe durch den Lichtmangel immer wieder absterben, bis die Wurzeln keine Nährstoffvorräte mehr besitzen und sterben.

Im Folgenden stelle ich häufige Vertreter und Möglichkeiten zu ihrer völligen Vernichtung vor.

## Winden (1)

**Zeit/Erfolg der Bekämpfung:** Mindestens ein Jahr. Die Zaunwinde (*Calystegia sepium*), im Bild unten, ist eine wüchsige Kletterpflanze mit weißen, trichterförmigen Blüten und dicken, fleischigen Wurzeln, die meist nahe der Oberfläche wachsen. Die Ackerwinde (*Convolvulus arvensis*) hat kleinere Blätter, dünnere Wurzeln und unauffälligere weiße oder rosa Blüten.

Nach meiner Erfahrung reicht für die Zaunwinde eine einjährige Mulchdecke aus, wenn gleichzeitig alle zugänglichen Wurzeln mit der Pflanzschaufel ausgegraben und alle sichtbaren Triebe sofort mit der Hand gejätet werden. Die Wurzeln sind nicht immer sichtbar, weil die Zaunwinde gerne zwischen anderen Pflanzen wächst. Die Ackerwinde ist umso hartnäckiger. Selbst wenn sie konsequent gejätet wird, wandert sie immer wieder vom Rand in die Beete ein. Obwohl eine Mulchdecke ihre Lebenskraft reduziert, ist sie erst nach regelmäßiger Schaufelarbeit besiegt.

# Brombeere (2)
## *(Rubus fruticosa)*

**Zeit/Erfolg der Bekämpfung:** Das Jäten mit der Hand verspricht den größten Erfolg; schneiden Sie zuerst die Stängel ab. Brombeeren sehen schlimmer aus, als sie sind. Wenn Sie die Hauptwurzel gründlich ausgraben, sollten sie verschwinden, selbst wenn kleinere Nebenwurzeln im Boden bleiben. Mulchen ist nicht ganz so wirksam, denn die kräftigen Stängel wachsen einfach durch. Jäten Sie Jungtriebe mit der Hand und schneiden Sie einwachsende Triebe ab.

# Kriechender Hahnenfuß (3)
## *(Ranunculus repens)*

**Zeit/Erfolg der Bekämpfung:** Sechs Monate, möglichst vom Spätwinter bis zum Frühsommer.

Ausgedehnte Hahnenfußbestände lassen sich kaum ausgraben, weil die Flachwurzeln äußerst hartnäckig sind. Eine Mulchdecke muss sechs bis acht Monate liegen bleiben (weniger während der Vegetationszeit). Danach treibt der Hahnenfuß nur noch aus Samen aus und kann mit der Hacke gejätet werden. Das Scharbockskraut (*Ranunculus ficaria*) hat zwar hübsche Blüten, aber seine fleischige Wurzel widersetzt sich hartnäckig jeder Bekämpfung. Ich empfehle, es beim ersten Auftreten zu jäten oder dick zu mulchen.

# Quecke (4)
## *(Agropyron repens)*

**Zeit/Erfolg der Bekämpfung:** Ein Jahr; aus Wurzelfragmenten treiben regelmäßig neue Triebe aus und sie dringt vom Rand ins Beet vor.

Dieses Gras mit den kriechenden Ausläufern kommt sehr häufig vor, besonders in verdichteten oder stark genutzten Böden. Eine Mulchdecke und die langsame Verbesserung der Bodenqualität drängt sie zurück. Ich habe ein Jahr gebraucht, um dichte Quecken zu entfernen, aber zwei Jahre sind realistischer. Selbst dann dringen neue Wurzeln vom Rand des Beetes ein. Ich steche die Ausläufer alle vier bis sechs Wochen im Sommer mit einer scharfen Pflanzschaufel ab, bevor sie überhand nehmen.

Wenn praktisch überall Quecken wachsen, sollte der Boden mindestens ein Jahr mit lichtundurchlässigem Mulch abgedeckt werden; im zweiten Jahr kann Gemüse – Zucchini und Kürbis – in großem Abstand gepflanzt werden. Jede neue Quecke muss sofort gejätet werden.

## Ackerkratzdistel (5)
### (Cirsium arvense)

**Zeit/Erfolg der Bekämpfung:** Ein Jahr lang jede kleine Pflanze ausreißen.

Diese stachelige Distel muss mit Handschuhen angefasst werden. Packen Sie den fleischigen, festen Stängel unterhalb der Blätter an und ziehen Sie vorsichtig: Versuchen Sie, mindestens 7 bis 10 cm der weißen Wurzel auszureißen – die Wurzel reicht noch viel tiefer. Es hat 18 Monate gedauert, bis ich mit dieser Methode eine Fläche gänzlich gesäubert hatte. Ziehen Sie jede einzelne Pflanze aus, die sich zeigt, bis die Wurzeln an Nährstoffen

verarmt sind. Gegen dieses Unkraut hilft nur Hartnäckigkeit, dann kann es per Hand oder mit Mulch ausgerottet werden. Auch die Gänsedistel (Seite 64) muss als Jungpflanze entfernt werden, damit sie sich nicht ausbreitet.

## Löwenzahn (6)
### (Taraxacum officinale)

**Zeit/Erfolg der Bekämpfung:** Sechs bis neun Monate; überlebende Pflanzen mit der Pflanzschaufel ausgraben.

In kleineren Mengen kann der Löwenzahn mit dem Spaten ausgegraben werden; entfernen Sie die oberen 15 cm der Wurzel, aus den tieferen Anteilen treibt nichts mehr aus. Eine Mulchdecke funktioniert gut, muss aber während der Vegetationszeit verteilt werden; fangen Sie am Ende des Winters an, sobald sich die ersten Blätter zeigen.

Löwenzahn ist zwar ein häufiges Unkraut, das sich über die Wurzeln und reichlich ausgestreute Samen verbreitet, wird aber auch in der Medizin und Küche verwendet. Wie Kopfsalat oder Endivien gehört er zur Familie der Köpfchenblütengewächse (Asteraceae). Sein Gattungsname leitet sich von *taraxos* (Erkrankung) und *akos* (Heilung) ab. Die Wasser treibenden, Leber reinigenden Blätter sind reich an Mineralien und schmecken

in Salaten. Die im Herbst ausgegrabenen, bei 200 °C gerösteten Wurzeln werden gemahlen. Daraus wird ein erdiges, dunkles Gebräu; Kaffeeersatz wäre der falsche Ausdruck – ich nenne es gewöhnungsbedürftig …

## Stumpfblättriger und Krauser Ampfer  (7)
### (Rumex obtusifolius und Rumex crispus)

**Zeit/Erfolg der Bekämpfung:** Ein Jahr; häufig ist es am einfachsten, die Pflanzen mit einem scharfen Spaten auszugraben.

Ampfer ist mit seinen großen, dunklen, hässlichen Blättern nicht so lästig, wie er aussieht, darf aber keine Samen ansetzen. Stechen Sie die obersten 15 cm der Pfahlwurzel mit einem scharfen Spaten ab; aus dem Rest treibt gewöhnlich nichts mehr aus. Ziehen Sie kleinere Pflanzen mit der Hand aus lockerem, feuchtem Boden; sonst nehmen Sie die Pflanzschaufel zu Hilfe. Ich empfehle, die Samenstände mit den reifen, braunen Samen zu verbrennen. Auf den Kompost gehören nur Exemplare vor der Samenreife zusammen mit anderen Blättern, um die Temperatur zu erhöhen.

Der Saft zerriebener Blätter hilft gegen Brennnessel-stiche; auf ihnen lebt ein Käfer, der die Blätter von Sauerampfer frisst.

## Giersch  (8)
### (Aegopodium podagraria)

**Zeit/Erfolg der Bekämpfung:** Ein Jahr; die schwachen Neutriebe können entfernt werden. Die weißen, kräftigen Wurzeln von mittlerer Dicke reißen beim Jäten leicht aus-einander; verfolgen Sie den Verlauf mit der Pflanzschaufel oder Grabgabel so weit wie möglich. Die Wurzeln wach-sen vorzugsweise horizontal und nicht vertikal; da sie sich um die Wurzeln anderer Pflanzen wickeln, sind sie schwer zu entfernen – außer sie wachsen allein. Hungern Sie Giersch mit einer Mulchdecke aus oder graben Sie je-des Wurzelstück aus. Giersch gehört zu den Doldenblü-tengewächsen und kann gegessen werden – die Römer schätzen seine Blätter, roh, gekocht und im Omelette. Sie sind zwar keine Köstlichkeit, aber im gemüsearmen, zeiti-gen Frühling durchaus willkommen.

## Winter-Schachtelhalm  (9)
### (Equisetum hyemale)

**Zeit/Erfolg der Bekämpfung:** Mindestens ein Jahr; kann neu austreiben.

Ein äußerst wüchsiges und tief wurzelndes Unkraut, dessen starre Zweige an prähistorische Zeiten erinnern. Es kommt seltener vor als Quecken, ist aber vor allem auf nassen Böden noch hartnäckiger. Decken Sie die Fläche

langfristig mit Mulch ab, dann regelmäßig hacken. Ich kenne Gärtner, die drei Jahre gebraucht haben, Schachtelhalm loszuwerden, andere angeblich Jahrzehnte.

## Schmalblättriges Weidenröschen (10)
### *(Chamaenerion angustifolium )*

**Zeit/Erfolg der Bekämpfung:** Sechs Monate oder mit der Hand entfernen. Ein aggressives Unkraut, das sich über Wurzeln und Samen ausbreitet. Die erste Blattrosette erinnert an Feldsalat; wenn man es gewähren lässt, bilden sich hartnäckige Wurzeln aus denen unterirdische, weiße, fleischige Stängel auswachsen. Sie überleben mehrere Jahre, sind aber leicht zu entfernen. Aus den hübschen rosa Blüten entwickeln sich im

Spätsommer Hunderte von fedrigen Flugsamen. Wenn es dazu kommt, werden Sie es jahrelang nicht los.

## Große Brennnessel (11)
### *(Urtica dioica)*

**Zeit/Erfolg der Bekämpfung:** Sechs bis neun Monate; oder mit der Hand entfernen.

Zeigerpflanze für nährstoffreichen Boden, die sich leicht entfernen lässt (Handschuhe). Die hellgelben Hauptwurzeln werden mit einer Grabgabel ausgehebelt, die kleineren Wurzeln treiben nicht mehr aus. Brennnesseln säen sich reichlich aus; Jungpflanzen hacken.

# Organisches Material

## Qualität, Nutzen und Kosten

Kompostiertes organisches Material verbessert den Boden und das Wachstum der Pflanzen dauerhaft – eine verlässliche Kompostquelle hat daher oberste Priorität. Der beste und meist auch wertvollste Kompost stammt vom eigenen Komposthaufen oder -sammler. Die Möglichkeiten, Kompost zu erzeugen, stelle ich ab Seite 81 vor.

Woher kann man Kompost beziehen? Die Antwort auf diese Frage ist einfacher und komplizierter zugleich geworden. Einfacher, weil viele Gemeinden eigene Kompostsammelstellen unterhalten und komplizierter, weil diese Anlagen nicht immer auf chemische Rückstände kontrolliert werden.

Eine andere Möglichkeit ist »unbehandeltes« Rohmaterial, um Sträucher und große Pflanzen zu mulchen – Rasenschnitt oder Pappe. Dieser Mulch hilft dem Boden und Pflanzen, verrottet für Gemüse aber zu langsam.

## Kompost und Mist

Beide Begriffe sind nicht eindeutig definiert, weil sie ein breites Spektrum von Produkten beschreiben. Mist oder

LINKS: Sommersalate müssen oft mit wenig Wasser auskommen, gedeihen aber sehr gut auf Böden, die jahrelang mit Kompost angereichert wurden.

Stallmist stammt von Tieren und ist in der Regel mit Stroh oder Einstreu versetzt, Kompost kann aber neben pflanzlichem auch tierisches Material enthalten.

## Kompost

Kompost ist ein dunkles, krümeliges Material – das Endprodukt von verrotteten pflanzlichen und tierischen Resten. Er ist je nach Rohmaterial und Herstellungszeit unterschiedlich zusammengesetzt und unterscheidet sich in der Qualität. Jeder hat je nach Anwendung seine Vor- und Nachteile, daher möchte ich zunächst die Begriffe klären.

### Grüngutkompost

Gartenkompost ist ein wertvolles Produkt! In jedem Garten sollte sich ein Plätzchen finden lassen, um die Pflanzenabfälle zu Kompost zu verarbeiten; ab Seite 81 finden Sie entsprechende Tipps.

Grünkompost (Bioabfall-Kompost) stammt aus den verrotteten Pflanzenabfällen aus Haus und Garten. Die Zutaten werden im Schredder zerkleinert, sogar Holzabfälle, sodass im Komposthaufen hohe Temperaturen entstehen, in denen nur wenige Samen und Keime überleben. Das geht schneller, als einen üblichen Komposthaufen umzuschichten. Ein hoher Holzanteil kann dazu führen, dass dem Boden zeitweilig durch die Stickstofffixierung beim Holzabbau Nährstoffe entzogen werden.

## Pilzkompost

Pilzkompost ist ein »Abfallprodukt« aus der Pilzzucht. In diesem Substrat wuchsen Champignons in dunklen Gebäuden oder Tunnels. Er besteht zum großen Teil aus Stroh, mit Anteilen von Pferde- oder Geflügelmist, Torf und Pilzfäden. Er enhält deutlich weniger Nährstoffe als tierischer Mist.

## Blumenerde

Wird in Säcken verkauft, oft mit unsicherer Qualität. Meist ist Torf ein Hauptbestandteil, heute werden den Substraten auch Rindenhumus, Grünkompost und Holzfasern beigemischt. Das Substrat ist für Pflanzen geeignet, die in Schalen, Töpfen oder Pflanzensäcken wachsen und wird unter verschiedenen Namen verkauft (Blumenerde, Topferde); für den Einsatz als Mulch ist es viel zu teuer.

## Wurmkompost

Er besteht aus den dunklen Ausscheidungen von Würmern (aus Wurmkompostern mit Gartenabfällen oder Tiermist); nährstoffreich und weich.

## Mist

Mist oder Stallmist sind die Exkremente von Pferden, Kühen, Schweinen, Schafen und Geflügel im Gemisch mit der Einstreu im Stall. Dabei handelt es sich meist um Stroh, geschreddertes Papier, Hanf oder Holzchips.

Der Nutzen von Mist richtet sich danach, wie lange er kompostiert wurde, welche und wie viel Einstreu beigemischt ist und ob der Komposthaufen gepflegt wurde; beispielsweise darf kein Unkraut darauf gewachsen sein. Guter Stallmist, der mehrere Monate in einem ordentlichen Komposthaufen verrotten durfte (Mistkompost), ist sehr vielfältig verwendbar.

Frischer Stallmist in dem der tierische Kot und die Einstreu (gelbes Stroh) noch zu erkennen sind, gehört noch mindestens sechs Monate, besser noch für ein Jahr auf den Komposthaufen, bis er dunkelbraun und krümelig ist.

Chemische Rückstände können Probleme hervorrufen, beispielsweise wenn die Tiere Gras oder Heu gefressen haben, das mit Aminopyralid gespritzt wurde. Während Bauern die Herkunft ihres Strohs kennen, ist das bei Pferdehalter nicht selbstverständlich. Geflügel- und Schweinemist aus Intensivhaltung kann mit Antibiotika und anderen Mitteln kontaminiert sein.

Grünkompost mit Holzstückchen.

Ein Jahr alter Pilzkompost als Topferde.

## Qualität

**Grünkompost** aus Gartencentern variiert stark in der Qualität, obwohl das äußerlich nicht auffällt. In Deutschland wird das RAL-Gütezeichen »Kompost« nur für geprüften Kompost vergeben. Vielfach sind aber die Komposthaufen nicht heiß genug, um Rückstände zu vernichten und Pathogene zu töten. War der Kompost zu heiß, enthält er fast nur noch organisches Material und kaum lebende Bodenbakterien noch Pilze.

**Pilzkompost** kann Pestizid- und Antibiotikarückstände enthalten, obwohl auch hier viele Hersteller auf biologischen Pilzanbau umstellen. Der wertvolle Pilzkompost ist frei von Unkraut und versorgt den Boden mit lebendem organischem Material. Sollte er bei der Anlieferung hellbraun und strohig aussehen, empfehle ich, ihn weitere zwei bis drei Monate auf dem Komposthaufen verrotten zu lassen, es sei denn Sie wollen Sträucher und Rabatten damit mulchen.

**Mistkompost** enthält zwar sehr viele Nährstoffe, allerdings unterscheiden sich Qualität und Einsatzmöglichkeiten je nach Alter, Tierart und Einstreu wesentlich: Stroh sorgt für bessere Verrottung, während Holzchips langsamer verrotten.

### UNTERSUCHUNG DER TIERISCHEN RÜCKSTÄNDE

Bevor Sie sich Mistkompost anliefern lassen, sollten Sie einen kleinen Eimer davon besorgen und die Verrottung überprüfen. Breiten Sie etwas davon in einer Anzuchtschale, Kiste oder einem großen Topf aus und mischen Sie etwas Erde bei. Säen oder pflanzen Sie Salat, Dicke Bohnen, Erbsen oder Tomaten – alle oder einzeln. An einem warmen Ort sollten sich nach drei bis vier Wochen gesunde Pflänzchen zeigen; ein Hinweis auf das Fehlen von Herbiziden im Strohanteil. Wenn sich die Blätter einrollen, könnte der Kompost Aminopyralid enthalten und Sie sollten sich anderswo umsehen.

**Wurmkompost** ist ausgezeichnet als Topfsubstrat oder zur Verbesserung von Böden. Setzen Sie ihn sparsam ein, denn die Herstellung ist aufwendig und teuer. Für eine kleine Menge Kompost müssen viele Würmer lange fressen; eigene Wurmkomposter müssen sorgfältig und zeitaufwendig gepflegt werden! Sie dürfen nicht austrocknen oder überhitzen (Vorsicht direkte Sonne).

Pferdemist mit zahlreichen Unkrautkeimlingen.

Brennnesseln stellen sich in kürzester Zeit ein.

Verlassen Sie sich nicht auf die Angaben, die auf den Säcken stehen. Ich habe einmal einen Sack »Stallmist aus biologischem Betrieb« gekauft, der sich als billiger Grünkompost mit Holzschnitzeln entpuppte. Selbst Säcke vom »Bauernhof« mit abgebildeten Tieren müssen keinen Mistkompost enthalten. Achten Sie auf das RAL-Gütesiegel für Kompost. Dieses Material entspricht den gesetzlichen Normen und enthält keine schädlichen Salze oder Schadstoffe.

## Welcher Kompost kommt wohin?

Pilz- und Grünkompost sind weich und locker und lassen sich, bis auf wenige große Brocken, gut verteilen. Kompost aus dem eigenen Garten und Mistkompost enthalten zwar größere Teile, doch wenn sie im Herbst ausgebreitet werden, fallen sie im Winterwetter auseinander. Wenn Sie den Kompost glatt rechen, ist er bereit für die Samen und Pflanzen des Frühlings.

Verteilen Sie groben Kompost zwischen wachsenden Pflanzen, wie Zucchini, Stangenbohnen und Kohl oder zwischen Reihen von Pastinaken, Knollensellerie, Möhren, Porree und Knoblauch. Er zerfällt, während die Gemüse wachsen und verbessert den Boden für die Folgefrucht.

## Ein Versuch

Im Juni habe ich einen Monat alte Kopfsalatpflanzen in vier Töpfe mit unterschiedlichem Kompost und Mistkompost gepflanzt. Während sie bis November darin wuchsen, habe ich alle drei Wochen jeweils die äußeren Blätter geerntet; die Töpfe wurden nicht gedüngt.

Der beste, langlebigste Salat wuchs in einjährigem, gesiebtem Gartenkompost, verglichen mit altem Kuhmistkompost und Topferde. Der Salat in der Topferde wuchs einen Monat lang stark, dann wurde er schwächer. Im Grünkompost sah der Salat zuerst gelb und schwächlich aus; nach zwei Monaten, nachdem der Holzanteil verrottet war (siehe Bilder) verbesserte sich zwar seine Farbe, nicht jedoch die Größe.

## Kosten

Da Qualität und Nutzen stark schwanken, ist der Geldwert von Kompost kaum zu berechnen. Meiner Meinung nach sind 20 Euro pro Tonne Fertigkompost ein vernünftiger Preis. Der einjährige Mistkompost ist sicher wertvoller als Grünkompost, der weniger Nährstoffe enthält. Eine Tonne Kompost reicht aus, um ein 60 bis

Kaum verrotteter Stallmist. Deutlich sind die großen, kaum zersetzten Halme erkennbar.

Besser verrotteter Stallmist. Er hat eine einheitlich dunkle Farbe und feine Struktur ohne sichtbare Strohhalme.

80 m langes, 1,20 m breites Beet 2 bis 3 cm hoch mit Kompost abzudecken, das entspricht der Hälfte bis zwei Drittel eines 250 m² großen Schrebergartens.

Eine Tonne Kompost ergibt etwa 12 bis 30 Schubkarren (je nach Fassungsvermögen).

Der Transport macht einen großen Teil der Kosten aus. Am preiswertesten wird es mit einem eigenen Anhänger, in dem Sie den Kompost unverpackt abholen. In einen normalen Anhänger passt etwa eine halbe Tonne Kompost. Sie können sich auch eine größere Menge liefern lassen und sie mit ihren Nachbarn teilen. Bevor Sie einen »Anhänger« voll Kompost kaufen, fragen Sie nach dem Gewicht, um die Qualität abschätzen zu können.

Im ersten Jahr wird der Kompost als 7 bis 10 cm dicker Mulch ausgebreitet, um die Bodenqualität zu verbessern und Unkräuter zu ersticken. Für 250 m² brauchen Sie dafür sechs Tonnen. Danach kommen Sie mit ein bis zwei Tonnen jährlich aus, um den Boden zu verbessern. Dafür reichen zwei bis drei eigene Komposthaufen, die mit den Pflanzenresten (Gras, Blätter) eines großen Gartens aufgefüllt werden. Das Grünmaterial aus den Gemüsebeeten allein ergibt zu wenig Kompost.

11. August: Vier Salatköpfe 'Mottistone', die am 26. Juli in unterschiedlichen Kompost gepflanzt wurden.

19. August: unten: in Grünkompost (links) bzw. Topferde (rechts); oben: Stallmist (links), eigener Kompost (rechts).

Mitte September vor dem zweiten Pflücken. Die Salate wurden nicht gedüngt.

Mitte Oktober: Inzwischen setzt der Grünkompost Nährstoffe frei, am besten sieht der Salat in meinem Kompost aus.

# Nicht kompostiertes organisches Material

Nicht kompostiertes, organisches Material ist für Gemüse ungeeignet, außer vielleicht um große, etablierte Pflanzen herum als Mulch. In grobem Mulch fühlen sich Schnecken wohl und die Aussaat ist schwierig. Rohmaterial darf auf keinen Fall in den Boden eingearbeitet werden, denn die Bodenorganismen verbrauchen bei der Zersetzung frei verfügbare Nährstoffe, die dann für die Pflanzen fehlen.

## Pappe und Papier

Eine Lage dicker Pappe reicht aus, um Gras zu ersticken; dünnere Pappe verrottet schon nach zwei bis drei Monaten und muss ersetzt werden. Bei Quecken oder Ackerwinden ist später sogar eine dritte Lage erforderlich. Manche Leute warnen vor Druckerfarbe auf der Pappe, aber ich benutze sie immer noch gelegentlich.

## Beinwell

Von allen möglichen Blättern, die als Mulch oder Jauche verwendet werden, enthält Beinwell die meisten Pflanzennährstoffe. Besorgen Sie sich Futter-Beinwell (*Symphytum × uplandicum*, auch Bocking-Beinwell), der nicht blüht und keine Samen bildet. Gewöhnlicher Beinwell breitet sich mit seinen tief reichenden Pfahlwurzeln überall im Garten aus, entzieht dem Boden Nährstoffe und ist sehr schwer zu bekämpfen.

## Grasschnitt

Wird in Lagen nicht dicker als 2,5 bis 5 cm ausgebreitet; dickere Lagen verkleben bei Regenwetter und bilden eine schmierige Schicht, die dem Boden darunter nicht gut bekommt. Das Gleiche gilt für Gras im Komposthaufen; es sorgt allerdings für eine größere Hitze für die Verrottung.

## Blätter

Laub versorgt den Boden reichlich mit Nährstoffen, muss für das Gemüsebeet aber zunächst für mindestens ein, besser zwei Jahre kompostiert werden. Geschreddert und vermischt mit Grünkompost und Stallmist entsteht ein hervorragender, weicher Kompost. Bäume und Sträucher profitieren von einer Mulchdecke aus unverrotteten Blättern.

## Algen

Wer an der Küste wohnt, kann auf diese Meerespflanzen zugreifen, um den Boden komplett zu versorgen. Alternativen sind Algenmehl oder Flüssigdünger. Diese sind zwar sehr teuer, doch die Mineralien darin verbessern selbst in kleinen Dosen die Gesundheit der Pflanzen.

## Holzhackschnitzel und Sägemehl

Geschreddertes Holz wird nur auf Zierbeeten verteilt und braucht mindesten zwei bis drei Jahre, um zu verrotten. Außerdem erschwert es den Zugriff auf mehrjährige Unkräuter. Frische Hackscknitzel dürfen nicht direkt in den Boden eingearbeitet werden, denn für ihre Verrottung brauchen Bodenlebewesen Nährstoffe, die den Pflanzen fehlen. Sägemehl verrottet dagegen schneller und eignet sich als Mulch zwischen wachsendem Gemüse.

Holzhackschnitzel, weitgehend unverrottet.

# Zusatzstoffe

Jeder der hier vorgestellten organischen Zusatzstoffe erfüllt eine spezielle Aufgabe; die meisten sind aber relativ teuer.

## Blut-, Fisch- und Knochenmehl

Verbessert das Wachstum der Pflanzen, ist aber zu teuer. Ich halte es für entbehrlich, wenn Sie regelmäßig Kompost und Mistkompost verteilen, wie hier empfohlen.

## Geflügelmist-Pellets (Guano)

Enthalten kaum organisches Material; sie sind eine konzentrierte Nährstoffquelle. Setzen Sie Guano sparsam ein, vielleicht zusammen mit Grünkompost.

## Beinwell-Jauche

Ist ideal für Tomaten und Pflanzen in Containern. Stopfen Sie Beinwellblätter in ein Fass oder großen Eimer und geben wenig Wasser dazu. Warten Sie ab, bis sich die Flüssigkeit schwarz färbt – oft schon innerhalb einer Woche. Verdünnen Sie die Jauche mit Gießwasser für die Topfpflanzen. Ähnliche Jauchen können Sie auch aus Brennnesselblättern und -stängeln herstellen, aber sie stinken alle ziemlich unangenehm.

## Heide- oder Moorbeeterde

Dies ist ein Substrat mit niedrigem pH-Wert für Heidelbeeren und Cranberrys, die in Kübeln oder isolierten Beeten wachsen.

## Urgesteinsmehl

Gemahlener Basalt enthält eine ausgewogene Mischung verschiedener Mineralstoffe. Es kann zu jeder Jahreszeit auf dem Beet ausgestreut werden – bis zu 1 cm hoch, wenn Sie bereit sind, dafür zu bezahlen. Ein Nutzen ist schwer erklärbar, dürfte aber vor allem für nährstoffarme Böden in Frage kommen. Gemahlene vulkanische Lava fand ich wirksamer als Urgesteinsmehl.

# Organisches Material verwenden

## Einfach vorgehen

Die einfachsten Methoden sind die besten. Wenn Sie organisches Material auf der Oberfläche ausbreiten, machen Sie nichts anderes als die Natur: Das organische Material fällt auf die Oberfläche, bleibt liegen und verrottet unter Mitarbeit der Bodenorganismen zu Humus. Es gibt nur ein Problem: Die Natur kennt keine Gärten. Wir leisten uns mehr nackte Erde als in der Natur, in diesem Sinn ist selbst ein Biogarten »unnatürlich«. In einer Permakultur, wo der Boden permanent mit Bäumen, Sträuchern und mehrjährigem Gemüse abgedeckt ist, kann man aber keine einjährigen Gemüse, wie Möhren, Pastinaken und Salat, anbauen – dafür muss immer noch ein Beet »frei geräumt« werden. Mehrjährige Gemüse sind zwar interessant, reichen aber nicht aus, um von kleiner Fläche eine Familie dauerhaft zu versorgen.

Damit einjähriges Gemüse dauerhaft auf derselben Fläche wachsen kann, muss das Unkraut komplett gejätet werden: Einerseits, damit die Gemüsesamen gut keimen, andererseits, damit die erwachsenen Gemüse nicht mit den Unkräutern um die Ressourcen konkurrieren müssen.

Meine Vorstellung eines Gartens geht davon aus, dass die dauerhafte Mulchdecke die Natur weitgehend kopiert, wenn schon nicht die Kreisläufe, dann wenigsten die oberflächliche Kompostierung als Abkürzung. In das organische Material auf der Oberfläche kann gesät und gepflanzt werden. Nackter Boden, der während des Jahres auftritt, wird durch die Kompostgaben kompensiert, die ihn mit Nährstoffen versorgen und die Bodenorganismen schützen.

Sobald das Gemüse wieder wächst, decken Blätter den Boden ab und stellen den Naturzustand wieder her.

Das ist dann die ruhigere Zeit im Gemüsegarten. Komplizierter ist es mit einem leeren Beet und hier kommt wieder der Kompost ins Spiel.

## Dauerversorgung der Oberfläche

Ich werde oft gefragt, warum das Niveau meines Bodens nicht ständig ansteigt, wenn ich jährlich 2,5 bis 5 cm Kompost verteile. Ohne diese Gaben würde das Niveau in der Tat absinken. Das sehe ich in dem Polytunnel, in dem ich jedes Frühjahr 5 cm hoch Kompost und Mistkompost ausbreite. Trotzdem ist dort der Boden nicht höher als draußen unter dem Gras außerhalb der Plastikfolie. Wachstum und Abbau der Gräser und Graswurzeln folgen einem ewigen Zyklus, der den Boden anreichert und verbessert.

In der Decke aus organischem Material fühlen sich viele Tiere wohl. Zusätzliche Bakterien, Pilze, Maden, Würmer und Käfer reichern die Nahrungskette der Bodenorganismen an, sie bilden ihrerseits die Nahrungsgrundlage für Vögel, Igel, Würmer, Dachse und sogar Schnecken. Jede Tierart übernimmt ihre Rolle, um den Boden zu einem gesunden, lebendigen und artenreichen Lebensraum zu machen.

## Muss das organische Material eingearbeitet werden?

Häufig wird empfohlen, das organische Material in den Boden einzuarbeiten. Dahinter steckt die Idee, das

OBEN: Salatpflanzen in einem ungeheizten Polytunnel im April. Sie wurden regelmäßig seit November abgeerntet.

UNTEN: Als der Salat zu blühen begann, habe ich ihn entsorgt und gut verrotteten Mistkompost 2,5 bis 5 cm hoch auf der Fläche verteilt.

organische Material »näher zu den Pflanzenwurzeln« zu bringen. Dabei wird aber nicht nur die intakte Bodenschichtung gestört, sondern auch vergessen, dass die meisten Pflanzenwurzeln nur wenige Zentimeter tief reichen. In der feuchten, oberflächennahen Schicht finde ich die feinen Wurzeln von Zucchini, Salat, Mangold, Chicorée, Spinat und – sogar von Pastinaken! Daher kann ich nicht begreifen, warum so viele Gärtner die Vorteile nicht sehen, die eine Kompostdecke bietet. Auch wenn ich einen Baum pflanze, fülle ich das Loch mit normaler Erde und mulche oberflächlich mit organischem Material.

So lange das Bodenleben ungestört bleibt und sich mit dem Kompost auf der Oberfläche »beschäftigt«, gelangen Nährstoffe auch auf nicht umgegrabenen Beeten in die Tiefe, denn die Bodenorganismen verlagern das Material und die Nährstoffe von alleine viel effizienter, als wir das könnten.

## WANN WIRD DER KOMPOST VERTEILT?

Kompost kann im ganzen Jahr verteilt werden, auch als Mulch um etablierte Pflanzen. Mit nicht ganz so gut verrottetem Material werden größere Gemüse im Frühsommer oder nach der Ernte im Herbst das Beet gemulcht – der Winter fördert die Verrottung.

Wenn ich die freie Wahl habe, breite ich den Kompost im Herbst aus: Dann ist der Boden noch feucht und warm genug für die Bodenorganismen, die sich über den leckeren Nachschub hermachen und ihn verteilen. Im Winterwetter zerfällt der Kompost, bis er im Frühling weich und gut zu bearbeiten ist.

UNTEN: Sommergemüse – Gurken, Tomaten, Basilikum und Auberginen – werden direkt in den Mistkompost gepflanzt.

# Der eigene Kompost

## Geduld – die wichtigste Zutat

Gartenabfälle in Kompost zu verwandeln, macht Spaß, auch wenn Kompost aus eigener Herstellung häufig klumpig und faserreich statt leicht und gleichmäßig wird. Trotzdem enthält er nur Gutes: Kompost vom eigenen Komposthaufen enthält mehr lebensspendende Bakterien und Pilze als mancher unter großer Hitze erzeugte, kommerzielle Kompost. Wenn Sie Platz haben, lassen Sie den Kompost ein Jahr lang reifen – dann sind die ältesten Abschnitte wirklich gut. Kompost kann jederzeit verteilt werden. Krümeligen, gesiebten Kompost können Sie als Topferde nutzen (siehe Seite 99 ff.).

Dieses Kapitel ist nach den Fragen zusammengestellt, die mir am häufigsten gestellt werden. Es gibt viele Möglichkeiten, Kompost herzustellen, berücksichtigen Sie die Ratschläge.

## Warum Kompost herstellen?

Im Garten und der Küche fallen unerwünschte Unkräuter, Garten- oder Küchenabfälle an. Sie werden auf dem Kompost gesammelt und in wertvolle Nährstoffe für Boden und Pflanzen verwandelt, mit lebenden Organismen und organischem Material.

LINKS: Tomatensamen bleiben im Kompost am Leben; ich lasse sie auf diesem einjährigen Komposthaufen als Bodendecker wachsen.

## Wie kompliziert ist es?

In den meisten Fällen klappt es gut, auch wenn nicht immer ein Traumkompost entsteht. Kompost selbst zu machen ist auch deswegen faszinierend, weil man nie weiß, wie er wird: Wetter, Jahreszeiten und Zutaten bestimmen, was herauskommt. Im Sommer kompostieren die Abfälle schneller als im Winter, weil es wärmer ist und mehr Grünmaterial anfällt.

## Offenes oder geschlossenes System?

Beide Verfahren liefern guten Kompost: Im kleinen Garten mit weniger Grünmaterial ist ein geschlossenes System günstiger, weil sich die Zutaten leichter erwärmen. Kleine Plastiktonnen sind gut geeignet; Kontakt zum Boden ist wünschenswert, aber nicht unbedingt erforderlich. In größeren Gärten geben alte, an den Ecken verbundene Holzpaletten sehr gute Kompostsammler ab. Die großen, teuren Sammler aus Plastik oder Metall, die geschwenkt oder gedreht werden (»Tumbler«), lassen dagegen häufig zu wenig Sauerstoff an das Material. Auch beim Drehen gelangt zu wenig Luft hinein, um die abbauenden Bakterien mit Sauerstoff zu versorgen.

## Grüne und braune Zutaten

*Grüne* Zutaten sind saftige, frische Blätter, Pflanzenschnitt und Pflanzen; *braune* sind totes oder trockenes,

## SONDERFÄLLE

■ Auch große Mengen schädlicher Unkrautwurzeln (Ackerwinde) können kompostiert werden, allerdings in einem lichtdichten Komposter zusammen mit anderem Material, um die Verrottung zu beschleunigen, ehe sie wieder austreiben.

■ Unkräuter mit sichtbaren Samen werden besser im Hausmüll entsorgt, weil ein normaler Haufen zu wenig Wärme (etwa 65 °C) erzeugt, um sie abzutöten. Das Problem erledigt sich, wenn das Unkraut im Garten abnimmt und die Pflanzen nicht mehr bis zur Samenbildung kommen.

■ Häufig sterben die Samen von Vergissmeinnicht, Fingerhut, Ringelblume, Mutterkraut und anderen Gartenpflanzen im Kompost nicht ab. Sie sind zwar nicht so lästig wie Unkräuter, aber ihre schiere Anzahl zwingt Sie, die winzigen Keimlinge mit der Hacke zu beseitigen.

■ Die meisten kranken Blätter dürfen kompostiert werden, auch solche mit Braunfäule oder Mehltau. Geschädigte Gemüseblätter werden mitsamt den Schädlingen sicher auf dem Kompost entsorgt. Nur Zwiebelgewächse mit Weißfäule und Zwiebeln mit Grauschimmelfäule sollten besser mit dem Hausmüll entsorgt werden.

■ Große Mengen Blätter werden besser in einem eigenen Haufen kompostiert; sie verwandeln sich nach mindestens einem Jahr in braunen, faserigen Kompost. Laubkompost enthält nur wenige Nährstoffe. Es sei denn, Sie mischen stickstoffreichen Viehmist dazu.

organisches Material und Erde an den Wurzeln. Grünes Material und tierischer Mist enthalten mehr Stickstoff, braune mehr Kohlenstoff – die Mischung sorgt für einen nährstoffreichen, gut strukturierten Kompost.

## Was sind die besten Zutaten?

Eine Mischung aus grünen und braunen Zutaten liefert die besten Ergebnisse; sie sind feucht, aber nicht matschig. Die perfekte Kombination – drei Teile Grün auf zwei Teile Braun – zu jeder Jahreszeit liefern nur die wenigsten Gärten, daher schwanken die Qualität des Komposts und die Dauer der Verrottung.

## Was darf kompostiert werden?

Alle Teile einer Pflanze, frisch oder verarbeitet: Unkräuter, auch Wurzeln von Unkrautstauden, aber auch kranke Pflanzenteile wie Tomaten mit Braunfäule (siehe Kasten: Sonderfälle), Schalen von Obst und Gemüse, Papier (möglichst zerknüllt) und nicht laminierte Pappe, Tiermist und Holzasche. Ich empfehle, alle Teile in 10 bis 15 cm lange Stücke zu zerkleinern.

## Was darf nicht kompostiert werden?

Plastik, Metall, Glas, dicke Holzstücke, große Äste, harte, immergrüne Blätter und Samenstände von Unkräutern. Becher aus Maisstärke können kompostiert werden, brauchen aber sehr lange, bis sie zerfallen.

## Lohnt sich ein Schredder?

Geschreddertes Material verrottet schneller, daher lohnen sich Schredder für große Gärten und für Gartenbesitzer mit viel Holzschnitt. In den meisten Hausgärten wird aber kein Schredder benötigt. Ich komme in meinem großen Garten auch ohne Schredder aus. Faserreiche Zutaten können Sie mit einem Rotationsrasenmäher zerkleinern.

## Müssen die Zutaten vermischt oder geschichtet werden?

Es wird oft geraten, die Zutaten schichtweise abzulagern, aber das ist nur nötig, wenn sehr viel Grünmaterial einer Sorte anfällt wie Rasenschnitt oder Unkräuter – sie kompostieren besser, wenn sie mit braunen Zutaten oder zerknülltem Papier vermischt werden. So entstehen keine luftdichten Bereiche und die braunen Zutaten werden mit ausreichend Stickstoff versorgt.

## Warum ist Durchlüftung wichtig?

Ohne Sauerstoff kann die Verrottung nicht ablaufen. Zu viel Grünmaterial verklumpt unter Luftabschluss und verfault zu einer stinkenden, feuchten Masse, statt unter Wärmeentwicklung zu verrotten. Am Anfang sind Bakterien sehr wichtig, die Sauerstoff benötigen, um sich zu vermehren – gute Belüftung beschleunigt den Kompostiervorgang.

## Müssen Komposthaufen gewendet werden?

Wenn Sie genügend Zeit haben und den Kompost ein Jahr lang reifen lassen, brauchen Sie den Haufen nicht umzuwenden. Wird der fertige Haufen nach einem Monat gewendet, entsteht ein gleichmäßiger, angenehm duftender Kompost. Das liegt einerseits an der besseren Mischung, andererseits am zusätzlichen Sauerstoff für die Bakterien.

## Entsteht auch Kompost, wenn der Haufen niemals warm war?

Unbedingt, aber der Vorgang dauert deutlich länger und wird eher von Pilzen als von Bakterien bewältigt. Wenn der Haufen ein Jahr lang langsam höher wächst, sollte sich am Boden bereits guter Kompost gebildet haben. Die Pilze in ihm sind eine Wohltat für den Boden.

## Reicht ein Haufen aus?

Im kleinen Garten reicht ein Komposthaufen aus, wenn er nicht unter den Zutaten überquillt. Werfen Sie ein Jahr lang alles auf den Kompost; dann können Sie den Bodensatz benutzen.

Konisch geformte Schnellkomposter werden langsam gefüllt und gelegentlich geleert. Statt die Tür zu öffnen und den fertigen Kompost unten zu entnehmen, sollten Sie den Behälter hochheben und ausschütten. Schaufeln Sie die obersten, teilweise kompostierten Schichten zurück in den Komposter – er wird weiter befüllt. Der untere, fertige Kompost (siehe Abbildungen auf der nächsten Seite) kann benutzt werden.

Kompost in verschiedenen Stadien der Verrottung: Ganz hinten der augenblickliche Sammelkompost, der älteste vorn unter der Pappabdeckung

## Was tun, wenn der Kompost niemals voll wird?

Kein Problem; dann haben Sie nur weniger Kompost zur Verfügung. Entnehmen Sie nach einem Jahr den reifen Kompost und machen weiter.

## Braucht man einen Kompoststarter?

Ich habe mehrere Kompoststarter ausprobiert, ohne dass ich Unterschiede bei der Kompostierung gesehen hätte. Tierischer Mist oder Jauche ist billig und garantiert guten, gesunden Kompost; Geflügelmist ist sehr wertvoll, sollte aber kompostiert und nicht frisch auf den Beeten verteilt werden – sonst werden durch den Geruch zahllose Fliegen und Schädlinge angelockt.

## Muss der Kompost gewässert werden?

Zusätzliches Wasser ist nur in heißen Sommern nötig, damit er feucht bleibt. Zu viel Feuchtigkeit ist gefährlicher als Trockenheit, benutzen Sie daher eine Gießkanne mit feiner Brause, die das Wasser gleichmäßig verteilt.

## Muss der Kompost abgedeckt werden?

Eine Abdeckung hält die Feuchtigkeit und Wärme im Kompost zurück und schützt vor Starkregen – schädlich für fertige, reifende Komposthaufen. Plastikfolien sind billig, wiederverwendbar und leicht zu entfernen. Pappe funktioniert gut, während Teppiche zu viele Chemikalien enthalten.

## Wie lange dauert es, bis der Kompost fertig ist?

Üben Sie sich in Geduld. Die meisten Komposthaufen liefern innerhalb eines Jahres brauchbaren Kompost. Wenn der Haufen gewendet wird, reicht oft sogar ein halbes Jahr. Komposthaufen, die im Sommer angesetzt werden, sind schneller reif als solche aus dem Herbst oder Winter. Das liegt einerseits an den höheren Temperaturen, andererseits am höheren Anteil Grünmaterial, das schneller verrottet.

## Wann darf der Kompost benutzt werden?

Guter Kompost ist dunkelbraun, weich, feucht aber nicht nass, mehr oder weniger krümelig und riecht angenehm

Der Plastikdeckel wird hochgehoben; mein Hund hält nach Ratten ausschau.

Die noch nicht kompostierte, oberste Schicht wird in einen Eimer geschaufelt; sie kommt später zurück.

erdig. Wenn der Kompost durchweg dieses Aussehen hat – vielleicht mit einigen roten Kompostwürmern –, würde ich ihn benutzen. Die nicht verrotteten Anteile kommen zurück auf den Haufen.

## Enthält reifer Kompost immer Würmer?

Kompostwürmer stellen sich stets ganz automatisch ein; sie fressen halbreifen Kompost und scheiden ein verbessertes Produkt wieder aus. Sie können den Kompost aber schon vorher in nicht ganz reifem Zustand benutzen. Der Kompostwurm (*Eisenia foetida*) lebt im Boden, arbeitet sich aber nicht wie der Regenwurm (*Lumbricus terrestris*) durch tiefere Erdschichten; Regenwürmer sind länger und dicker.

## Was tun, wenn der Kompost nass ist und stinkt?

Unter Luftabschluss verfault nasser Kompost. Das kann passieren, wenn zu viel Grün- und zu wenig Braunabfälle gesammelt wurden, bei sehr starken Regenfällen oder wenn das Wasser unten nicht abfließen konnte. Wenden Sie solche Komposthaufen komplett um, damit

wieder Luft eindringen kann und lassen Sie ihn abgedeckt im Sommer zwei Monate, im Winter sechs Monate ruhen, dann darf er auf die Beete. Sie können matschigen Kompost auch im Herbst ausbreiten. Bis im Beet wieder gesät oder gepflanzt wird, ist der Kompost an der Luft verrottet.

## Was tun mit trockenem, faserigem Kompost?

Es ist nicht einfach, einen trockenen Komposthaufen wieder gleichmäßig zu durchzufeuchten. Gießen Sie eine Woche lang täglich mit einer feinen Brause oder wenden Sie den Kompost um und befeuchten jede Schicht separat.

## Wie hält man Ratten fern?

In der Tat finden Ratten im Kompost Wärme und jede Menge Nahrung. Selbst wenn Küchenabfälle reduziert werden, stellen Sie sich manchmal ein. Kompostsammler aus Metall oder Plastik halten die Ratten fern, schließen aber auch die Luft aus. Auf der Lower Farm haben wir uns mit den Ratten arrangiert, obwohl sie mehr von dem Hühnerfutter stehlen, als mir lieb ist.

Der Kompost aus dem unteren Abschnitt wird in die Schubkarre geschaufelt.

Ein Blick auf den Boden unter dem Kompostsammler; er wimmelt von Würmern.

# Beete und Wege

## Planen, anlegen, gestalten

## Welches Beet soll es sein?

Obwohl häufig empfohlen wird, Gemüsebeete mit einem festen Rahmen aus Holz oder Plastik zu umgeben, ist das nicht nötig. Gutes Gemüse wächst auch ebenerdig in Beeten ohne Rahmen.

### Beete mit Rahmen

**Vorteile**

- Auf kleinem Raum liefern Hochbeete eine bessere Ernte, weil sie mit guter Erde gefüllt werden können.
- Man muss sich nicht so tief bücken; die Höhe kann beliebig angehoben werden, um die Arbeit zu erleichtern.
- Ein Hochbeet legt die genutzte Fläche fest – sehr nützlich in Gärten, die sich mehrere Benutzer teilen.
- Anfänger können in einem oder zwei Beeten erste Erfahrungen zum Gemüseanbau sammeln.
- Die Wege dazwischen können mit Vlies, Holzchips oder Kies gemulcht werden; das bedeutet: keine schmutzigen Schuhe!

LINKS: Im Sommer breitet sich das Gemüse über die Wege aus und die Wurzeln suchen unterirdisch nach Wasser und Nährstoffen

**Nachteile**

- Die Materialkosten für Rahmen und Füllung und der Zeitaufwand, das Beet zu bauen.
- Hochbeete mit hohen Rahmen aus Holz müssen zusätzlich gegossen werden.
- Im Zwischenraum zwischen Rahmen und Beet siedeln sich Schnecken und Asseln an, die Jungpflanzen und Keimlinge schädigen.

### Beete ohne Rahmen

Beete ohne Rahmen sparen Zeit und Kosten, was sich vor allem auf größeren Grundstücken auszahlt – in meinem Garten klappt es gut. Wenn ich die Erträge mit denen aus ein paar Beeten mit Rahmen vergleiche, sehe ich kaum Unterschiede. In den offenen Beeten richten Schnecken und Asseln allerdings geringere Schäden an.

Die oben aufgeführten Vorteile gelten auch für offene Beete. Der wichtigste Unterschied ergibt sich im Spätfrühling, wenn hungrige Vögel nach Würmern scharren und Kompost aus dem offenen Beet auf die Wege werfen. Letztlich sorgt aber auch das dafür, dass die Wege gesund und begehbar bleiben. Außerdem halten ebene Beete mehr Feuchtigkeit zurück. Die Beetoberflächen in meinem Garten sind nicht streng horizontal und vertikal, sondern folgen der natürlichen Geländeform und sind leicht wellig oder geneigt.

## Wachstum auf ebener Erde

Wenn das gesamte Grundstück umgegraben wird und die Spuren alter Beete und Wege verschwunden sind, können die Pflanzen auch ohne Beete nach Bedarf in einfachen Reihen wachsen – der Platz dazwischen dient als Weg. Ausladende Pflanzen, wie Kartoffeln oder Rosenkohl, eignen sich dafür besonders gut. Allerdings lassen sich mit dieser Technik kaum wertvolle Gemüse pflanzen und nutzen; sie brauchen richtige Beete.

# Lage, Anlage und Füllung von ungestörten Beeten

Im Folgenden stelle ich einige der zahlreichen Möglichkeiten vor, ein Beet anzulegen. Fertige Beetrahmen sind teuer, daher schlage ich vor, sie entweder selbst zu bauen oder ganz auf sie zu verzichten. Investieren Sie das gesparte Geld lieber in die wichtigste Zutat: guten Kompost.

## Lage der Beete

Solange überschüssiges Wasser abfließt, kann jede ebene Fläche zum Beet werden, auf Rasen, Kies, sogar auf Pflastersteinen ohne verputzte Fugen. Am besten sind natürlich Rasen oder Unkrautflächen geeignet.

Auf abschüssigem Gelände finde ich Beete in Hangrichtung besser als quer dazu, weil damit weniger Kompost oder Wasser über die unteren Kanten verloren geht. Sofern der Zugang nicht erschwert wird, ist auf ebenem Gelände die Nord-Süd-Orientierung optimal, weil Gemüse aller Größen von der Sonne erreicht wird.

Wenn Sie das benötigte Material bei der Hand haben, sind die Rahmen einfach und schnell gebaut. Auf der gegenüberliegenden Seite finden Sie einige Anregungen.

## Rahmen

Holz ist das beste Rahmenmaterial für Hochbeete. Ich empfehle ausschließlich unbehandeltes Holz oder gebrauchte Bretter, die mit einem Holzschutzmittel ohne synthetische Chemikalien angestrichen werden (Osmo®).

Die Seitenbretter sollten 2,5 bis 5 cm dick sein; dickere Bretter sind stabiler und biegen auf längeren Seiten nicht durch. Alte Eisenbahnschwellen sind nicht empfehlenswert; sie erschweren den Zugriff auf die Pflanzen im Beet und enthalten Chemikalien, die ins Beet eindringen könnten.

Eine Höhe von 15 cm reicht für die meisten Gemüse aus; tiefere Beete verbessern das Wachstum nicht wesentlich und verbrauchen nur mehr Füllmaterial. Kleiden Sie die Holzrahmen innen mit Plastikfolie aus, um die Bodenfeuchtigkeit zu verbessern. Mit einer Breite von 1 bis 1,20 m sind die Beete von zwei Seiten aus bestens zugänglich.

Fertige Beetrahmen aus Plastik halten die Feuchtigkeit besser im Boden fest als Holz; im Sommer heizen sich feuchte Beetränder nicht so stark auf wie trockene. Allerdings ist schwer abzuschätzen, wie lange ein Plastikrahmen hält, ohne durchzubiegen oder brüchig zu werden.

Ziegel- und Naturstein kann ich nicht empfehlen, denn sie sind schwerer zu verarbeiten und bieten Schnecken sicheren Unterschlupf. Außerdem kann ein solches Beet nicht einfach abgebaut und umgesetzt werden, z.B. wenn man den Garten umgestaltet.

## Zwei Vorschläge für 15 cm tiefe Beete

**Beet 1:** Schlagen Sie vier, 30 cm lange Kanthölzer (5 × 5 cm) an den Beetecken 10 bis 12 cm tief in den Boden. Messen Sie vorher aus, ob die Ecken rechtwinklig sind (die beiden Diagonalen müssen gleich lang sein. Prüfen Sie, ob die kurzen und langen Seiten der Länge der Bretter entsprechen. Nageln oder schrauben Sie die Rahmenbretter außen an die Pfosten an (<u>siehe Zeichnung oben</u>). Sind die

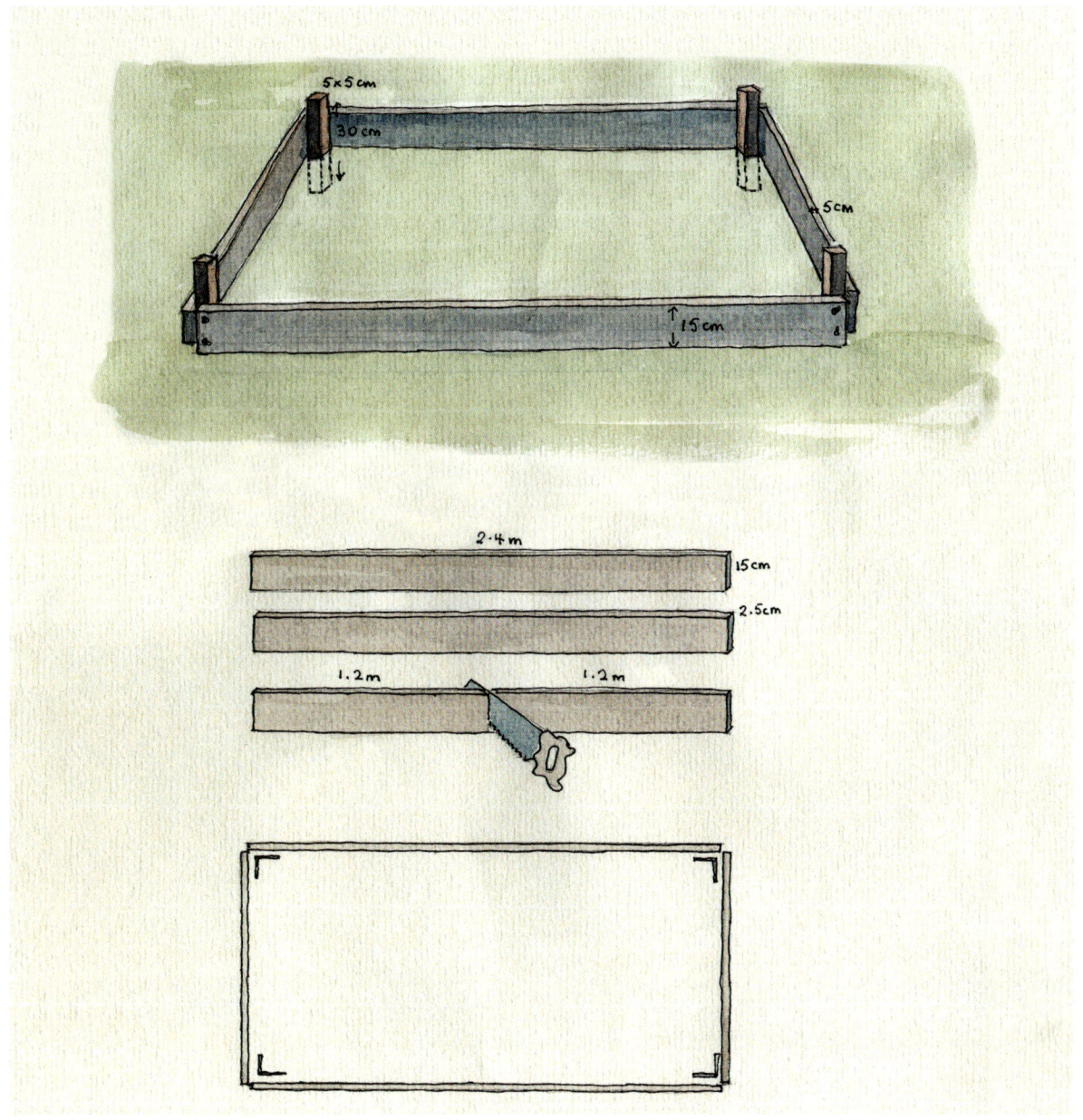

Rahmenbretter länger als 1,20 m oder dünner als 5 cm, empfehle ich einen weiteren Pfosten in der Mitte, damit sich der Rahmen nicht unter dem Gewicht des Komposts nach außen biegt.

**Beet 2:** (siehe Seite 89, Zeichnung unten) Diese Idee lässt sich einfach an jede beliebige Grundstücksgröße anpassen. Besorgen Sie sich pro Beet (2,40 × 1,20 m) drei 2,40 m lange Bretter (15 cm breit, 2,5 cm dick); zwei bilden die Längsseiten, das dritte wird in der Mitte für die Querseiten durchgesägt. Befestigen Sie die Bretter mit Winkelverschraubungen an den Ecken (innen oder außen) und stellen Sie den Kasten an der gewünschten Stelle auf. Der Boden muss nicht extra vorbereitet werden, die Kompostschicht im Beet erstickt alle darunter liegenden Unkräuter. Wenn Sie nur 5 bis 7 cm dicken Kompost einschaufeln, müssen Sie zusätzlich eine Schicht Pappe als Mulch benutzen (siehe Seite 52).

## Inhalt

Wenn Sie sich schon die Mühe machen, ein Hochbeet zu bauen, sollte es auch mit besserem Substrat gefüllt werden. Meiden Sie »Muttererde« dubioser Qualität, denn selbst wenn es sich um gute Erde handelt, könnte sie lange falsch gelagert worden sein, und sämtliche Bodenorganismen sind erstickt.

Ich halte Mist- und Grünkompost für die bessere Wahl. Das organische Material muss gut verrottet sein; klumpige, noch harte Brocken kommen nach unten, die feineren oben auf. Nehmen Sie für die oberste, 2,5 bis 5 cm dicke Schicht die beste Qualität.

Ich kann keine exakten Mengen angeben, denn Kompost ist schwer und der Transport teuer; nutzen Sie Angebote aus ihrer Nähe. Für größere Projekte mit mehreren Beeten sollten Sie losen Kompost in Betracht ziehen und kei-

**Breiten Sie den Mistkompost einfach auf dem Rasen aus. Die Pappe unter den Rahmenbrettern erstickt die Quecken. Die vierte Seite wird angeschraubt, dann die Resterde eingefüllt.**

ne Säcke kaufen: Für ein Beet von 1,20 × 2,40 m brauchen Sie eine knappe halbe Tonne Material, je nachdem wie feucht der Kompost ist. Erkundigen Sie sich bei den örtlichen Gärtnern oder Schrebergärtnern nach guten Anbietern in der Region.

## Beete füllen

Unter einer 15 cm hohen Substratschicht auf einem Beet ersticken alle von unten nachwachsenden Unkräuter und Gräser; vermutlich müssen Sie nur ein paar alte Unkrautstauden ausreißen, die allerdings geschwächt sein dürften.

Treten Sie den Inhalt des Beetes fest, damit mehr organisches Material hineingeht, die Pflanzenwurzeln Halt finden und das Beet die Feuchtigkeit zurückhält. Die Erde mit den Füßen festzutreten ist die sicherste und unschädlichste Methode. Zu feuchte Erde wird mit

Brettern abgedeckt, um das Körpergewicht zu verteilen und Verdichtungen zu vermeiden. Das fertige Beet sollte in der Mitte etwa 10 cm höher sein als am Rand und kuppelförmig gewölbt sein. Auch ein gut fest getretenes Beet wird in den nächsten Monaten noch absacken.

## Weitere Pflegemaßnahmen

Sobald das Beet verfestigt ist, sind keine weiteren Maßnahmen erforderlich. Wenn Sie die kleinen Unkräuter auszupfen, sobald sie sich zeigen, müsste das Unkraut fast auf Null zurückgehen – sie lassen sich leicht aus der weichen Oberfläche ziehen.

Füllen Sie nach dem ersten Erntejahr wieder eine 2,5 bis 5 cm dicke Kompostschicht auf. Diese Prozedur wiederholen Sie jedes Jahr, möglichst im Herbst oder wenn das Beet gerade frei ist.

Wenn Sie den Mistkompost fest getreten haben, decken Sie das Beet mit einer Schicht aus feinem Kompost ab. Jetzt kann in das Beet gesät oder gepflanzt werden.

# Wege

Gestalten Sie die Wege ebenso kreativ wie die Beete. Ich schlage 45 cm breite Wege zwischen den Beeten vor. Die Wege zwischen Hochbeeten müssen so breit sein, dass die Schubkarre durchpasst.

## Wege zwischen flachen Beeten

Unkräuter auf Wegen sind ein wichtiges Thema. Für Wege gilt dieselbe goldene Regel wie für Beete: Im ersten Jahr werden sie mit einem lichtundurchlässigen Mulch unkrautfrei gemacht (siehe Seite 57 ff.). Wenn sich Quecken und andere Unkrautstauden erst einmal im Weg festsetzen, dringen sie auch in die benachbarten Beete ein.

Wenn der Weg unkrautfrei ist, empfehle ich eine 5 cm dicke Lage Grüngutkompost oder Rindenmulch, wenn Sie preiswert daran kommen. Wenn der Kompost unkraufrei ist, lässt er sich später leichter hacken und jäten; von einem nährstoffreichen Weg profitieren auch die Gemüse in den Beeten rechts und links. Einmaliges Mulchen und eine Kompostdecke reichen aus, danach müssen Sie nur noch das Unkraut jäten.

Ich halte nicht viel von Kieswegen, denn er wandert letztlich doch in den Boden. Kies sieht anfangs hübsch aus und mag auch eine Zeit lang die Schnecken abhalten, doch dann bekommen Sie einen Kiesboden, es sei denn Sie unterlegen den Kiesweg mit einem Unkrautvlies. Ähnliche Bedenken habe ich auch bei Holzchips. Die Wege sollten nicht übermäßig gestaltet sein.

Alternativen sind Laub, Stroh, Pappe oder Papier, die als Mulch Unkräuter fernhalten und die Feuchtigkeit im Boden halten. Allerdings bieten alle lichtdichten Mulchdecken Unterschlupf für Schnecken, was für Kompost nicht im selben Maße gilt.

## Wege zwischen Hochbeeten

Für die Wege zwischen den Holzplanken der Hochbeete bieten sich mehr Möglichkeiten, denn die Bretter verhindern das Durchwachsen einjähriger Kräuter – Gras ist ein möglicher Wegbelag, so lange es kurz gehalten wird. Gegen staudige Unkräuter helfen aber auch die Bretter nichts, vor allem wenn die Wege nicht regelmäßig gemäht werden.

Ich schlage vor, den gesamten Bereich – Beete und Wege – mit Mulch unkrautfrei zu machen. Dann werden die Wege zwischen den Beeten mit Kompost, Holzchips oder Rinde gemulcht und jedes Unkraut, das sich zeigt, gejätet oder gehackt.

LINKS: Wenn Sie den Boden im Weg um 5 bis 7 cm abtragen und auf die Beete scharren, entsteht ein leicht gewölbtes Beet.

RECHTS: Im Januar wird Kompost auf den Beeten verteilt. Regenwürmer ziehen die abgeschnittenen Porreeblätter noch in den Boden.

# Ernteerträge

Mit zunehmender Erfahrung beim Säen und Pflanzen – einige Pflanzen stammen aus Vorkultur, um die Saison zu verlängern (siehe Seite 99 ff.) – sowie Nachsaaten von mehreren Sätzen im Sommer, können Sie die Jahreserträge in einem nährstoffreichen Beet beträchtlich steigern.

Um Ihnen einen Eindruck davon zu vermitteln, was Sie säen und pflanzen können, habe ich einige meiner Ernteerträge der unterschiedlichsten Gemüse, die ich über einen Zeitraum von mehreren Jahren erzielt habe, in Tabellen aufgelistet.

## Fruchtfolgen in einem Gemüsebeet

Das Gemüse, das ich aus einem 1,20 × 6 m großen Beet ohne Rahmen 2006 geerntet habe, finden Sie in der Tabelle unten. Erfasst sind zwischen Februar und September gesäte und gepflanzte Gemüse.

Ich hatte das Beet in acht Abschnitte von je 75 cm unterteilt (A bis H). In jedem Abschnitt folgten auf Aussaat/Pflanzung eine zweite Pflanzung (*/Sternchen).

In Abschnitt F habe ich beispielsweise Anfang Juli Knoblauch geerntet (das einzige Gemüse, das überwintert hat). An seine Stelle habe ich am 14. Juli

## Monatliche Ernte aus acht Abschnitten eines 1,20 × 6 m großen Beetes

| Gemüse | Apr | Mai | Juni | Juli | Aug | Sep | Okt | Nov | Dez | Gesamt (kg) |
|---|---|---|---|---|---|---|---|---|---|---|
| A Erbsen, Zuckerschoten | | | 0,9 | 3,9 | | | | | | 4,8 |
| A* Radicchio | | | | | | | 1,7 | 1,6 | | 3,3 |
| B Kartoffeln | | 0,2 | 4,0 | | | | | | | 4,2 |
| B* Porree | | | | | | | | 1,5 | 1,1 | 2,6 |
| C Zwiebeln | | | | 3,0 | | | | | | 3,0 |
| C* Grünkohl | | | | | | 0,4 | 0,6 | 0,6 | 0,5 | 2,1 |
| D Rote Bete | | 0,3 | 3,7 | 1,8 | | | | | | 5,8 |
| D* Chicorée | | | | | | | 1,1 | 1,7 | | 2,8 |
| E Möhren | | 0,1 | 1,5 | 1,3 | | | | | | 2,9 |
| E* Rote Bete | | | | | | 0,5 | 1,2 | 1,7 | | 3,4 |
| F Kopfsalat (Pflücksalat) | 0,3 | 1,7 | 1,8 | 0,3 | 0,3 | | | | | 4,4 |
| F* Endiviensalat | | | | | | | 4,4 | | | 4,4 |
| G Spinat | 0,8 | 1,8 | | | | | | | | 2,6 |
| G* Knollenfenchel | | | | 2,1 | 1,1 | | 1,2 | | | 4,4 |
| G* Pak Choi | | | | | | 0,8 | | | | 0,8 |
| H Knoblauch | | | | 1,7 | | | | | | 1,7 |
| H* Buschbohnen | | | | | | 3,5 | 0,4 | | | 3,9 |
| Gesamt (kg) | 1,1 | 4,1 | 11,9 | 12,4 | 3,1 | 5,2 | 10,6 | 7,1 | 1,6 | 57,1 |

Buschbohnen (H*) gepflanzt, die ich am 29. Juni in Topfplatten ausgesät hatte.

In dem warmen Jahr 2006 wuchsen alle Pflanzen prächtig, mussten aber im Sommer gegossen werden. Aus der Tabelle können Sie nicht nur die Fruchtfolge ablesen (siehe auch Seite 139 ff.), sondern auch, in welchem Monat Sie mit der Ernte rechnen dürfen.

## Ganzjährig Salat aus einem kleinen Beet

Im Jahre 2007 habe ich unterschiedliche Salate in einem 1,20 × 2,40 m großen Hochbeet kultiviert. Im März ging es los mit Kopfsalat, Spinat, Mangold und Koriander, die ich in einer Topfplatte ausgesät hatte; außerdem Erbsen, um die Sprossen zu ernten. Im Laufe des Jahres habe ich weitere Salate gesät und gepflanzt, darunter Sauerampfer und Frühlingszwiebeln im Frühling, dann Asia-Salate, Rucola, Feldsalat, Chicorée und Endivien im Sommer, sodass im Beet ständig etwas wuchs.

Mitte April habe ich zum ersten Mal geerntet, etwa 500 g wöchentlich, von Mai bis Juli 1 bis 1,5 kg, dann bis Mitte September 1 kg wöchentlich und bis Ende Oktober 500 g wöchentlich; bis zum Jahresende nur noch kleinere Mengen. Im März konnte ich von dem überwinterten Feldsalat und Mizuna ernten. Insgesamt betrug die Jahresernte beeindruckende 35 kg Salatblätter, das entspricht 280 abgepackten Salattüten je 125 g).

Anfang Oktober, vier Wochen nachdem das Beet angelegt wurde (siehe Seite 90): Die Herbstsalate wachsen prächtig.

## Die Jahresernte aus einem der Versuchsbeete

Im Jahr 2010 gingen meine Experimente mit den Beeten in die vierte Saison; dieses Jahr dokumentiert die Zusammenstellung meiner Ernte aus einem ungestörten Beet. Es misst 1,50 × 2,50 m.

Im November 2009 hatte ich gut verrotteten Kuhmist-kompost 2,5 bis 5 cm dick auf dem Beet verteilt. Ende März 2010 habe ich die Zwiebeln gepflanzt (Aussaat in einer Topfplatte), dazu Rote Bete und Zuckerschoten. Danach wurde das Beet einen Monat mit Vlies abgedeckt. Mitte Mai pflanzte ich Knollensellerie und Porree in die verbliebenen Lücken.

## Monatliche Ernte aus einem 1,50 × 2,50 m großen Beet

| Gemüse | Apr | Mai | Juni | Juli | Aug | Sep | Okt | Nov | Gesamt (kg) |
|---|---|---|---|---|---|---|---|---|---|
| A  Zwiebeln | | | | | 6,6 | | | | 6,6 |
| A*  Blattrettich | | | | | | | 0,8 | 0,3 | 1,1 |
| B  Rote Bete | | 0,2 | 1,3 | | | | | | 1,5 |
| B*  Buschbohnen | | | | 0,2 | 06 | 0,7 | | | 1,5 |
| C  Porree | | | | | | | | 3,4 | 3,4 |
| D  Knollensellerie | | | | | | | | 5,2 | 5,2 |
| E  Erbsen, Zuckerschoten | | 1,0 | 7,1 | | | | | | 8,1 |
| E*  Radicchio | | | | | | 0,5 | 1,0 | 0,3 | 1,8 |
| **Gesamt (kg)** | | 1,2 | 8,4 | 0,2 | 7,2 | 1,2 | 1,8 | 9,2 | 29,2 |

## Monatliche Ernte aus einem 1,50 × 2,50 m großen Beet

| Gemüse | Apr | Mai | Juni | Juli | Aug | Sep | Okt | Nov | Gesamt (kg) |
|---|---|---|---|---|---|---|---|---|---|
| A  Frühkartoffeln | | | 2,4 | | | | | | 2,4 |
| A*  Endiviensalat | | | | | | 1,4 | 1,0 | | 2,4 |
| B  Spinat | | 5,6 | 3,9 | | | | | | 9,5 |
| B*  Buschbohnen | | | | | 0,8 | 0,4 | | | 1,2 |
| C  Kopfsalat | 0,7 | 3,1 | 3,6 | 0,6 | | | | | 8,0 |
| C*  Grünkohl | | | | | | 0,8 | 2,2 | 1,0 | 4,0 |
| D  Pastinake 'Tender & True' | | | | | | | | 6,8 | 6,8 |
| D  Radieschen | 0,4 | 0,2 | | | | | | | 0,6 |
| E  Pastinake 'Gladiator' | | | | | | | | 9,7 | 9,7 |
| **Gesamt (kg)** | 1,1 | 8,9 | 9,9 | 0,6 | 0,8 | 2,6 | 3,2 | 17,5 | 44,6 |

Nachdem Zwiebeln, Rote Bete und Zuckerschoten abgeerntet waren, pflanzte ich Blattrettich, Buschbohnen und Chicorée als Salat. Bis Ende September, als die Bohnen erntereif waren, war das Beet voll belegt. Leider war der Porree von Lauchmotten befallen, daher der geringere, aber immer noch ordentliche Ertrag. Ich hatte nur vier große Selleriepflanzen – dank des Gießwassers im Sommer.

Die monatlich schwankenden Erträge sind irreführend, weil ich die große Zwiebel- und Sellerieernte eingelagert hatte und der Vorrat bis April reichte. Anfang Juli gab es eine Riesenernte Zuckerschoten, die ich teilweise einfror. Die letzte Ernte war im November, dann verteilte ich 2,5 bis 5 cm selbst gemachten Kompost auf dem Beet.

## Verschiedene Gemüse aus dem anderen Versuchsbeet

Die untere Tabelle listet die Ernte aus dem zweiten ungestörten Beet auf. Es ist genauso groß und wurde Ende November 2009 mit Kompost bedeckt.

Im März habe ich Kopfsalat und Kartoffeln gepflanzt und gleichzeitig Spinat, Pastinaken und Radieschen zwischen die Pastinaken gesät. Ab Mitte März war das Beet für einen Monat mit Vlies abgedeckt.

Die Radieschenernte zog sich ab Ende April über vier Wochen hin; rechtzeitig, bevor die Pastinaken zu groß wurden. Danach dünnte ich die Pastinaken auf 15 pro Reihe aus; sie wurden so groß, dass ich sie kaum ausheben konnte, ohne das Beet zu lockern. Die Qualität war ausgezeichnet.

Die Kartoffeln waren enttäuschend, denn vor einem Spätfrost am 12. Mai schützte auch das Vlies nicht. Immerhin gingen Salat und Spinat unbeschadet aus dem Frost hervor und lieferten mehrere Wochen lang gute Ernten.

Die Herbsternte war klein, aber kontinuierlich. Ich hatte Anfang Juni Grünkohl gesät und pflanzte ihn am 18. Juli ins Beet, nachdem der letzte Salat Blüten ansetzte und auf dem Kompost landete. Von den Endivien und dem Salat hatte ich immer nur die jeweils äußeren Blätter gepflückt – pro Ernte immer nur einige wenige, dafür aber oft.

Nach den letzten Ernten Ende November, breitete ich gut verrotteten Kuhmistkompost auf dem Beet aus.

Die Möhren wurden im folgenden April gesät und die letzte Ernte war Anfang September.

# Säen und Vorkultur unter Glas

## Pflanzgefäße, Substrat und Methoden

Samen sind wie Menschen: Manche springen ins Leben mit dem Willen zu wachsen, andere müssen in einer geschützten Umgebung sanft unterstützt werden.

Viele Samen können gleich im Freien an Ort und Stelle, der Botaniker sagt dazu *in situ*, gesät werden. Das gilt für viele Gemüse, wie ich später bei den Tipps zur Aussaat ausführen werde. Alternativ können Sie aber auch mit Jungpflanzen im Beet starten. Sie haben die »Teenagerzeit«, also die schwierigste Zeit ihres Lebens. Mit selbst kultivierten oder gekauften Jungpflanzen nimmt die Sicherheit auf eine gute Ernte zu. In kühleren Regionen müssen Tomaten und andere empfindliche Sorten ohnehin im Gewächshaus oder auf der Fensterbank bei optimalen Bedingungen gesät werden, damit die Zeit draußen für eine gute Ernte ausreicht.

Wer mit Jungpflanzen beginnt, spart Zeit und Beetfläche, denn für die lange dauernde erste Phase brauchen Keimlinge und Jungpflanzen erstaunlich wenig Platz. Wenn die kostbaren Samen unter idealen Bedingungen keimen, steigt ihre Erfolgschance. Gerade am Anfang wachsen Keimlinge extrem langsam. Erst ab einem bestimmten Punkt nimmt das Wachstum stark zu und sie können im Freiland ausgepflanzt werden.

Jungpflanzen aus der Vorkultur können jederzeit ausgepflanzt werden, beispielsweise im Sommer, nachdem Sie das Frühgemüse geerntet haben. Eine zweite Aussaat/Auspflanzen erlaubt weitere Ernten, sodass selbst ein kleiner Garten genauso viel Ertrag bringt wie ein großer, weniger dicht bewachsener Garten mit Unkräutern.

Es gibt also wirklich gute Gründe, einen Raum für die Aussaat einzurichten, in dem sich Hunderte von Keimlingen entwickeln können, während im Winter draußen der Boden kalt und leer ist, oder die Beete durch

LINKS: Rote Bete säe ich in Topfplatten, je vier pro Kammer. Draußen im Beet wachsen sie als Gruppe mit dicht gedrängten Wurzeln weiter (rechts).

**TIPP** Samen müssen trocken gelagert werden. Kälte ist hilfreich, doch Trockenheit ist entscheidend. Selbst gesammelte Samen halten sich gut in Briefumschlägen oder Papiertüten für Lebensmittel. In Plastikbeuteln kann sich Feuchte sammeln.

andere Gemüse belegt sind. In meinem eigenen 4 × 3 m großen Gewächshaus wachsen jedes Jahr etwa 8000 Pflanzen heran. Ein normaler Garten wäre schon mit einem Zwanzigstel völlig ausgelastet. In diesem Kapitel stelle ich einen kleinen Raum für die Anzucht von Pflanzen und ein paar nützliche Methoden vor, wie das Vereinzeln (Verziehen).

# Samen

## Frische, Keimung, Wachstum

Samen werden in großer Auswahl, aber auch unterschiedlicher Qualität angeboten. Das größte Problem ist, dass man beim Kauf das Alter der Samen nicht kennt. Während das in einigen Fällen keine Rolle spielt, ist das Alter vor allem bei Pastinaken und Roter Bete entscheidend, sonst geht viel Zeit, möglicherweise sogar eine ganze Ernte verloren. Mir ist das häufiger passiert, als mir lieb war.

Ich habe mich im Samenhandel umgehört, ob man mir die Frische der Samen garantieren könne – nicht immer erfolgreich. Beim Vergleich der Samen, habe ich von sieben Samenhändlern Material gekauft, das schlecht keimte. Auf Nachfragen sagte man mir, bei der letzten Überprüfung hätte die Keimrate den vorgeschriebenen Prozentsatz noch übertroffen.

Das mag sein, doch es ist ein großer Unterschied, ob

die zarte Primärwurzel aus dem Samen keimt, oder ob ich das spätere Wachstum im Garten betrachte, auf das es mir eigentlich ankommt. Gesundes Wachstum ist nur möglich, wenn der Samen einigermaßen frisch ist – Ausnahmen bestätigen die Regel.

Die Tabelle unten gibt die maximal mögliche Lagerzeit – von der Ernte der Samen bis zur Aussaat – für einige Gemüse an. Die Werte stammen teilweise aus Empfehlungen der Firma Real Seeds oder basieren auf eigener Erfahrung. Allerdings können diese Richtwerte einen wesentlichen Faktor nicht erfassen: Auf den Packungen ist angegeben, wann die Samen verpackt wurden, und nicht wann sie geerntet worden sind (mindestens ein Jahr früher). Wenn Sie eigene Samen ernten, vergleichen Sie in einem Test deren Wachstum mit dem gekaufter Samen.

## Samen lagern

| | |
|---|---|
| Bohnen | 3 bis 5 Jahre |
| Erbsen | mindestens 4 Jahre, möglicherweise auch länger |
| Gurken, Melonen | 6 bis 8 Jahre |
| Kohlsorten | 3 bis 7 Jahre |
| Kopfsalat | 2 bis 4 Jahre; nach 2 Jahren nimmt die Wüchsigkeit deutlich ab |
| Möhren | 2 bis 3 Jahre |
| Paprika, Auberginen | 3 Jahre |
| Pastinaken | 1 bis 2 Jahre |
| Rote Bete und Mangold | 2 Jahre; ältere Samen wachsen langsamer |
| Tomaten | 5 bis 8 Jahre |
| Zucchini und Kürbis | 2 bis 3 Jahre; ältere Samen wachsen nicht mehr |
| Zwiebeln, Frühlingszwiebeln, Porree | 2 Jahre; danach nimmt die Wüchsigkeit stark ab |

## Tipps zur Samenernte

Mit selbst geerntetem Samen stellen Sie eine gute Keimung sicher. Allerdings müssen Sie etwas Platz im Garten und zusätzliche Zeit opfern und die besten Methoden und Zeiten für jedes Gemüse herausfinden. Im Internet finden Sie nützliche Tipps, die folgenden beruhen auf meinen eigenen Erfahrungen.

■ Sammeln Sie keine Samen von F1-Hybriden; daraus wachsen Pflanzen, die mit der gewünschten »Sorte« nichts zu tun haben.

■ Einige Gemüse müssen von Insekten bestäubt werden, die fremden Pollen von anderen Sorten aus Ihrem oder Nachbargärten übertragen.

■ Zweijährige Arten bilden ihre Samen erst im zweiten Jahr. Im ersten Jahr wachsen nur Blätter und sie überwintern als Kraut (Mangold, Grünkohl, Porree) oder mit Speicherorganen (Pastinaken, Möhren, Zwiebeln). Im Frühling des zweiten Jahres treibt ein Blütenstängel aus. Die Samen trocknen während des Sommers. Sammeln Sie auf keinen Fall die Samen »geschossener« Pflanzen (Blüte im ersten Jahr), beispielsweise von Mangold oder Roter Bete. Da ihnen die Ruhephase des Winters fehlt, besteht die Gefahr, dass die Pflanzen aus diesen Samen keine Blätter (Mangold) oder Wurzeln (Pastinaken), sondern gleich wieder Blütenstängel bilden – und nichts zum Ernten.

■ Erbsen machen keine Probleme, wenn Sie eine oder zwei vor Ende April gesäte Pflanzen nicht ernten, sondern bis August im Beet lassen – dann sollten die Hülsen trocken sein. Sammeln Sie die größeren, gut ausgebildeten Hülsen, pulen die Erbsensamen heraus und lagern Sie sie warm und trocken, bis sie vollständig trocken und hart sind.

Dieser Salat hat im Sommer Blüten gebildet; jetzt reibe ich die Samen heraus.

■ Auch Tomatensamen lassen sich leicht gewinnen, sie brauchen keine Fremdbestäubung und die Samen fallen als Teil der Ernte ohnehin mit an. Wählen Sie eine gesunde, große, vollreife Frucht aus und schaben Sie Samen heraus; in Wasser waschen und auf einer Pappe trocknen. Die Samen kleben fest und müssen vorsichtig abgerubbelt werden.

■ Bei Kürbissen und Zucchini (keine F1-Hybriden) ist größere Sorgfalt erforderlich, denn die beiden dürfen sich nicht gegenseitig bestäuben. Suchen Sie eine gesunde Zucchini- oder Kürbispflanze aus, bevor sich die Blüten öffnen. Sobald sich die weibliche Blüte öffnet, reiben Sie die Staubbeutel einer männlichen Blüte darüber und stülpen einen Papierbeutel über die Blüte (mit Gummiband fixieren), damit kein fremder Pollen eindringen kann. Wenn die weibliche Blüte verwelkt, ist diese Gefahr vorüber. Kennzeichnen Sie

die entsprechende Blüte – die Frucht muss bis zur Vollreife an der Pflanze bleiben und enthält zahlreiche Samen derselben Sorte.

■ Kopfsalat muss nach der Aussaat im März oder April eine ganze Vegetationsperiode wachsen, bis sich im Juni oder Juli ein Herz und dann der Blütenstängel bilden. Er kann bis 1 m hoch werden und braucht eine Stütze. Etwa im September können Sie die Samen ernten. Wenn die Pflanze unter Folie wächst, sind die Samen schon Ende August reif. Sie werden feststellen, dass Salate aus gesammeltem Samen oft wüchsiger sind als aus gekauften Samen.

■ Knoblauch wird aus den Zehen vermehrt. Suchen Sie sich zur Erntezeit die größte, gesündeste Knolle heraus und stecken Sie die Zehen im Frühherbst in den Boden.

Pflanzen wachsen sehr unterschiedlich: Senfrauke und Gartenkresse (links); Rucola und Senf (rechts).

# Pflanzenkultur unter Glas

Bei der Aussaat unter Glas – im Zimmer oder im Gewächshaus, vor Regen geschützt und durch die Sonneneinstrahlung erwärmt – wachsen die empfindlichen Keimlinge bei kontrollierter Temperatur und Feuchte an.

Bei kühlem Wetter ist das Wachstum unter Glas deutlich besser als im Freien. Erst die kräftigen Jungpflanzen werden ins Beet gepflanzt, um leere Stellen zu füllen.

Für einige Gemüse, wie Tomaten, Paprika oder Aubergine, ist die Vegetationszeit in Mitteleuropa zu kurz für eine Aussaat direkt im Beet. Sie brauchen die höheren Temperaturen unter Glas, um die Vegetationszeit zu verlängern.

Von der Aussaat an einem sonnigen, geschützten Platz profitieren fast alle Gemüse, von Zucchini über Sommerbohnen und Rote Bete, bis Brokkoli und Blumenkohl. Damit verlängern Sie die Vegetationszeit der köstlichen Produkte mit geringfügigem Aufwand – Sie müssen das notwendige Handwerkszeug nur einmal anschaffen.

## Fensterbänke

Die Fensterbank ist ein sehr guter Platz für die Aussaat, da die Samen in der Zimmerwärme rascher auskeimen. Allerdings eignen sich Fensterbänke nur für die ersten zwei Wochen, dann reicht die Lichtmenge nicht mehr aus, sodass die Pflanzen lange, dünne Stängel und hellere Blätter bilden. Sie vermeiden dieses Vergeilen, wenn die Pflanzen von mindestens drei Seiten Licht bekommen und nicht zu warm stehen – in einem Frühbeet, oder in einem Minigewächshaus, das sich an eine Hauswand anlehnt.

## Geeignete Schutzdächer und Zubehör

Der ideale Ort für die Anzucht ist ein begehbares Gewächshaus oder Polytunnel. Darin brauchen Sie einen Arbeitstisch, um Töpfe oder Schalen mit Substrat zu füllen und mit den Pflanzen zu arbeiten.

Benutzen Sie zum Gießen eine kleine Gießkanne mit feiner Brause; Systeme mit eingebautem Wasserspeicher oder Kapillarmatten sind teuer und bei mir haben sie selten gut funktioniert. Schließlich brauchen Sie auch noch Schalen und Töpfe.

Neben dieser Grundausstattung sind keine weiteren, teuren Hilfsmittel und Gerätschaften erforderlich, die der Handel gern als »unbedingt notwendig« anpreist. Statt eines automatischen Ventilators für das Gewächshaus öffnen Sie die Tür oder Fenster einen Spalt weit; eine gute Lüftung und viel frische Luft sind wichtiger als der kleine Wärmeverlust.

## Substrate für Aussaat und Töpfe

Das richtige Substrat ist wasserdurchlässig und enthält zusätzliche Nährstoffe – *konzentrierte Power*. Vielleicht fragen Sie sich, warum ich keine Gartenerde empfehle. Selbst die beste Gartenerde ist in den kleinen Töpfen oder Schalen kein Ersatz für luftige, wasserspeichernde Substrate mit guter Struktur.

Die sogenannte »Anzuchterde« enthält weniger Nährstoffe als die übliche Topferde (Blumenerde) und ist wasserdurchlässiger; in der Tat eignet sich aber auch die ganz normale Topferde, solange Sie nicht übermäßig gießen.

Nährstoffreiche Blumenerde, wie sie für Balkonblumen oder Tomaten verkauft wird, ist nicht so gut geeignet, da sie zu viel Dünger enthält.

Kopfsalat und Basilikum brauchen ein besonders durchlässiges Substrat, denn ihre Wurzeln leiden schon bei der kleinsten Wassersättigung.

Normale Topferde ist von sehr unterschiedlicher Qualität. Der Verzicht auf Torf aus Gründen des Naturschutzes hat dazu geführt, dass Ersatzstoffe beigemischt werden, nicht immer zum Besten des Substrats – Kokos- und Holzfasern, Grünkompost und Rindenhumus. Ich verwende ein Substrat auf Torfbasis. Es ist leicht, nährstoffreich, hält die Feuchtigkeit und kann eine dichte Wurzelmasse versorgen.

Wenn Sie eigenen, reifen Kompost übrig haben, können Sie ihn sieben (Maschenweite 1,5 cm), um Brocken zu entfernen oder zu zerkleinern, die größer sind als Murmeln. Zu diesem Grundmaterial mischen Sie pro Eimer etwa ein Fünftel Bausand (verbessert die Wasserdurchlässigkeit) und zwei Handvoll Blut-, Fisch- und Knochenmehl bei.

Gartenkompost in guter Qualität – weich, krümelig, nicht glitschig – ergibt ein gutes Substrat für Pflanzen.

Die gesündesten Keimlinge, die ich jemals gesehen habe, wuchsen in reinem, wunderbar weichem Wurmkompost. Bis ein Wurmkomposter allerdings ausreichende Mengen dieses kostbaren Substrats liefert, vergeht sehr viel Zeit. Voll ausgereifter Gartenkompost eigener Herstellung kommt dieser Qualität aber nahe.

## Säen

Die einzelnen Gemüsesorten haben nicht nur unterschiedlich große Samen, sie laufen auch mit unterschiedlicher Geschwindigkeit auf und stellen spezielle Ansprüche an Feuchtigkeit und Temperatur. Im nächsten Kapitel finden Sie einige Tipps zur Aussaat.

Viele kleine Samen werden dicht an dicht in Anzuchtschalen oder Töpfe gesät und vereinzelt, wenn sie die ersten paar Blätter haben. Sie können auch zwei bis drei Samen in sehr kleine Töpfe oder Topfplatten säen und später den kräftigsten Keimling auswählen. Einige Gemüsesorten, beispielsweise

Eine Multitopfplatte mit 60 Löchern wird mit feiner Topferde gefüllt.

Verteilen Sie das Substrat und drücken Sie es mit den Fingern in die Löcher.

Zwiebeln und Rote Bete, werden zu fünf bis sechs Samen gesät und die Jungpflanzen, ohne sie zu vereinzeln, als Gruppe ausgepflanzt. Größere Samen, wie Erbsen, Bohnen oder Zuckermais werden einzeln in kleine Töpfe (5 cm Durchmesser) oder Topfplatten gesät.

Säen Sie lieber flach als tief. Die Pflanzenwurzeln dringen leichter in den Boden ein, als sich der Spross durch das Substrat nach oben schiebt. Nach einer Faustregel wird der Samen doppelt so hoch mit Substrat bedeckt wie seine Dicke ist (nicht die Länge). Die meisten Samen müssen also nur dünn mit Substrat bedeckt werden; ein Zucchinisamen (0,5 cm Dicke) braucht 1 cm Substrat über sich. Salat, Stauden- und Knollensellerie wachsen besser im Licht: Decken Sie die offen liegenden Samen mit einer Glasscheibe auf der Schale ab.

Gießen Sie das Substrat gründlich, nachdem Sie es eingefüllt haben und *vor der Aussaat*. Sprühen Sie nach dem Säen nur wenig Wasser darüber, damit die Samen nicht ausgewaschen werden.

**TIPP** Die ersten sichtbaren Blätter sind die beiden Keimblätter, darauf folgen die Primärblätter die bereits die arttypische Form haben.

Die einzigen Gemüse, die ich nicht unter Glas säe, sind Möhren und Pastinaken, weil ihre langen Wurzeln beim Verpflanzen zu leicht beschädigt werden. Alle übrigen Wurzelgemüse, wie Kohlrüben oder Rote Bete, säe ich dagegen in Schalen oder Töpfen aus.

## Anzuchtplatz erwärmen

Die meisten Keimlinge wachsen auch ohne zusätzliche Wärme, aber frostempfindliche Arten können in Frostnächten zwischen März und Anfang Mai etwas mehr Wärme oder zumindest einen Kälteschutz vertragen. Der einfachste und meist sichere Kälteschutz ist ein Vlies und/oder Folie um die Pflanze, wenn der Wetterbericht Frost ankündigt.

Glätten Sie das Substrat mit einem alten Lineal und drücken Sie eine Delle in jede Kammer.

Geben Sie nun einen Samen in jedes Loch und wischen Sie vorsichtig Substrat darüber.

TIPP Die meisten Gemüsepflanzen über stehen Frost, obwohl sie danach ziemlich mitgenommen aussehen. Salat, Spinat, Erbsen, alle Kohlsorten, Zwiebeln, Rote Bete und die meisten Kräuter außer Basilikum sind frostresistent. Ziehen Sie die Liste auf Seite 113 zu Rate (»Aussaattemperaturen«).

In Schuppen oder Gewächshäusern ist ein elektrisch beheizbarer Tisch oder eine beheizbare Matte direkt unter den Schalen und Töpfen die bessere Lösung. Sie sind ökonomischer als eine Heizung für den gesamten Raum. Einen Polytunnel künstlich zu beheizen ist keine gute Idee. Hier wäre der Wärmeverlust durch den Kunststoff viel zu hoch. Sein Nutzen besteht darin, auskühlenden Wind von den Pflanzen fernzuhalten und am Tag die Luft zu erwärmen.

## Gießen

Gießen Sie die Anzuchtschalen unbedingt mit der Gießkanne, denn so ist gesichert, dass jede Pflanze die richtige Menge Wasser bekommt. Beim Gießen können Sie gleichzeitig überprüfen, ob die Pflanzen gut wachsen, ob sie umgetopft, ausgepflanzt oder schnell wachsende Sorten vereinzelt werden müssen. Auch Schneckenfraß wird rechtzeitig entdeckt (siehe unten, »Schädlinge«).

Frische Saaten und Keimlinge dürfen nicht zu viel gegossen werden. Wenn die Samen in feuchtes Substrat gesät wurden, brauchen sie später nur noch gelegentlich wenig Wasser, sobald sich die ersten echten Blättchen zeigen.

Mit zunehmendem Wachstum steigt auch der Wasserbedarf der Pflanzen, vor allem bei sonnigem Wetter,

wenn die Wurzeln Wasser aufnehmen, das bis in die Blätter transportiert wird. Hören Sie regelmäßig den Wetterbericht und gießen Sie rechtzeitig. Ich empfehle ihnen, am Morgen zu gießen, damit die Pflanzen abends nicht nass und kühl stehen bleiben – das lockt nur Schnecken an, die sich nachts hungrig auf die Schleimspur machen.

## Schädlinge während der Anzucht

Vermeiden Sie in der Umgebung der Jungpflanzen feuchte Ecken oder Pflanzen mit großen Blättern, wo Schnecken gute Verstecke finden. Eine einzige Schnecke kann sehr viele Pflänzchen bis zum Boden abfressen oder große Löcher in den Blättern hinterlassen. Suchen Sie dann unter den Schalen nach den Übeltätern oder gehen Sie nach Einbruch der Dunkelheit mit einer Taschenlampe auf die Jagd, wenn sich die Weichtiere aus den Verstecken wagen.

Tische und Regale aus altem Holz locken Asseln an, die winzige Löcher, vorwiegend in die Blättchen von Spinat, Tomaten und Gurken, knabbern. Sie fressen sogar Gänge in Tomaten- und Gurkenstängel. Die beste Vorsorge ist peinliche Sauberkeit; machen Sie den Bereich vor der Aussaat im Winter gründlich sauber. Verzichten Sie auf chemische Reinigungsmittel, eine einfache Bürste reicht völlig aus.

Immer wenn Erbsen, Bohnen oder Zuckermais gesät werden, tauchen wie aus dem Nichts Mäuse auf. Sie fressen auch größere Menge kleiner Samen, wie Salat – sogar die Blätter. Ich stelle immer Mausefallen auf, wenn ich große Samen säe, außerdem zusätzlich im Spätsommer, wenn Mäuse oft ins Gewächshaus eindringen, um Ersatz für die abnehmende Nahrung draußen zu finden.

RECHTS: Beschriften Sie unbedingt Samentüten und Anzuchtschalen!

1 Salatsamen werden in eine Schale mit Anzuchterde gestreut.

2 Jetzt sind die Pflänzchen groß genug zum Vereinzeln (hier Kopfsalat und Pak Choi).

3 Das Substrat wird in die 2,5 cm tiefen Löcher einer Topfplatte gedrückt.

4 Die Keimlinge werden als Gruppe mit den Wurzeln heraus gehoben.

5 Salatpflanzen werden pikiert; die Löcher habe ich mit einem Bleistift gebohrt.

6 Das Substrat um Wurzeln und Stängel wird festgedrückt.

## Krankheiten

Die Umfallkrankheit ist das größte Problem: Die Keimlinge kippen im Keimblattstadium um und faulen. Der Grund ist meist zu hohe Feuchtigkeit, sodass Pilze in Stängel, Blätter und Wurzeln eindringen. Befallene Pflanzen sind nicht zu retten, doch wenn Sie zur optimalen Zeit (siehe Seiten 139 ff. und 149 ff.) und so dünn säen, dass Luft zwischen den Stängeln zirkulieren kann, sinkt die Gefahr. Unregelmäßig und sparsam zu gießen sowie wasserdurchlässiges Substrat senken zusätzlich das Risiko weiter. Das gilt insbesondere für Kopfsalat und Basilikum.

## Pikieren

Beim Pikieren werden die kleinen, manchmal winzigen Pflänzchen vereinzelt. Es lohnt sich, diese fast vergessene Kunst zu erlernen und zu üben.

Winzige Keimlinge sind leichter zu pikieren als Jungpflanzen. Ideal ist das Keimblattstadium, bevor sich die Primärblätter zeigen – alles, was Sie brauchen ist ein Bleistift. Schieben Sie ihn seitlich unter die Wurzel und hebeln Sie die Pflänzchen mit der Erde heraus. Halten Sie die Pflänzchen an den Keimblättern fest (sie sind widerstandsfähiger als der dünne Stängel!) und ziehen Sie die Pflänzchen einzeln heraus.

Setzen Sie die Keimlinge nun einzeln in vorbereitete Topfplatten oder kleine Töpfe (max. 5 cm Durchmesser). Das Substrat sollte durch und durch feucht und festgedrückt sein.

Bohren Sie mit dem Bleistift tiefe Löcher hinein, eines für jedes Pflänzchen; schwache oder deutlich kleinere Exemplare werden verworfen. Fassen Sie ein Pflänzchen an den Blättern an und setzen Sie es in das Loch; der Stängel sollte bis auf die beiden Blätter in der Erde verschwinden. Daraus entwickeln sich kräftige Pflanzen,

**TIPP** Drücken Sie das Substrat um die pikierten Pflänzchen vorsichtig fest, damit die Wurzeln festen Halt finden. Die Wurzeln brauchen nicht unbedingt senkrecht nach unten zeigen, sondern werden einfach ins Loch geschoben.

da sich an den Stängeln Wurzeln bilden. Pikieren Sie zur Sicherheit mehr Exemplare als Sie tatsächlich pflanzen wollen, falls einige eingehen (ausfallen sagt der Gärtner). Der Reste kommt auf den Kompost, denn es macht keinen Sinn, mehr Pflanzen anzuziehen, als man braucht.

Zum Schluss werden die pikierten Pflanzen gegossen. Am nächsten und übernächsten Tag brauchen sie kein Wasser, da sie zunächst nicht wachsen, sondern sich erst etablieren müssen.

Pikierte Keimlinge in einer Topfplatte; jetzt können sie weiterwachsen, bis sie ausgepflanzt werden.

breit sind; genauere Informationen zu den einzelnen Sorten siehe Seiten 113 ff., 149 ff. und 159 ff..

TIPP Mir ist oft aufgefallen, dass sich eine zweimal umgetopfte Pflanze – jedes Mal in einen nur wenig größeren Topf – besser entwickelt, als ein Exemplar, das nur einmal in einen deutlich größeren Topf umgepflanzt wurde. Vielleicht ist die Gefahr des Übergießens im kleineren Topf geringer. Vielleicht mögen sie auch die Aufmerksamkeit und die Berührungen.

Einige Gemüse brauchen länger zusätzliche Wärme – sie müssen umgetopft werden und dürfen erst nach draußen, wenn sie deutlich größer sind. Tomaten werden beispielsweise erst in den Garten gesetzt, wenn sie 20 cm hoch sind und die ersten Blüten bilden.

## Empfindliche Pflanzen umtopfen

Die meisten Gemüse werden aus kleinen Töpfen, Quelltöpfen oder Topfplatten direkt nach draußen umgepflanzt, wenn sie 5 bis 7 cm hoch und/oder

Das Umtopfen wird nötig, wenn sich die Blätter gelb oder bläulich färben und die Wurzeln aus den Töpfen herauswachsen. Drücken Sie von unten gegen den Wurzelballen, um ihn zu lösen und pflanzen Sie den Ballen in einen vorbereiteten, etwas größeren Topf um. Längere Stängel werden mit Erde bedeckt, damit die Pflanzen kräftiger wachsen. Lassen Sie zwischen den Töpfen Platz, damit alle genügend Licht bekommen.

Umtopfen: Eine kleine Tomatenpflanze wird aus der 2,5 cm großen Kammer der Topfplatte in eine 5 cm große umgetopft.

Sollte es nach zwei oder drei Wochen immer noch zu früh sein für draußen, werden sie ein zweites Mal in einen etwas größeren Topf umgetopft.

# Einpflanzen

Das Ziel dieser dreistufigen Aktion ist eine Gemüsepflanze, die draußen im Beet wächst.

Beim *Abhärten* werden die vorgezogenen Jungpflanzen in ihren Schalen oder Topfen für zwei bis drei Tage nach draußen gesetzt, um sie zu akklimatisieren; das Wetter spielt dabei keine Rolle. Empfindliche Sorten, die unter Glas oder draußen unter einem Vlies oder Folienabdeckung wachsen, werden nicht abgehärtet.

Beim *Einpflanzen* bohren Sie für kleine Wurzelballen aus Töpfen oder Anzuchtschalen mit dem Pflanzholz ein Loch in den Boden; für größere Wurzelballen graben Sie ein Loch mit der Pflanzschaufel. Die Pflanzen werden eingesetzt und fest gedrückt. Exemplare aus Töpfen und Anzuchtschalen wachsen besser an, wenn sie etwas tiefer stehen als vorher. Bohren Sie für Gemüse mit langen Stängeln, wie Kohlsorten und Tomaten, ein Loch, das tief genug ist, um den Stängel aufzunehmen – sie entwickeln sich kräftiger.

Die *Anpassung* an die neue Umgebung ist nach etwa einer Woche abgeschlossen. Bis dahin sieht die Pflanze eher fragil aus und wächst nicht weiter; unter der Erde bilden sich allerdings neue Wurzeln. Nach dieser Phase nimmt das Wachstum stark zu und neue, glänzende Blätter bilden sich.

Mizuna, Roter Senf und Pak Choi aus den Kammern einer Topfplatte.

# Säen und Pflanzen

## Wann und wie, für ein besseres Wachstum

Dieses Kapitel befasst sich zwar auch mit den Methoden, vor allem aber mit dem richtigen Zeitpunkt, wann Pflanzen ausgesät und gepflanzt werden. Die Tipps beruhen auf meinen eigenen Erfahrungen mit der jeweiligen Gemüseart. Sie liefern einen weiteren Stein zu dem Puzzlespiel, wie Sie mit möglichst großem Erfolg Gemüse kultivieren. Wenn Sie beispielsweise Zucchini und Sommerbohnen zur richtigen Zeit und an einem ausreichend warmen Ort säen, werden sie gesündere Pflanzen bekommen.

Ich habe die Gemüse in drei Gruppen unterteilt, die sich auf den geernteten Teil beziehen: Blätter, Früchte und Wurzel. Obwohl die Anmerkungen zur Aussaat und den Pflanzenmethoden für alle drei Kategorien gelten, existieren wichtige Unterschiede. Ein wichtiges Kriterium, wann ein Gemüse gesät wird, ist die Erntezeit. Blattgemüse ist bei der Aussaat besonders flexibel; der Zeitpunkt richtet sich danach, wann Sie ernten möchten. Früchte und Wurzelgemüse sind dagegen stärker auf einen bestimmten Zeitpunkt angewiesen. Das gilt insbesondere für Sorten, die eine ganze Vegetationszeit benötigen, bis sie reif sind. Eine vierte Gruppe stellen die Gemüsestauden dar, deren Wurzeln mehrere Jahre lang leben und dann jeden Frühling und Frühsommer Ernten liefern.

In den nächsten drei Kapiteln erfahren Sie alles über die erfolgreiche Aussaat; ab Seite 159 ff. und 177 ff. können Sie sich intensiver mit Wachstum und Pflege der beliebtesten Salate und Gemüsesorten befassen.

## Temperatur zur Aussaat

Wenn man die wichtigsten Gemüse der gemäßigten Breiten einem von drei Temperaturbereichen zuordnet, in denen die Samen optimal keimen und wachsen, ergibt sich Folgendes: Viele Blattgemüse kommen am besten im kühlen, Wurzelgemüse im mittleren und die Frucht- und Samengemüse im warmen Bereich zurecht (Basilikum ist eine Ausnahme – es bevorzugt wärmere Temperaturen).

In der Zusammenstellung unten bedeutet »kühl« 5 bis 12 °C – etwa die Gewächshaustemperatur in einem durchschnittlichen März. »mittel« steht für 10 bis 20 °C – Frühsommer oder April unter Glas – und »warm bedeutet 18 bis 30 °C – Sommer oder ab Mai unter Glas.

- **Kühl:** Kohl, Dicke Bohnen, Möhren, Kopfsalat, Pastinaken, Erbsen, Radieschen, Sauerampfer, Spinat.
- **Mittel:** Rote Bete, Knollen- und Staudensellerie, Mangold, Kerbel, Chicorée, Koriander, Knollenfenchel, Zwiebeln, Petersilie, Kohlrüben.
- **Warm:** Auberginen, Basilikum, Busch- und Stangenbohnen, Zucchini, Gurken, Paprika, Kürbis und Riesenkürbis, Zuckermais, Tomaten.

LINKS: Anfang April wird der Dill in die Lücken zwischen den Radieschen gepflanzt.

Fast alle Samen des kühleren Bereichs keimen und wachsen auch bei wärmeren Temperaturen, während die Samen des wärmeren Bereiches in kühleren Temperaturen Schwierigkeiten haben, es sei denn sie wuchsen vorher an einem warmen Ort, wie einem gut belüfteten Frühbeet.

Bis auf die Gemüse der »warmen« Gruppe vertragen alle Arten leichten Frost.

## Begriffserklärungen

Im Text benutze ich die folgenden Begriffe oder Ausdrücke.

**Pflanzen:** Wie auf Seite 22. Gemüse kann als Einzelpflanze oder in Gruppen gepflanzt werden. Manche

Pflanzung von Porree-Jungpflanzen in vorgestochene Löcher.

Salate entwickeln dabei kleinere Blätter; auch Rote Bete und Zwiebeln wachsen als Gruppe. Nicht alle Pflänzchen müssen vereinzelt werden, bevor sie nach draußen gepflanzt werden. Wenn im Text nicht anders erwähnt, handelt sich es im Folgenden aber um Einzelpflanzen. »Pflanzen« bezieht sich stets auf das Auspflanzen nach draußen, sofern nicht anders erwähnt.

**Aussaat unter Glas** wird ab Seite 103 beschrieben und meint Samen, die in Anzuchtschalen, Topfplatten oder Töpfen ausgesät werden.

**Direktsaat:** Streuen Sie Möhren und andere feine Samen in eine 1 bis 2,5 cm tiefe Saatrille im Boden oder Kompost – doppelt so viele, wie Sie brauchen. Nach dem Ausdünnen wachsen sie im richtigen Abstand. Bohren Sie für die Samen von Erbsen, Bohnen und Knollen Löcher im richtigen Abstand und der angegebenen Tiefe in den Boden. Im Freien müssen die Samen tiefer begraben werden als in Anzuchtschalen.

**Horst- und Einzelsaat:** Wenn Sie die Pflanzen draußen kultivieren möchten, ziehen Sie eine Saatrille (siehe oben) und streuen Sie die Samen dichter, im Abstand von 1 cm aus; sie werden später umgepflanzt. Der Abstand zwischen den Saatrillen sollte 25 bis 30 cm betragen.

**Abstand:** Meine Erfahrungswerte garantieren gesunde Pflanzen, die genügend Platz haben, zu wachsen und damit einen guten Ertrag liefern. Zu eng wachsende Wurzel- und Fruchtgemüse werden in der Entwicklung gehemmt, während größerer Abstand besseren Ertrag verspricht. Dabei kommt es nicht auf den Zentimeter an, aber wenn Sie den Vorschlägen folgen, ernten Sie mit geringem Aufwand gesündere Pflanzen.

**Wochen** gibt die Zeitspanne zwischen der Aussaat und dem Pflanzen an. Bei kühlem Wetter brauchen die frühen Aussaaten mehr Zeit.

# Blattgemüse

Die hier aufgeführten Salate werden ab Seite 159 auch ausführlicher behandelt.

## Frosthärte

Bis auf Basilikum und Sommerportulak vertragen die Blätter dieser Gemüse Frost.

## Asia-Salate und Rucola

**Wo/wann säen:** An Ort und Stelle oder unter Glas/ Juli bis August (Anfang August ist ideal).
**Zeitspanne zwischen Säen und Pflanzen:** 2 bis 3 Wochen.
**Wann pflanzen/Pflanzabstand:** August bis Anfang September/15 bis 22 cm.
**Tipps:** Salate für die Winterernte unter Glas werden Mitte bis Ende September gesät. Alle diese Salatsorten müssen ab dem Hochsommer gesät werden, nach der Blütezeit im Frühling. Nach meiner Erfahrung leidet die Julisaat stärker unter Erdflöhen, Raupen und anderen Insekten als die Augustsaat; Letztere profitiert zudem von einem feuchten Herbst. Die reichste Ernte liefert die Aussaat in den ersten beiden Augustwochen; Ende August sollten Sie nur noch schnell wachsende Sorten säen, wie Mizuna, Blattrettich, Senf 'Green in the Snow' und Rucola. Die Senfrauke wächst viel langsamer und setzt später Blüten an; ich säe sie im Juli für die Herbst- und Frühlingsernten.

Alle Salate dieser Gruppe werden zu zwei bis vier Samen pro Kammer in Topfplatten gesät, je nachdem wie groß die Gruppe später werden soll – weniger Pflanzen bedeuten größere Blätter. Die Aussaat an Ort und Stelle ist unkompliziert, die Samen keimen schnell und die Zahl der Ausfälle ist gering, da die Samen mehrere Jahre lebensfähig bleiben.

## Basilikum

**Wo/wann säen:** Unter Glas / April bis Juni.
**Zeitspanne zwischen Säen und Pflanzen:** 5 bis 7 Wochen.
**Wann pflanzen/Pflanzabstand:** Ende Mai bis Juli an einem geschützten Platz/20 bis 30 cm.
**Tipps:** Mag Wärme, hasst Feuchtigkeit. Basilikum braucht für ein gesundes Wachstum durchweg Wärme und trockene Luft. Es macht keinen Sinn, es im Frühling draußen zu säen und selbst im Gewächshaus warte ich bis Mitte April.

Säen Sie es in einer Schale aus; pikieren. Die Keimlinge und Jungpflanzen brauchen Wärme und werden sparsam gegossen. Da Basilikum erst im Sommer ins Freiland darf, muss es gewöhnlich umgetopft werden; Vorsicht, seine Wurzeln sind empfindlich.

Basilikum wächst in 2,5 cm großen Fächern, es ist bereit zum Umtopfen.

## Blumenkohl

**Wo/wann säen:** Unter Glas / Februar bis Juni;
draußen / März bis Anfang Juni.
**Zeitspanne zwischen Säen und Pflanzen:** 4 Wochen.
**Wann pflanzen/Pflanzabstand:** April bis Juli /
45 bis 60 cm.

Säen und pflanzen Sie Blumenkohl wie Brokkoli im
März/April; die Köpfe sind im Juni bis Anfang Juli reif.
Die Zuckermaissaat wird durch Schmetterlingsraupen
gefährdet, die von Spätsommer bis Herbst auftreten.
Im Juni können Sie Sorten säen, die über den Winter
stehen bleiben und im Frühling Köpfe liefern; sie müssen im Winter vor Taubenfraß geschützt werden.

## Brokkoli – Köpfe im Sommer und Herbst

**Wo/wann säen:** Unter Glas oder draußen/März
bis Juni.
**Zeitspanne zwischen Säen und Pflanzen:** 4 Wochen.
**Wann pflanzen/Pflanzabstand:** April bis Juli /
40 bis 45 cm.

Brokkoli, Kopfsalat und lila Blumenkohl können gepflanzt
werden.

**Tipps:** Decken Sie ihn möglichst mit Vlies oder Netzen
ab. Säen sie für frühe Ernten in Anzuchtschalen oder
Töpfe (pikieren) oder in Topfplatten (je 2 bis 3 Samen
pro Kammer, nur den stärksten stehen lassen). Früh
gepflanzte Exemplare werden etwa einen Monat mit
Vlies abgedeckt; die zarten Köpfe sind im Juni reif,
wenn kaum andere Gemüse erntereif sind/besser und
bevor die Schmetterlinge überhand nehmen. Als letzten Aussaattermin empfehle ich Ende Juli, zum Schutz
vor Insekten unter einem Netz – die Köpfe sind ab
Oktober bis Winterbeginn reif. Sie ertragen Frost von
bis zu −4 °C.

## Brokkoli – lila Sprossenbrokkoli im Frühling

**Wo/wann säen:** Unter Glas oder draußen /
Mai bis Juni.
**Zeitspanne zwischen Säen und Pflanzen:** 4 Wochen.
**Wann pflanzen/Pflanzabstand:** Juni bis Juli /
45 bis 60 cm.
**Tipps:** Ein Netz zum Abdecken ist empfehlenswert;
Aussaat wie Sommerbrokkoli: im Mai für große Pflanzen,
in der ersten Juniwoche gesäter Brokkoli wird Anfang
Juli gepflanzt. Die späte Aussaat erfolgt, nachdem
Frühlingssalate, Spinat oder Knoblauch geerntet wurden.

## Chicorée (Herzen)

**Wo/wann säen:** Unter Glas / Juni bis 25. Juli.
**Zeitspanne zwischen Säen und Pflanzen:**
3 bis 4 Wochen.
**Wann pflanzen/Pflanzabstand:** Juli bis Mitte August /
30 bis 35 cm.

Im April, Mai, sogar Anfang Juni gesäter Chicorée wird
eher blühen als ein Herz bilden. Pflanzen Sie den
im Juli gesäten Chicorée im August ins Beet, nachdem
Zwiebeln, Möhren oder andere Gemüse geerntet

wurden – er ist die ideale zweite Frucht für Herbst- und Wintersalate. Säen und pikieren, siehe unten bei Endivienherzen.

## Chicorée (Salat)

**Wo/wann säen:** Unter Glas oder an Ort und Stelle / Juni bis August.
**Zeitspanne zwischen Säen und Pflanzen:** 3 bis 4 Wochen.
**Wann pflanzen/Pflanzabstand:** Ende Juni bis August / 10 bis 20 cm.
**Tipps:** Für die winterliche Blatternte unter Glas Ende August bis Anfang September säen.

Da die Samen verlässlich keimen, kann Chicorée auch an Ort und Stelle gesät werden. Die Pflanzen dürfen enger, sogar in Gruppen, stehen als Chicorée für Herzen. Zur Aussaat siehe unten bei Endivienherzen.

## Chicorée (Treiberei)

**Wo/wann säen:** Unter Glas oder an Ort und Stelle / Mitte Mai bis Anfang Juni.
**Zeitspanne zwischen Säen und Pflanzen:** 3 bis 4 Wochen.
**Wann pflanzen/Pflanzabstand:** Bis Ende Juni / 30 bis 40 cm.

Chicorée braucht eine ganze Vegetationsperiode, doch zu früh gesäte Pflanzen könnten blühen. Eine Möglichkeit wäre die Aussaat von je zwei Samen pro Topf oder Kammer (Ende Mai unter Glas) mit Ausdünnen auf die stärksten Exemplare. Auf diese Weise können Sie frühen Spinat oder Radieschen ernten und danach den Chicorée Ende Juni ins Beet pflanzen. Bis zum Herbst werden die Pflanzen groß mit kräftigen Wurzeln, dann kommen sie zur Treiberei vor Weihnachten unter Glas.

## Chinakohl

**Wo/wann säen:** Unter Glas / Juli.
**Zeitspanne zwischen Säen und Pflanzen:** 3 Wochen.
**Wann pflanzen/Pflanzabstand:** August / 30 cm.

Ein tolles Gemüse, das leider unter Insektenschäden leidet; die größte Erfolgschance besteht, wenn Sie genau zur richtigen Zeit säen: in der letzten Juliwoche. Dann wachsen die Pflanzen im warmen, feuchteren Spätsommer und Herbst – die Herzen können im Oktober geerntet werden. Die Keimlinge wachsen schneller als die meisten anderen Gemüse. Säen Sie entweder zwei Samen pro Topf/Kammer und wählen den stärksten aus, oder in eine Anzuchtschale zum Pikieren nach vier bis sechs Tagen. Nach etwa drei Wochen kommen die Jungpflanzen nach draußen.

## Endivien (Blätter)

**Wo/wann säen:** Unter Glas oder an Ort und Stelle / Juni bis August.
**Zeitspanne zwischen Säen und Pflanzen:** 3 bis 4 Wochen.
**Wann pflanzen/Pflanzabstand:** Juni bis September / 20 bis 25 cm.
**Tipps:** Pflanzen für die Winterernte unter Glas werden Ende August bis Anfang September gesät. Wie Endivienherzen, die Pflanzen können aber dichter stehen und bis Ende August gesät werden – sie werden im Winter geerntet, möglichst unter Folie.

## Endivien (Herzen)

**Wo/wann säen:** Unter Glas / Juni bis Juli.
**Zeitspanne zwischen Säen und Pflanzen:** 3 bis 4 Wochen.
**Wann pflanzen/Pflanzabstand:** Juli bis August / 30 bis 35 cm.

Endivien gehören zu den problemlosen Gemüsesorten; nur Schnecken könnten ihnen nach zwei Wochen schaden. Da Endivien nach dem Pikieren gut wachsen, säe ich sie gruppenweise in Schalen oder einen Topf und pikiere sie in kleine Töpfe oder in Topfplatten – ein stark unterschätzter Salat.

## Erbsen (Sprosse)

**Wo/wann säen:** An Ort und Stelle / März bis Juni; unter Glas / Februar bis Juni.
**Zeitspanne zwischen Säen und Pflanzen:**
2 bis 4 Wochen.
**Wann pflanzen/Pflanzabstand:** März bis Juli /
20 bis 30 cm.

Wenn Sie den Dreh heraushaben, wie sie geerntet werden, werden Sie vermutlich nicht mehr auf diese simple, köstliche Salatzutat verzichten wollen. Die Samen bleiben viele Jahre lang lebensfähig und können

selbst geerntet werden. Für frühe Ernten säe ich drei Samen in eine Kammer oder kleinen Topf; die 5 cm hohen Erbsen werden abgehärtet (drei bis vier Tage draußen) und in Gruppen ins Beet gepflanzt; mit Vlies abdecken. Erbsen überstehen zwar sogar Frost und Schnee, wachsen aber besser unter Vlies.

Nehmen Sie Samen einer hoch wachsenden Sorte (bis 2 m), sie haben längere und wüchsigere Sprosse. Die beste Ernte – Mai und Juni – liefern im Frühling gesäte Exemplare. Die im Juni und Juli gesäten Erbsen bilden weniger Blätter und Sprosse, dann bilden sie Blüten (schmecken köstlich); auf den Blättern setzt sich gerne Mehltau fest.

## Feldsalat, Rapunzel, Ackersalat

**Wo/wann säen:** Als Wintersalat an Ort und Stelle / Ende August.
**Abstand:** Ausdünnen auf 5 bis 10 cm. Zum richtigen Termin ausgesät sicher der härteste Wintersalat im Freiland. Die vor Mitte August gesäten Pflanzen sind im Oktober und November reif (bedroht durch Mehltau). Die Ende August gesäten Pflanzen haben die beste Chance, den Winter gesund zu überstehen.

Ziehen Sie für die Aussaat an Ort und Stelle Saatrillen in 15 bis 20 cm Abstand und säen Sie mit 2,5 cm Abstand; falls nötig, nach einem Monat ausdünnen. Jäten Sie konsequent jedes Unkraut, denn Feldsalat keimt langsam, sodass Unkräuter die zarten Jungpflanzen erdrücken könnten.

Erbsen zur Sprossenernte wachsen zwischen Salaten; 'Fristina' (links) und 'Mottistone' (rechts).

## Frühlingszwiebeln

**Wo/wann säen:** An Ort und Stelle / März bis Juni; unter Glas / Januar bis Juni.
**Zeitspanne zwischen Säen und Pflanzen:**
4 bis 6 Wochen.

**Wann pflanzen/Pflanzabstand:** April bis Juli /
5 bis 20 cm.
**Tipps:** Ende August gesäte Zwiebeln überstehen
den Winter und werden im Frühling geerntet. Jäten
Sie bei der Aussaat an Ort und Stelle gründlich um die
langsam wachsenden Jungpflanzen und säen Sie
ausschließlich frische Samen. Unter Glas im Sommer
sollten die Samen nicht in direkter Sonne keimen, denn
bei zu großer Hitze gehen sie in ein Ruhestadium über.
Ich säe sechs Samen pro Kammer einer Topfplatte;
daraus werden fünf bis sechs Zwiebeln.

Zwiebeln sind sehr winterhart und überleben bereits als
7 cm hohe Pflänzchen. Obwohl sie mitgenommen
aussehen, legen sie im März und April kräftig zu.

## Grünkohl

**Wo/wann säen:** Unter Glas oder an Ort und Stelle /
Mai bis Juni.
**Zeitspanne zwischen Säen und Pflanzen:**
4 Wochen.
**Wann pflanzen/Pflanzabstand:** Juni bis Juli /
40 bis 50 cm.

Grünkohl wird zur selben Zeit gesät wie Brokkoli. Sie
können sogar zusammen in eine Schale gesät und
später in beschriftete Töpfe oder Schalen mit Fächern
pikiert werden. Pflanzen Sie Grünkohl tief und fest ein;
bei Trockenheit reichlich gießen. Zum Schutz gegen
Vögel und Insekten, sollten die Pflanzen unter einem
Netz wachsen.

## Kerbel

**Wo/wann säen:** Unter Glas oder an Ort und Stelle /
Juli bis August.
**Zeitspanne zwischen Säen und Pflanzen:**
4 Wochen.

**Wann pflanzen/Pflanzabstand:** August bis September / 10 bis 20 cm; später gepflanzter Kerbel, für
die Ernte im Winter 20 cm.

Nach den meisten Samenpäckchen darf Kerbel jederzeit
im Frühling oder Sommer gesät werden. Nach meiner
Erfahrung liefern die im Frühling gesäten Pflanzen vor der
Blüte nur wenige Blätter, während die Sommersaat zu
buschigen, langlebigen Pflanzen heranwächst, deren Blätter bis in den Herbst geerntet werden können. Die kleinen Samen können an Ort und Stelle (Ausdünnen nach
drei bis vier Wochen) oder unter Glas in Töpfe oder Schalen gesät werden (ein bis drei Keimlinge als Gruppe).

## Kresse, Garten-

**Wo/wann säen:** Unter Glas oder an Ort und Stelle /
Ende Juli bis August.
**Zeitspanne zwischen Säen und Pflanzen:**
3 bis 4 Wochen.

Rotkohl und Rosenkohl (links) können gepflanzt werden.
Grünkohl und Brokkoli (rechts) brauchen noch 10 Tage.

**Wann pflanzen/Pflanzabstand:** August bis Anfang September/20 cm.

**Tipps:** Für die Ernte unter Glas im Winter Ende August säen. Gartenschaukraut blüht im Mai, daher bilden im Frühling gesäte Pflanzen vor der Blüte nur wenige Blätter. Den besten Ertrag bringt die Herbsternte: im August säen und pflanzen. Die kleinen Samen werden sehr dünn ausgestreut – an Ort und Stelle oder in Schalen und vereinzelt.

## Kohl für Herbst-/Winterernte (Kopfkohl)

**Wo/wann säen:** Unter Glas oder draußen / Mai bis Anfang Juni.

**Zeitspanne zwischen Säen und Pflanzen:** 4 bis 6 Wochen.

**Wann pflanzen/Pflanzabstand** Juni bis Mitte Juli / 45 bis 60 cm. Der Kohl für die Herbsternte wird im Mai, für die Winterernte (im wesentlichen Wirsing) Anfang Juni gesät. Da die Samenqualität schwanken kann, säe ich in einer Schale oder im Topf aus und pikiere die kräftigsten Keimlinge oder lasse nur die kräftigsten Exemplare einer Reihe draußen stehen.

## Koriander

**Wo/wann säen:** Unter Glas/April; die Sorte 'Calypso' an Ort und Stelle / Juli bis August.

**Zeitspanne zwischen Säen und Pflanzen:** 4 Wochen.

**Wann pflanzen/Pflanzabstand:** August bis September/15 bis 20 cm; später gepflanzte Exemplare liefern unter Glas Blätter für den Winter. Im Frühling und Frühsommer gesäter Koriander blüht ähnlich bereitwillig wie Kerbel. Vorher können aber Blätter geerntet werden und die Samen des Spätsommers sind essbar. Die größte Blatternte liefern im Juli (Blätter im Herbst) und im August (Blätter im Winter) gesäte Pflanzen.

Die großen Samen werden an Ort und Stelle oder zu zweit in Töpfe oder Topfplatten gesät und ausgedünnt.

## Lauch, Porree

**Wo/wann säen:** Draußen im April, unter Glas / März bis April.

**Zeitspanne zwischen Säen und Pflanzen:** 5 Wochen (unter Glas), 8 bis 10 Wochen (draußen).

**Wann pflanzen/Pflanzabstand:** Mai bis Mitte Juli / 15 cm oder 10 × 30 cm.

Die Keimlinge sehen aus wie Gräser und wachsen langsam. Sie sind aber, ähnlich wie Zwiebeln, sehr hungrig und brauchen eine große Kammer oder Töpfe mit je vier bis fünf Keimlingen (unter Glas). Sie werden als Gruppe dicht unter die Oberfläche ausgepflanzt und wachsen zu mittelgroßen Pflanzen mit langen, schlanken Stängeln heran – vorwiegend grün mit wenig Weiß. Draußen werden sie mit der Pflanzschaufel ausgegraben und vereinzelt. Verwerfen Sie die kleinen und pflanzen Sie große Exemplare 7 bis 10 cm tief in die Erde, sodass die Stängel weißer und zarter werden. Bohren Sie die Löcher mit einem Pflanzholz in die Erde und füllen Sie mit Kompost auf; wenig gießen, um die Stängel nicht auszuschwemmen. Weitere Details zu Porree finden Sie auf der Seite 186.

## Mangold, Blatt-

**Wo/wann säen:** Unter Glas oder an Ort und Stelle / April bis Juni.

**Zeitspanne zwischen Säen und Pflanzen:** 4 Wochen.

**Wann pflanzen/Abstand:** Mai bis August / 22 bis 40 cm für kleine / große Blätter.

**Tipps:** Für die Ernte unter Glas im Winter August bis September säen. Der robuste Blattmangold liefert viele Monate lang Blätter; besonders zart sind die Blätter junger Pflanzen: Aussaat im April, zum zweiten Mal im

Juli und schließlich im August unter Folie für den Winter. Entfernen Sie Exemplare, die zu blühen beginnen.

## Mangold, Stiel

**Wo/wann säen:** Unter Glas oder an Ort und Stelle / Ende April bis Juli.
**Zeitspanne zwischen Säen und Pflanzen:**
3 bis 4 Wochen.
**Wann pflanzen/Pflanzabstand:** Mai bis August /
10 bis 40 cm für kleine oder große Blätter.
**Tipps:** Ende August bis Anfang September wird für die Winterernte unter Glas gesät.

Obwohl Mangold auch unter kühlen Bedingungen keimt, sät man ihn besser bei warmem Wetter. Wenn die Jungpflanzen zu viele kurze Tage und kühle Nächte erleben, blühen sie im Sommer. Die großen Samen können zu zwei bis drei gesät werden und auch als Gruppe wachsen. Ins Freiland gesäter Mangold wird auf den gewünschten Abstand ausgedünnt, für große oder kleine Blätter.

## Petersilie

**Wo/wann säen:** An Ort und Stelle / März bis Juli; unter Glas / Februar bis Juli.
**Zeitspanne zwischen Säen und Pflanzen:**
6 bis 8 Wochen.
**Wann pflanzen/Pflanzabstand:** April bis August /
22 cm; später gepflanzte Exemplare liefern eine Winterernte unter Glas.

Petersilie keimt und wächst selbst im Sommer zunächst sehr langsam. Die Samen können schon im Februar gesät werden, etwa in einem Topf auf der Fensterbank. Glatte Petersilie keimt und wächst etwas schneller als Krause, blüht aber leichter; säen Sie zur Sicherheit beide Sorten.

## Portulak, Sommer

**Wo/wann säen:** An Ort und Stelle oder eine winzige Prise Samen je Kammer in der Topfplatte / Juni bis Juli.
**Zeitspanne zwischen Säen und Pflanzen:**
3 bis 4 Wochen.
**Pflanzabstand:** 15 bis 22 cm.

Mit der Ausnahme trockener Sommer ist Portulak ein schwieriger Salat. Säen Sie ihn in jede Lücke und warten Sie ab. Bei heißem Wetter, wenn alle anderen Salate leiden, geht es ihm bestens. In der Tat gilt er in einigen tropischen Regionen und in Nordamerika als Unkraut.

## Portulak, Winter- (Postelein)

**Wo/wann säen:** An Ort und Stelle oder unter Glas / Anfang bis Mitte August.

Diese Petersilienpflänzchen werden umgetopft oder nach draußen gepflanzt.

**Zeitspanne zwischen Säen und Pflanzen:** 4 Wochen.
**Wann pflanzen/Pflanzabstand:** Bis Mitte September/
15 bis 22 cm.
**Tipps:** Säen Sie Mitte September für die Winterernte
unter Glas.

Eine großartige Quelle für leicht würzig schmeckende
Salatblätter im Winter (Aussaat im Spätsommer). Die
Wildform wächst in feuchten, milden Regionen und
wurde von den Goldgräbern in Kalifornien und den
Minenarbeitern in Cornwall im Winter und Frühling als
Quelle für Vitamin C gegessen. Säen Sie draußen für die
Ernte im Herbst und unter Glas für die Winterernte. Die
winzigen Samen lassen sich kaum trennen; säen sie in
Topfplatten und dünnen Sie die Pflänzchen auf zwei bis
drei aus; sie werden als Gruppe gepflanzt.

# Rosenkohl

**Wo/wann säen:** Unter Glas oder draußen/
April bis Mai.
**Zeitspanne zwischen Säen und Pflanzen:**
4 bis 6 Wochen.
**Wann pflanzen/Pflanzabstand:** Mai bis Juni/60 cm.

Rosenkohl wird sehr hoch, braucht aber seine Zeit. Er
wird im April in kurzen Reihen draußen oder im Mai
unter Glas gesät (in der Anzuchtschale oder Topf) und
pikiert. Da die Samentütchen mit Hybridsamen nur
wenige Samen enthalten, werden sie unter Glas gesät,
damit alle keimen und wachsen. Pikieren Sie die Keimlinge in Töpfe oder Topfplatten; sie werden Mitte Juni
nach draußen gepflanzt.

Die Salatpflänzchen aus Topfplatten (3 cm Ballen) können gepflanzt werden. Von links nach rechts: 'Grenoble Red',
'Chartwell', 'Rosemoor', 'Red Sails' und 'Freckles'.

## Salat, Kopf- (Herzen, Köpfe)

**Wo/wann säen:** An Ort und Stelle / ab März;
unter Glas Februar / bis Juli.
**Zeitspanne zwischen Säen und Pflanzen:**
4 Wochen.
**Wann pflanzen/Pflanzabstand:** April bis Anfang
August / 22 bis 30 cm.
**Tipps:** Salate zum Überwintern werden Ende August
gesät und die Herzen im Frühling des Folgejahres geerntet. Halten Sie sich an die Anleitungen für Pflücksalat
unten; der einzige Unterschied zwischen den beiden
Typen ist der größere Abstand beim Pflanzen (Kopfsalat
braucht mehr Platz) und ein früherer Termin für die
letzte Saat.

## Salat, Pflück- (Blätter)

**Wo/wann säen:** An Ort und Stelle / ab März;
unter Glas / Februar bis August.
**Zeitspanne zwischen Säen und Pflanzen:**
4 bis 6 Wochen.
**Wann pflanzen/Pflanzabstand:** April bis August /
20 bis 22 cm.
**Tipps:** Pflücksalate für die Ernte unter Glas im Winter
werden Anfang September gesät. Die kleinen, leichten
Salatsamen wachsen am besten ohne Kompostabde-
ckung. Streuen Sie die Samen unter Glas auf feuchten
Kompost in einer Schale; für eine Woche mit einer
Glasscheibe oder Plastikbeutel abdecken. Danach
haben sich Wurzeln und erste Blätter gebildet. Das
Wachstum nimmt mit abnehmender Frische ab.

Bei der Aussaat an Ort und Stelle müssen die Samen
dünn mit Erde bedeckt und bei trockenem Wetter
alle fünf Tage gegossen werden. Nach vier bis sechs
Wochen werden die noch kleinen, aber essbaren
Pflänzchen ausgedünnt. Weitere Details zu diesem
produktiven, abwechslungsreichen Salat stehen ab Seite
159 ff.

## Sauerampfer

**Wo/wann säen:** An Ort und Stelle / März bis Juli;
unter Glas / Februar bis Juli.
**Zeitspanne zwischen Säen und Pflanzen:**
4 bis 6 Wochen.
**Wann pflanzen/Pflanzabstand:** März bis August /
25 bis 30 cm. Später gepflanzte Exemplare werden im
Winter unter Glas geerntet.

Sauerampfer ist eine Staude, die mehrere Jahre alt
wird. Schneiden Sie im Winter einen Längsstreifen
von einer Wurzel ab (mit scharfer Pflanzschaufel oder
Messer dicht unter der Oberfläche) oder säen Sie
einige der winzigen Samen aus – beides wächst zu
einer oder zwei Gruppen aus. Die im August in Topf-

Ich zeige Besuchern im März meine Wintersalate im Folientunnel, die mehrere Fröste überstanden haben.

platten oder Töpfe gesäten Pflanzen werden unter Folie bis Ende September ins Freie gepflanzt (gruppenweise zu drei bis vier) und im Winter geerntet.

## Sellerie, Stauden-

**Wo/wann säen:** Unter Glas / April bis Juni.
**Zeitspanne zwischen Säen und Pflanzen:** 6 Wochen.
**Wann pflanzen/Pflanzabstand:** Mai bis Juli / 30 cm.
**Tipps:** Zu früh gesäter Staudensellerie neigt zum Schießen (vorzeitigem Blühen). Die winzigen Samen keimen im Licht, jederzeit zwischen April und Anfang Juni. Streuen Sie einige Samen auf feuchtes Substrat in eine Anzuchtschale oder einen Topf; mit einer Glasscheibe abdecken und an einen warmen Platz im Licht stellen (möglichst nicht in die direkte Sonne). Etwa zwei

Staudensellerie wächst langsam; er wird gepflanzt, sobald sich wie hier die Wurzeln gut entwickelt haben.

Wochen später laufen Keimlinge mit winzigen Blättern auf, die pikiert werden, sobald man sie anfassen kann. Nach einem weiteren Monat, zwischen Mai und Juli, werden die Jungpflanzen in ein Beet mit viel organischem, Wasser speicherndem Material gepflanzt, denn Selleriewurzeln sind durstig.

## Spinat

**Wo/wann säen:** An Ort und Stelle / März bis April und Juni, unter Glas / Februar bis April und Ende Juli.
**Zeitspanne zwischen Säen und Pflanzen:** 3 bis 4 Wochen.
**Wann pflanzen/Pflanzabstand:** April und August / 15 bis 22 cm.
**Tipps:** Säen Sie Anfang September für die Winterernte unter Glas.

Das zeitige Frühjahr ist ein guter Termin für die Aussaat, weil die Pflanzen vor der Blüte im Sommer viele Blätter bilden. Ebenso günstig ist der Spätsommer, denn Spinat kann überwintern. An Ort und Stelle gesäter Spinat wächst ebenso gut wie unter Glas gesäte Exemplare; Letztere haben allerdings weniger unter Schnecken, Vögeln und Asseln zu leiden. Ich versuche, höchstens zwei Jahre alte Samen zu drei bis vier je Topf Topfplatte zu säen; sie werden als Gruppe ausgepflanzt.

## Spitzkohl (Blätter und Köpfe)

**Wo/wann säen:** Unter Glas oder im Freien / Mitte bis Ende August.
**Zeitspanne zwischen Säen und Pflanzen:** 4 bis 5 Wochen.
**Wann pflanzen/Pflanzabstand:** Zweite Septemberhälfte / 20 cm für Blatternte, 40 cm für die Herzen. Aussaat wie beim Herbst-/Winterkohl (siehe oben). Die Pflanzen müssen bis Ende September im Boden sein, damit sie sich vor dem Winter etablieren können.

# Fruchtgemüse

## Zusätzliche Wärme

Die meisten Fruchtgemüse profitieren von höheren Temperaturen. Sie fördern die Keimung und die Pflanzen danken es mit gesundem Wuchs. Bis auf Erbsen und Dicke Bohnen sterben alle hier vorgestellten Pflanzen bei Frost ab.

## Pflanzen kaufen

Einige der hier vorgestellten Gemüsearten brauchen viel Wärme und eine lange Zeit, bis sie groß und nahe genug an der Blütenbildung sind, um ins Freie gepflanzt zu werden. Daher ist der Kauf von vorgezogenen Pflanzen bei Gemüsen, wie Auberginen, Paprika und Tomaten, eine lohnende Investition, vor allem bei beschränktem Platz. In Gärtnereien und Gartencentern werden sie ab April angeboten. Da sie dann noch nicht ins Freie können, müssen sie auf einer hellen Fensterbank oder im Kleingewächshaus zwischengelagert und ggf. auch noch einmal umgetopft werden. Ab Mitte Mai, wenn kein Nachtfrost mehr droht, können Sie sie dann an den endgültigen Platz ins beet setzen.

## Auberginen

**Wo/wann säen:** Unter Glas bei 20 bis 30 °C / Februar bis März.
**Zeitspanne zwischen Säen und Pflanzen:** 8 bis 12 Wochen.
**Wann pflanzen/Pflanzabstand:** Mai (unter Glas), Juni (draußen) / 45 cm.
**Tipps:** Liebt Hitze. Außer in sehr heißen Sommern an bevorzugten Standorten müssen Auberginen unter Glas wachsen. Mit zusätzlicher Wärme werden die Pflanzen gesünder und sind früher erntereif.

**TIPP** Frostempfindliche Pflanzen brauchen Wärme, um sich gut entwickeln zu können. Werden sie zu früh ausgepflanzt, können sie in der Kälte absterben. Je nach klimatischer Region dürfen sie ab Mitte Mai, in Hochlagen erst Anfang Juni nach draußen; fragen Sie andere Gärtner nach ihren Erfahrungen. Aber: Wer seine Stangenbohnen zu früh pflanzt, ist kein guter Ratgeber.

Auberginen im Polytunnel, die Begonien setzen fröhliche, farbige Akzente.

## Bohnen, Busch-

**Wo/wann säen:** An Ort und Stelle / Juni;
unter Glas / Mai bis Juni.
**Zeitspanne zwischen Säen und Pflanzen:**
2 bis 3 Wochen.
**Wann pflanzen/Abstand:** Mai bis Juli / 30 bis 40 cm.

Obwohl die Aussaat bereits im April möglich ist, sind
die bei wärmeren Wetter im Mai (unter Glas) oder
Anfang Juni (draußen) gesäten Pflanzen in der Regel
gesünder. Eine letzte Saat Ende Juni liefert im September
viele reife Bohnen – bei mildem Wetter bis
Oktober.

Diese Buschbohne kann ins Freie. Ich säe zwei Samen pro
Kammer und zupfe den schwächeren Keimling aus.

Säen Sie in Schalen Topfplatten mit großen Kammern
oder in kleine Töpfe. Es ist günstiger, die 5 bis 7 cm
hohen Pflänzchen auszupflanzen, als sie umzutopfen.

## Bohnen, Dicke

### Herbst

**Wo/wann säen:** An Ort und Stelle / Ende Oktober
bis Anfang November.
**Pflanzabstand:** 5 × 39 cm, in 5 cm tiefe Löcher oder
Saatrillen.
**Tipps:** Spannen Sie gegen Vogelfraß ein Netz über
die Jungpflanzen.

### Frühling

**Wo/wann säen:** An Ort und Stelle / von Februar
bis Mai; unter Glas / Januar bis Mai.
**Zeitspanne zwischen Säen und Pflanzen:**
3 bis 6 Wochen.
**Wann pflanzen/Pflanzabstand:** März bis Mai /
10 × 37 cm. An Ort und Stelle gesäte Dicke Bohnen
wachsen oft besser als ausgepflanzte Jungpflanzen.
Pflanzen Sie de Bohnen der Herbstsaat dichter, um
Winterverluste auszugleichen. Die Überlebenden bilden
im Frühling oft neue Schösslinge, sodass die Lücken
im April oder Mai wieder geschlossen sind.

Mehr über diese Bohnen finden Sie auch ab Seite 180.

## Bohnen, Stangenbohnen und kletternde Buschbohnen

**Wo/wann säen:** An Ort und Stelle / Anfang Juni;
unter Glas / Mai bis Juni.
**Zeitspanne zwischen Säen und Pflanzen:**
2 bis 3 Wochen.
**Wann pflanzen/Abstand:** Ende Mai bis Anfang
Juli / 30 cm mit 1,50 bis 1,80 m Abstand zwischen
Doppelreihen. Unter Glas wie Buschbohnen, aber mit

größerem Abstand; Stangenbohnen entwickeln sich langsamer als Buschbohnen.

Mehr über diese Bohnen finden Sie auch ab Seite 178.

## Erbsen

**Wo/wann säen:** An Ort und Stelle / April bis Mai, entweder in 2,5 cm tiefe Löcher oder eine 2,5 cm tiefe Saatrille; unter Glas / März bis Anfang Mai.
**Zeitspanne zwischen Säen und Pflanzen:** 3 Wochen.
**Wann pflanzen/Pflanzabstand:** April bis Mai / 10 bis 20 × 150 cm.
**Tipps:** Verträgt Frost.

Säen Sie im März unter Glas in kleine Töpfe oder Topfplatten; nach dem Auspflanzen mit einem Vlies abdecken (auch bei Saat an Ort und Stelle). Ich säe zwei bis 3 Samen in jedes Fach und pflanze die Jung-pflanzen in dem oben genannten Abstand, ohne sie zu vereinzeln. Für die hohen Sorten (bis 2 m) gilt der weitere Abstand.

## Gurken

**Wo/wann säen:** Unter Glas bei 20 bis 30 °C / April bis Mai; nach 5 bis 6 Wochen umtopfen, damit die Pflanzen möglichst groß werden.
**Wann pflanzen/Pflanzabstand:** Mai bis Juni unter Glas, oder Anfang Juni draußen säen / 75 bis 90 cm.

Gurken brauchen viel Wärme und sind sehr zerbrech-lich. Die teuren F1-Hybrid-Samen sind ihren Preis wert, da sie unter Glas sehr reich tragen. Säen Sie in kleine Töpfe oder Topfplatten in wasserdurchlässige Anzuchterde, denn die Jungpflanzen vertragen keinerlei Staunässe. Topfen Sie um, sobald sich die Primärblätter zeigen. Gurken müssen vorsichtiger behandelt werden als Tomaten; sparsam gießen.

## Melonen

**Wo/wann säen:** Unter Glas bei 20 bis 30 °C / März; nach 8 bis 10 Wochen umtopfen, damit die Pflanzen möglichst groß werden.
**Wann pflanzen/Pflanzabstand:** Mai bis Anfang Juni (unter Glas) / 75 bis 90 cm.

Melonen brauchen sehr viel Wärme und eine lange Vegetationsperiode. Wer im August und September reife Früchte ernten möchte, braucht viel Erfahrung und sollte sich genau an den Zeitplan halten. Sie werden wie Gurken angezogen und kultiviert, aber einen Monat früher ausgesät.

**Eine Melone (Sorte 'Sweetheart' F1) Ende August im Poly-tunnel. Der Stängel windet sich um eine Schnur.**

## Paprika und Chili

**Wo/wann säen:** Unter Glas bei 20 bis 30 °C /
Februar bis März.
**Zeitspanne zwischen Säen und Pflanzen:**
8 bis 12 Wochen.
**Wann pflanzen/Pflanzabstand:** Mai (unter Glas),
Juni (draußen) / 45 cm.

Ähnlich wie Auberginen, vertragen aber etwas kühleres
Wetter, obwohl sie Hitze lieben. Vor allem Chilis sollten
ihre Früchte draußen bilden können, an einem
geschützten Platz in voller Sonne.

## Tomaten

**Wo/wann säen:** Unter Glas bei 20 bis 30 °C /
Ende Februar bis März.
**Zeitspanne zwischen Säen und Pflanzen:**
8 bis 12 Wochen.
**Wann pflanzen/Pflanzabstand:** Mai (unter Glas),
Juni (draußen) / 45 bis 60 cm.

Tomaten stellen ähnliche Ansprüche an Wärme und
Vegetationszeit wie Auberginen und Paprika, tolerieren
aber auch kühleres Wetter, wenn die Samen bei 20 bis
30 °C keimen konnten; weitere Details siehe Seite 190.

**Die im März gesäte Sorte 'Diablo' ist bis Anfang Oktober im Polytunnel ausgereift.**

## Zucchini, Kürbis, Eierkürbis, Riesenkürbis

**Wo/wann säen:** Unter Glas / Mitte April bis Mai, Umtopfen aus Anzuchtschalen.
**Zeitspanne zwischen Säen und Pflanzen:** 4 bis 5 Wochen.
**Wann pflanzen/Pflanzabstand:** Mitte Mai (unter Vlies) oder Ende Mai bis Juni / 60 bis 100 cm.
**Tipps:** Kann auch Ende Mai bis Anfang Juni draußen gesät werden.

Wegen der frostempfindlichen Blätter muss die Aprilsaat unter Glas mit zusätzlicher Wärme geschützt werden. Säen Sie in Töpfe oder Topfplatten; nach zwei bis drei Wochen umtopfen, etwa sobald sich die Primärblätter bilden. Sollte es beim Pflanzen zu kalt sein, werden die Jungpflanzen zwei Wochen lang mit Vlies geschützt.

Kürbissorten für den Winter wie 'Red Kuri', 'Crown Prince' vor allem jedoch 'Butternut' brauchen jeden Tag, um die Früchte ausreifen zu lassen – sie sollten Ende April unter Glas gesät und im Mai gepflanzt werden, spätestens jedoch in den ersten zehn Junitagen.

## Zuckermais

**Wo/wann säen:** An Ort und Stelle / Mai bis Anfang Juni; unter Glas / Mitte April bis Mai.
**Zeitspanne zwischen Säen und Pflanzen:** 2 bis 3 Wochen.
**Wann pflanzen/Pflanzabstand:** Mai bis Juli / 30 bis 37 cm.

Die unter Glas gesäten Pflanzen wachsen gut in Topfplatten. Vorsicht Mäuse! Daher stelle ich nach der Aussaat eine Falle auf. Mais wird draußen erst Mitte Mai gesät und gepflanzt, wenn kein Frost mehr droht.

Siehe auch Seite 194.

# Wurzelgemüse

Sie können viele der vorgestellten Gemüse unter Glas kultivieren und später auspflanzen (sofern nicht anders angegeben). Das hat folgende Vorteile:

Frühere Ernte, insbesondere Rote Bete können schon Anfang Juni geerntet werden,
verlässliches Wachstum; an Ort und Stelle gesäte, junge Kohlrüben sind stärker von Insekten bedroht,
Größere Ernte, vor allem Zwiebeln und Knollensellerie. Von den Wurzelgemüsen säe ich nur Möhren und Pastinaken an Ort und Stelle aus. Knollen und Knoblauchzehen und -zwiebeln pflanze ich direkt ins Beet.

## Frosthärte

Bis auf die Kartoffeln vertragen alle Wurzelgemüse mehr oder weniger Frost.

## Fenchel, Knollen-

**Wo/wann säen:** An Ort und Stelle oder unter Glas / Juni bis Anfang Juli.
**Zeitspanne zwischen Säen und Pflanzen:** 3 bis 4 Wochen.
**Wann pflanzen/Pflanzabstand:** Ende Juni bis Anfang August / 25 bis 30 cm.

Knollenfenchel wird häufig zu früh im Frühling gesät; die Folge sind schmale Knollen, die bis zur Blütenbildung zu wenige Vorräte einlagern. Nach meiner Erfahrung liegt der beste Saattermin zwischen dem 10. Juni und 10. Juli: Die Pflanzen bilden keine Blüten, sondern Knollen und es ist immer noch früh genug für eine lange Vegetationszeit.

Säen Sie zwei oder drei Samen in Topfplatten oder kleine Töpfe. Wenn die fiedrigen Keimlinge nach etwa zehn Tagen die kleinen Primärblätter bilden, werden sie auf ein Exemplar ausgedünnt; nach weiteren 14 Tagen können sie ausgepflanzt werden.

Schnecken lieben jungen Fenchel, bei feuchtem Wetter vernichten sie die Saat. Pflanzen Sie in einem Beet, das möglichst sicher ist vor Schnecken und treffen Sie Vorsorge (siehe Seite 13). Wenn sich die Pflanzen nach 14 Tagen etabliert haben, treten kaum noch Probleme auf.

Fenchel kann in trockenem und schneckenfreiem Boden auch an Ort und Stelle gesät werden.

## Japanknolle, Chinesische Artischocke

**Wo/wann pflanzen:** Knollen an Ort und Stelle / im April, unter Glas / März bis April.
**Zeitspanne zwischen Säen und Pflanzen:** 4 Wochen.
**Wann pflanzen/Pflanzabstand:** April bis Mai / 45 cm.

Ich habe häufig gehört, Japanknollen seien frostempfindlich, nach meiner Erfahrung halten sie aber Frost aus und überleben sogar draußen in der Erde, außer bei extremer Kälte. Der April ist der beste Monat, um die Knollen 7 bis 10 cm tief an Ort und Stelle zu pflanzen (Pflanzholz oder Pflanzschaufel). Leider nehmen sie eher an Zahl als an Volumen zu; das macht die Ernte mühsam. Probieren Sie einige Pflanzen aus, ob Sie zurecht kommen.

## Kartoffeln

**Haupternte**
**Wo/wann pflanzen:** Knollen an Ort und Stelle / April bis Anfang Mai.
**Pflanzabstand:** 40 bis 50 cm.
**Tipps:** Frostempfindlich.

Gehen Sie wie bei den Frühkartoffeln vor, allerdings mit größerem Abstand. Es besteht zwar kaum noch Frostgefahr, aber die gefürchtete Braunfäule, eine Pilzkrankheit, könnte zum Problem werden (siehe Seite 156).

## Kartoffeln, Früh-

**Erste und zweite Ernte**
**Wo/wann pflanzen:** Knollen an Ort und Stelle / Ende März bis Mitte April.
**Pflanzabstand:** 30 bis 40 cm.
**Tipps:** Frostempfindlich.

Wenn Sie Platz haben, können Sie Kartoffeln auch in große Töpfe (um die 25 cm Durchmesser) pflanzen und unter Glas wachsen lassen. Im Februar gepflanzte Knollen sind schon im Mai erntereif. Setzen Sie die Kartoffeln 5 cm tief und häufeln Sie frischen Kompost auf, wenn sich die kleinen neuen Kartoffeln an der Oberfläche zeigen. Ansonsten werden Kartoffeln (mit oder ohne Vorkeim) innerhalb des Zeitrahmens an Ort und Stelle gepflanzt. Sie sollten aber nichts übereilen, denn die Blätter sind frostempfindlich. Häufeln Sie so lange Kompost über die neuen Blätter, bis die Frostgefahr vorüber ist.

Siehe auch Seite 184.

## Knoblauch

**Wann/wo pflanzen:** An Ort und Stelle / Ende September bis März (frühe Termine garantieren reichere Ernte)
**Pflanzabstand:** 15 cm in Blöcken, oder 10 × 30 cm in Reihen.

Im Herbst gepflanzter Knoblauch hat mehr Zeit zum Wachsen, denn die Knollen bilden sich – unabhängig vom Pflanztermin – erst in den länger werdenden

Frühsommertagen und werden Anfang Juni geerntet. Knoblauch ist völlig frosthart. Zerbrechen Sie die Knollen in einzelne Zehen; behalten Sie die kleinen für die Küche. Pflanzen Sie die Zehen mit der dicken Seite nach unten in Löcher (Pflanzholz) und füllen Sie 2,5 bis 5 cm Erde auf. Sie können die Zehen auch flacher pflanzen und Kompost oder Mistkompost auf dem Beet verteilen.

Bis sich neues Wachstum zeigt, brauchen Sie etwas Geduld. Knoblauch bildet zunächst Wurzeln, sodass im Oktober gepflanzte Zehen frühestens im Januar, möglicherweise auch erst im Februar Blätter bilden.

## Kohlrabi

**Wo/wann säen:** An Ort und Stelle oder unter Glas / April bis Anfang August.
**Zeitspanne zwischen Säen und Pflanzen:**
3 bis 4 Wochen.
**Wann pflanzen/Pflanzabstand:** Mai bis August /
30 bis 40 cm.

Ich säe je zwei Samen in Topfplatten und dünne dann auf eine Pflanze aus. Im Frühling gesäte Pflanzen müssen geerntet werden, bevor die Knollen tennisballgroß sind – danach werden sie holzig, auch wenn sie noch so appetitlich aussehen. Das beste Ergebnis liefern im Juli gesäte Kohlrabi; sie umgehen die Erdflöhe im Frühling und bilden bis zum Herbst ihre Knollen.

## Kohlrüben

**Wo/wann säen:** An Ort und Stelle oder unter Glas / Ende Mai bis Anfang Juni.
**Zeitspanne zwischen Säen und Pflanzen:**
3 bis 4 Wochen.
**Wann pflanzen/Pflanzabstand:** Ende Juni bis Anfang Juli / 30 bis 35 cm.

An Ort und Stelle gesäte Keimlinge werden häufig heftig von Erdflöhen angeknabbert; unter Glas sind sie sicherer. Außerdem reichen 40 Jungpflanzen in kleinen Töpfen oder Topfplatten für die meisten Gärten völlig aus. Sähen Sie jeweils zwei oder drei und wählen Sie den stärksten Keimling aus. Wenn es Ende Juni heiß und trocken wird, decken Sie die gepflanzten Kohlrüben zum Schutz vor Insekten mit einem Netz ab. An Ort und Stelle gesäte Rüben werden Anfang Juli ausgedünnt; die Wurzeln nehmen bis November an Dicke zu.

Die Kohlrübe 'Helenor' kann ausgepflanzt werden. Sie wurde vor drei Wochen in Topfplatten gesät (zwei Samen pro Kammer) und auf die stärksten ausgedünnt.

## Möhren, Gelbe Rüben, Karotten

### Frühe Ernte
**Wo/wann säen:** An Ort und Stelle / Ende März bis April.
**Pflanzabstand:** 2 bis 3 Samen pro cm, Reihen mit
30 cm Abstand. Nach einem Monat auf eine Pflanze
pro cm ausdünnen.

### Winterernte
**Wo/wann säen:** Im Idealfall Mitte Juni an Ort und
Stelle.
**Pflanzabstand:** 2 Samen pro cm, Reihenabstand 25 bis
30 cm. Nach einem Monat auf ein Pflänzchen pro cm
oder weniger ausdünnen (größerer Abstand bedeutet
größere Möhren).

Anfang April ist ein guter Zeitpunkt für die erste Saat:
Die Erde ist bereits wärmer und die Schneckengefahr
etwas geringer. Nach etwa zehn Tagen zeigen sich
winzige, zarte Blättchen, die einen Monat lang klein

bleiben. Sollten Sie ausbleiben, waren die Schnecken
aktiv – neu säen.

Eine Vliesdecke fördert das Wachstum und schützt vor
Kaninchen und der Möhrenfliege, wenn sie bis zur Ernte
darüber bleibt.

Siehe auch Seite 188.

## Pastinaken

**Wo/wann säen:** An Ort und Stelle / Februar bis Juni
**Pflanzabstand:** 2 Samen auf 1 cm, Reihenabstand
30 cm; nach zwei Monaten auf 5 × 30 cm ausdünnen.

Da die Samen sehr langsam keimen – etwa vier
Wochen – werden ein paar rasch keimende Radieschen
mit gesät, um die Reihe zu erkennen. Jäten Sie gründlich, ernten Sie die Radieschen und dünnen Sie dabei

Diese Möhrenkeimlinge wurden vor Kurzem ausgedünnt und können jetzt mit einem schützenden Vlies oder Netz bedeckt
werden. Das Abdecken kann auch früher, direkt nach der Aussaat geschehen.

die Pastinaken aus. Die Wurzeln der späteren Saaten (Mai und Juni) bleiben kleiner; die Samen müssen während der Keimung bei Bedarf gegossen werden. Warten Sie in Böden mit vielen Unkrautsamen ab, bis sich die Unkräuter zeigen und jäten Sie die Aussaatfläche mit der Hacke.

## Radieschen

**Ernte im Frühling und Sommer:** März bis Mai an Ort und Stelle säen, nach einem Monat auf 1 × 25 cm ausdünnen.
**Ernte im Herbst:** Ende Juli bis Mitte August an Ort und Stelle säen, nach drei Wochen auf 5 × 30 cm ausdünnen.
Radieschen keimen sehr schnell aus und müssen ausgedünnt werden, damit sich die Knollen gut entwickeln können. Säen Sie im Frühling kleine rot-weiße Sorten ('French Breakfast') zwischen die Reihen lang-

sam wachsender Gemüse, wie Pastinaken, oder um Pflanzen, die bald geerntet werden, wie Wintersalate. Säen Sie für die Herbsternte größere rosa, schwarze und weiße Sorten, wie 'Minnowase'.

## Rote Bete

**Frühe Ernte**
**Wo/wann säen:** An Ort und Stelle / Mitte April, unter Glas / März bis April.
**Zeitspanne zwischen Säen und Pflanzen:** 4 bis 5 Wochen.
**Wann pflanzen/Pflanzabstand:** April bis Mai / 7 × 30 cm nach Aussaat an Ort und Stelle; 30 bis 40 cm für Jungpflanzen aus Topfplatten.

**Winterernte**
**Wo/wann säen:** An Ort und Stelle oder in Topfplatten / Juni.

Rote Bete 'Boltardy' im Juni. Ich hatte im März unter Glas vier Samen pro Kammer gesät, im April ausgepflanzt und sie einen Monat mit einem Vlies abgedeckt.

**Zeitspanne zwischen Säen und Pflanzen:**
3 bis 4 Wochen.
**Wann pflanzen/Pflanzabstand:** Juni bis Mitte Juli /
gleicher Abstand wie oben.

Rote Bete lässt sich gut verpflanzen; der einzige Unterschied zur Direktsaat sind mehrere dünne Wurzeln
unten an der Knolle. Für die frühe Ernte empfehle ich
die Sorte 'Boltardy': Sie blüht selten und ihre tiefroten
Knollen schmecken köstlich. Für die Aussaat im Mai
und  Juni ist die Auswahl größer, außerdem gibt es
Sorten mit weißen oder gelben Knollen; siehe »Zweite
Saat« auf S. 143.

Säen Sie je drei bis vier Samen der Roten Bete in Töpfe
oder Topfplatten und dünnen Sie auf vier bis fünf
Pflänzchen aus, denn gar nicht so selten erscheinen aus
einem Samen mehrere Knollen; sie werden gepflanzt,
sobald sich die richtigen Blätter entwickeln. Decken Sie
die im April gepflanzten Roten Bete zwei oder mehr
Wochen mit Vlies ab.

## Sellerie, Knollen-

**Wo/wann säen:** Unter Glas, möglichst mit zusätzlicher Wärme, in einer Schale / März; nach drei Wochen
pikieren.
**Zeitspanne zwischen Säen und Pflanzen:** 8 Wochen.
**Wann pflanzen/Pflanzabstand:** Mitte Mai bis Anfang
Juni / 40 bis 53 cm.

Knollensellerie profitiert von zusätzlicher Wärme nach
dem Säen; wenn die Jungpflanzen Frost mitbekommen, bilden Sie im Spätsommer Blüten. Frühe Aussaat
in einer warmen Schale (Mitte März bis spätestens
Anfang April) erhöht die Chancen auf ordentliche
Knollen.

Säen Sie die winzigen Samen in feinen Kompost;
nicht abdecken, sondern mit Glas- oder Plexiglasscheibe

bedecken, um Feuchte und Wärme zu speichern.
Nach etwa drei Wochen sollten sich zahlreiche Pflänzchen zeigen, die in Kammern pikiert werden. Dort
wachsen Sie abgedeckt weitere vier bis fünf Wochen,
bevor sie abgehärtet und ausgepflanzt werden. In
kalten Frühjahren decke ich sie sicherheitshalber zwei
bis drei Wochen mit Vlies ab.

## Steckrüben

**Wo/wann säen:** An Ort und Stelle oder unter Glas /
Juli bis Mitte August.
**Zeitspanne zwischen Säen und Pflanzen:** 3 Wochen.
**Wann pflanzen/Pflanzabstand:** August / 20 bis 25 cm
aus Topfplatten; bei Aussaat an Ort und Stelle nach
einem Monat auf 5 × 30 cm ausdünnen.

Obwohl Steckrüben schon im Frühling gesät werden
können – die kleinen, zarten Rüben, die bis zur ersten
Blüte erscheinen, können schon gegessen werden –, ist
ihre Haupternte im Herbst. Da sie sehr rasch wachsen,
füllen sie Lücken im Gemüsebeet, die sich nach der
Sommerernte auftun, beispielsweise nach Zwiebeln und
frühen Bohnen. Ganz wichtig ist das Verziehen oder
Ausdünnen: Wenn zu dichte Gruppen nicht ausgedünnt
werden, bilden Steckrüben nur winzige Wurzelknollen,
die zu ernten nicht lohnt.

## Topinambur

**Wo/wann pflanzen:** Knollen an Ort und Stelle /
März bis April.
**Pflanzabstand:** 45 bis 60 cm.

Einfach zu kultivieren und kaum zu stoppen; aus vergessenen Knollen wachsen neue Pflanzen aus. Sie
werden wie Japanknollen jederzeit im zeitigen Frühjahr
gepflanzt. Eigenen sich bestens als bis 2,30 m hohe
Sommerhecke.

## Zwiebeln und Schalotten

**Wo/wann säen:** An Ort und Stelle / März;
unter Glas / Februar bis März.
**Zeitspanne zwischen Säen und Pflanzen:**
4 bis 6 Wochen.
**Wann pflanzen/Pflanzabstand:** April bis Anfang Mai /
25 cm. Pflanzen aus Topfplatten oder Setzzwiebeln
(an Ort und Stelle) 12 cm oder 7 × 25 cm.

Zwiebeln aus Samen wachsen langsam; Setzzwiebeln
sind günstiger. Bohren Sie ein Loch mit dem Pflanzholz
und setzen Sie die Zwiebel mit dem dicken Ende nach
unten ein; manchmal sind feine Wurzeln oder ein grüner
Spross sichtbar. Setzzwiebeln dürfen nicht vor der dritten
Märzwoche in die Erde, sonst schießen sie im Mai oder
Juni. Wenn ihnen ein kugeliger Blütenstand auffällt, wird
die Zwiebel sofort geerntet und die weichen Teile gegessen – es hat keinen Zweck, sie blühen zu lassen.

Setzzwiebeln sind zwar praktisch, könnten aber Krankheiten einschleppen, vor allem Mehltau und Grauschimmelfäule (siehe S. 156 f.). Sie senken das Risiko, wenn
Sie Zwiebeln in Topfplatten unter Glas säen: pro Kammer sechs bis zehn Samen, die nach drei Wochen auf
die fünf oder sechs stärksten Exemplare ausgedünnt
werden. Sie werden als Gruppe ohne weiteres Ausdünnen gepflanzt. Zwiebeln wachsen gerne als Gruppe; die
im Frühsommer anschwellenden Zwiebeln drücken
sich gegenseitig nach außen.

Siehe auch Seite 196.

Zwiebeln der Sorte 'Sturon' im Juli. Ich hatte im Februar acht Samen pro Kammer einer Multitopfplatte unter Glas gesät
und die Jungpflanzen Anfang April ins Freie gepflanzt.

Artischocken im Frühsommer. Die 14 Jahre alten Pflanzen frieren jedes Jahr im Winter zurück.

# Mehrjährige Gemüse

Die folgenden Gemüse werden nur einmal gesät oder gepflanzt und liefern mehrere Jahre lang Ernten. Dennoch müssen sie gut gepflegt werden – das Beet muss gejätet und gesäubert werden. Pflanzen Sie diese Stauden nur in unkrautfreien Boden, denn später lassen sich Unkräuter, insbesondere Quecken, zwischen den Gemüsepflanzen kaum noch jäten.

## Artischocken

**Wo/wann säen:** Unter Glas / März bis April.
**Zeitspanne zwischen Säen und Pflanzen:**
4 bis 6 Wochen.
**Wann pflanzen/Pflanzabstand:** Mai / 75 bis 90 cm.
**Tipps:** Sie können die Wurzeln auch im Frühling oder Herbst pflanzen. Ein problemloses Gemüse, das aber viel Platz braucht. Vermehren Sie Artischocken zwischen Oktober und März, durch Längsteilen mit einem scharfen Spaten.

## Rhabarber

**Wo/wann säen:** Unter Glas / März bis April.
**Zeitspanne zwischen Säen und Pflanzen:**
8 bis 10 Wochen mit Umtopfen.
**Wann pflanzen/Pflanzabstand:** Sommer / 90 cm.
**Tipps:** Sie können auch zwischen Herbst und Februar ein Wurzelstück pflanzen.

Wenn ein Nachbar oder Freund etwas von seinem guten Rhabarber abgeben möchte, schneiden Sie zwischen Oktober und Februar (Ruhezeit) ein oder zwei große Abschnitte aus dem Wurzelstock ab. Andernfalls wird Rhabarber wie Spargel im Frühling ausgesät, wächst aber schneller. Nach dem Umtopfen und dem Pflanzen (Juli) liefert die Staude schon im nächsten Frühling einige Blattstiele.

## Spargel

**Wo/wann säen:** Unter Glas / März bis April.
**Zeitspanne zwischen Säen und Pflanzen:**
8 bis 10 Wochen mit Umtopfen.
**Wann pflanzen**/**Pflanzabstand:** Sommer / 90 cm.
**Tipps:** Pflanzen Sie gekaufte Spargelpflanzen zwischen März und Anfang April.

Spargel lässt sich zwar leicht aus Samen ziehen, aber dann müssen Sie ein oder zwei Jahre bis zur ersten Ernte warten. Mit gekauften Pflanzen geht es schneller. Ich säe Spargel in Topfplatten und verwerfe alle schwachen Exemplare; nach vier Wochen, oder wenn die Wurzeln unten herauswachsen, topfe ich um.

### STAUDENGEMÜSE TEILEN

Artischocken oder Rhabarber werden, am besten im Spätherbst, mit einem scharfen Spaten geteilt: Spalten Sie einige Wurzeln und einen kleinen Teil des Hauptsprosses am Rand einer gut etablierten Pflanze ab und pflanzen Sie die Tochterpflanzen an Ort und Stelle in unkrautfreien Boden ein.

Jäten Sie das Beet unkrautfrei, während die Spargelpflanzen noch wachsen. Statt wie meist üblich hohe Reihen aufzuhäufeln, pflanze ich Spargel in flachen Boden: Die Ernte ist gut und das Jäten einfacher.

Spargel im August. Nachdem vor sechs Wochen zum letzen Mal Spargel gestochen wurde, stehen die Triebe nun etwa 2 m hoch.

# Nachbarpflanzen und Nachkultur

## Mischkultur, Fruchtfolge und Nachkulturen

Viele Gemüse und einige einjährige Blumen können nebeneinander wachsen. In diesem Kapitel stelle ich einige zeitlich und räumlich besonders günstige Kombinationen vor. Außerdem finden Sie Vorschläge, wie das Beet für eine zweite Ernte genutzt werden kann und schließlich einige Grundlagen guter Fruchtfolgen.

## Mischkultur und Fruchtfolge

### Gemüse als Nachbarn

Im gemäßigten Klima, wo jeder Sonnenstrahl wichtig ist, lohnt es sich, hohe und niedrige Pflanzen zu trennen, damit kleine Pflanzen nicht im Schatten wachsen müssen. Außerdem verstecken sich Schnecken unter großen Blättern und fallen nachts über kleine Pflanzen her.

Daher macht es Sinn, Stauden wie Rhabarber, Artischocken und Spargel in einem separaten Teil des Gartens

oder in einem eigenen Beet zu kultivieren. Auch die großen Einjährigen wachsen zusammen, aber getrennt von dem kleineren Gemüse – Salate, Möhren, Zwergbuschbohnen und Knollenfenchel. Die zweite Saat/Pflanzung kleiner Sorten bekommt so von Anfang an genügend Licht und Feuchtigkeit. Ein wichtiger Faktor ist die Wurzelkonkurrenz, denn kletternde Bohnen und Erbsen breiten auf der Suche nach Wasser ihre Wurzeln weit aus. Sie profitieren von einer leeren, gemulchten Fläche beiderseits der Reihe ohne Blattgemüse.

### Begleitpflanzen

Darunter werden Kombinationen verstanden, die sich als günstig für beide Partner erweisen. Ich habe mit vielen dieser Kombinationen experimentiert und verwende auch einige davon, beispielsweise Studentenblumen neben Tomaten unter Glas. Die Studentenblumen schrecken Blattläuse ab und sehen mit ihrem buschigen Wuchs und den Blüten hübsch neben den Tomaten aus.

Andererseits habe ich zweimal Möhren zwischen Zwiebeln und Frühlingszwiebeln gesät, weil der Zwiebelduft Möhrenfliegen abschrecken soll. Trotzdem saßen auf den Möhren genauso viele Maden wie auf dem übrigen Gemüse, obwohl die Zwiebeln prächtig wuchsen!

LINKS: Der Polytunnel im September. Die Studentenblumen sehen hübsch neben den hohen Tomaten aus und schrecken Blattläuse ab.

**TIPP** Häufig sind Gemüse, die geschmacklich gut zusammen passen, auch gute
Partner im Beet: Tomaten und Basilikum, Petersilie und
Knoblauch, Möhren und Zwiebeln, Kopfsalat und Gurken; siehe »Zwischenfrüchte« Seite 142.

Vielleicht wirken sich bestimmte Kombinationen nur bei
speziellen Boden- und Klimabedingungen positiv aus.
Vermutlich ist eher das allgemeine Prinzip von Bedeutung als besondere Partnerschaften: Viele unterschiedliche Pflanzenfamilien im Beet, dazu ein paar Blumen,
schaffen einen abwechslungsreichen Lebensraum für
Wildtiere. Das wiederum ist die beste Voraussetzung für
gesundes Wachstum und verleiht dem Garten ein
angenehmes, hübsches Aussehen.

**Kürbis und Zuckermais wachsen nebeneinander.**

## Lange und kurze Entwicklungszeiten

Die Zeitspanne zwischen Aussaat und Ernte ist enorm
variabel: Wer die Unterscheide kennt, kann seinen
Garten produktiver machen. Viele einjährige Gemüse
sind nach einem bis drei, gelegentlich auch nach vier
Monaten erntereif – auf sie folgen andere Gemüse
(siehe Beispiele am Kapitelende).

Andere Gemüse brauchen die gesamte Vegetationszeit bis zur Erntereife, bis ihre Früchte reif sind oder sie
kontinuierlich geerntet werden können. Dazu gehören
vor allem Pastinaken, Topinambur, Kartoffeln (Haupternte), Stiel- und Blattmangold, Knollensellerie, Zuckermais, Kürbisse, Stangenbohnen und Rosenkohl.
Danach reicht die Zeit für eine Folgefrucht nicht mehr
aus. Immerhin können neben Zuckermais oder Riesenkürbis andere Pflanzen wachsen (siehe Seite 142).

Einige Kohlsorten, Brokkoli und Blumenkohl brauchen
den größten Teil der Vegetationsperiode, um zu reifen.
Wenn sie jedoch früh gesät und im Juli geerntet werden, bilden sie den ersten Abschnitt einer zweijährigen
Fruchtfolge. Wieder andere Gemüse reifen sehr schnell;
sie sind ideal für die Aussaat im März oder April und
werden im Frühsommer geerntet: Kopfsalat, Spinat,
Erbsen, Möhren, Rote Bete, Schalotten und Frühkartoffeln. Mögliche Folgefrüchte stehen auf Seite 144.

Eine dritte Gruppe wird im Spätsommer oder Herbst
gepflanzt und bleibt im Winter stehen. Aus den gut etablierten Wurzeln wachsen im Frühling rasch erntereife
Pflanzen heran, die die gemüsearme Lücke füllen. Dazu
gehören Knoblauch, Spinat und Frühlingszwiebeln. Danach bieten sich gute Möglichkeiten für eine Folgefrucht.

## Fruchtfolgen

Ich plane Fruchtfolgen nicht auf die traditionelle Weise,
sondern kultiviere, was ich brauche. Dabei lege ich

allerdings Wert darauf, Gemüse einer Familie, wie Leguminosen, Kohlgewächse, Kartoffeln, Zwiebelgewächse und Doldenblütengewächse, mit größtmöglichem zeitlichem Abstand im selben Beet zu pflanzen; manchmal allerdings nur mit zwei Jahren Abstand. Dabei geht es um die botanischen Pflanzenfamilien, nicht die Art der Frucht, wie »Wurzel-« oder »Blattgemüse«.

Behalten Sie diese Rotation im Hinterkopf, aber lassen Sie sich nicht von ihr diktieren, was Sie kultivieren möchten. Die Gemüsearten und -sorten innerhalb einer Familie werden in der Tat von denselben Schädlingen und Krankheiten bedroht: Wenn Sie die Mitglieder einer Pflanzenfamilie, *soweit in der Praxis möglich*, jedes Jahr an einem anderen Ort wachsen lassen, vermindern Sie das Risiko.

Jeder Gärtner hat seine Lieblingspflanzen und ich habe viele Freunde, die sich nicht an das Rotationsprinzip halten – sie ziehen Jahr für Jahr Möhren und Stangenbohnen auf demselben Beet oder Tomaten im selben Gewächshaussubstrat – und haben dennoch gute Ernten. Wenn Sie gelegentlich den Standort wechseln und regelmäßig Kompost und Mistkompost ausbreiten, bleiben Boden und Pflanzen gesund.

## Pflanzenfamilien der Gemüse

| Familie: Deutscher Name / botanischer Name | Gemüse und Kräuter |
| --- | --- |
| Baldriangewächse / Valerianaceae | Feldsalat (Rapunzel) |
| Doldenblütengewächse / Apiaceae | Dill, Fenchel, Koriander, Kresse, Möhren (Gelbe Rübe), Pastinaken, Petersilie, Stauden- und Knollensellerie |
| Gänsefußgewächse / Chenopodiaceae | Blatt- und Stielmangold, Gartenmelde, Rote Bete, Spinat |
| Gräser / Poaceae | Zuckermais |
| Knöterichgewächse / Polygonaceae | Rhabarber, Sauerampfer |
| Köpfchenblütengewächse / Asteraceae | Artischocken, Kopfsalate, Chicorée, Endivien, Topinambur |
| Kreuzblüten-, (Kohl)gewächse / Brassicaceae | Asia-Salate, Blumenkohl, Brokkoli, Gartenkresse, Kohlrabi, Radieschen, Rosenkohl, Rucola, Steck- und Kohlrüben Weißkohl |
| Kürbisgewächse / Cucurbitacae | Gurken, Kürbis, Melonen, Zucchini |
| Leguminosen, Schmetterlingsblütengewächse / Fabaceae | Buschbohnen, Dicke Bohnen, Erbsen, Stangenbohnen |
| Lippenblütengewächse / Lamiaceae | Basilikum, Japanknolle, Majoran, Minzen, Rosmarin, Salbei, Thymian |
| Nachtschattengewächse / Solanaceae | Auberginen, Kartoffeln, Paprika und Chili, Tomaten |
| Spargelgewächse / Asparagaceae | Spargel |
| Zwiebelgewächse / Alliaceae | Frühlingszwiebeln, Knoblauch, Porree, Schalotten, Schnittlauch, Zwiebeln |

Nicht erwähnte Gemüse sind: Winterportulak, verwandt mit dem nordamerikanischen Tellerkraut *(Claytonia),* und Sommerportulak, verwandt mit dem Portulakröschen *(Portulaca).*

# Zwischenfrüchte

Zwischen frisch gesäten, mit weitem Abstand gepflanzten oder fast erntereifen Gemüsen kann man manchmal andere Sorten säen oder pflanzen. Damit wird eine zweite Ernte möglich oder die Gemüseernte um einen Monat verlängert. Zwischenfrüchte sind in einem unkrautfreien Beet problemlos möglich. Ich habe mit folgenden Kombinationen gute Erfahrungen gemacht; weitere sind möglich.

**Pastinaken mit Radieschen** (ein Radieschensamen alle 5 cm): Radieschen wachsen schnell und werden geerntet, wenn die Pastinaken mittelgroß sind. Außerdem definieren die schnell keimenden Radieschen die Reihe/n, bevor die Pastinaken auflaufen. Etwas dichter werden Radieschen zwischen den Reihen gesät – beides funktioniert auch mit Möhren.

**Kopfsalat im Spätfrühling mit und zwischen Grünkohl und Rosenkohl:** Die Salatherzen sind reif, ehe sie von den Kohlblättern verdeckt werden; Sie können die jeweils äußeren Blätter mehrere Wochen lang ernten.

**Zuckermais** (pflanzen ist günstiger als säen) **in den Lücken zwischen Riesenkürbissen**: jeweils zwei Maiskörner in 1 m Abstand pro Kürbispflanze.

**Möhren und Rote Bete:** Anfang Juni zwischen Knoblauchreihen, wenn sich die Knoblauchblätter gelb färben, in eine übliche Saatrille säen (»Aussaat in trockenem Boden«, gegenüber). Wenn der Knoblauch geerntet wird, hat das Gemüse erste Blätter gebildet. Eine **Variation** sind Petersilie, Rote Bete, Zwergbuschbohnen oder Kohlrüben Anfang bis Mitte Juni zwischen die Knoblauchreihen.

**Knoblauch mit Petersilie** im Winter unter Glas. Die Petersilie wird im September im üblichen Abstand gepflanzt (25 bis 30 cm), im Oktober setzt man die Knoblauchzehen zwischen die Pflänzchen. Beide überstehen den Winter: Petersilie wird von Februar bis Mai geerntet, dann beginnt sie zu blühen und wird entfernt; der Knoblauch ist Anfang Juli reif. Da Knoblauch die zusätzliche Wärme unter Glas mag, ernte ich riesige Zwiebeln.

**Basilikum unter Stabtomaten:** Obwohl Basilikum im Schatten der Tomaten nicht wirklich gut wächst, kann man die würzigen Blätter ernten und Basilikum trägt zur Gesundheit der Tomaten bei.

Ich habe auch Salat unter Gurken ausprobiert. Die Salatköpfe sind kleiner, aber von guter Qualität.

# Nachkultur

Was geschieht mit den Beeten, nachdem im Frühsommer Kopfsalat, Spinat, Dicke Bohnen, Rote Bete und andere Gemüse geerntet sind? Wenn Sie bis dahin

Folgefrüchte nach der Möhrenernte: Senf 'Red Dragon', Pak Choi 'Baraku' und 'Red Lady', Senf 'Pizzo'.

Pflanzen vorkultiviert haben, dürfen Sie auf derselben Fläche mit einer zweiten Ernte rechnen. Die neuen Pflanzen kommen dem Beet auch deshalb zugute, weil sich auf nackter Erde Unkraut ausbreitet und die eigene Motivation größer ist, ein bewachsenes Beet zu jäten – ein langfristiger Vorteil.

Die zweite Ernte will gut vorbereitet und Saat- und Pflanztermin geplant werden, damit das Gemüse bei abnehmender Tageslänge noch gedeiht. Es ist ein Vorteil, einen Ort für die Vorkultur der Frühlings- und Sommerfrüchte zu haben (siehe Seite 99 ff.), sodass die Pflänzchen vor dem Einpflanzen drei bis vier Wochen wachsen konnten.

## Bodenvorbereitung zwischen erster und Folgefrucht

Wenn das Beet weitgehend unkrautfrei ist, bleibt nicht viel zu tun: Entfernen Sie alle Reste der ersten Ernte, auch unterirdische Stängel – die Wurzeln bleiben in der Erde.

Wenn Sie Wurzeln von Kohl und Salat herausziehen oder Knoblauch ernten, treten Sie den Boden vorsichtig wieder fest. Auf ungestörten Böden können Sie ruhig laufen; er hält ihr Gewicht aus. Ich habe festgestellt, dass Gemüse bestens auf festgetretener Erde wächst; dabei können Sie oberflächliche Brocken zertreten, um die Bodenfeuchte zu erhalten.

Wenn der Kompost von der Oberfläche verschwunden ist, sowie nach der ersten Brokkoli- und Blumenkohlernte, breite ich vor der zweiten Frucht 1 cm hoch krümeligen Kompost aus. Nach etwa einem Monat mulche ich den Boden zwischen den neuen Pflanzen (Lauch, Brokkoli) mit nicht ganz verrottetem Kompost oder Mistkompost (wenn Sie haben, auch mit feinem Kompost).

## Aussaat in trockenem Boden

Obwohl der Boden in der Sommerhitze leichter austrocknet, kann das für die Keimung sogar günstiger als dauernd feuchter Boden sein. Gehen Sie folgendermaßen vor:

Machen Sie die Saatrillen tiefer als üblich, etwa 2 bis 3 cm, und füllen Sie mit einer Gießkanne vorsichtig Wasser ein – es sollte nicht überlaufen. Wiederholen Sie die Prozedur bei stark ausgetrockneten Böden zwei- bis dreimal.

Wenn die Samen in die Rille fallen, strecken sie ihre Wurzeln in den feuchten Boden aus. Ziehen Sie den trockenen Boden nach der Aussaat vorsichtig über die Rillen. Ein englisches Sprichwort sagt: »Sow in dust, grow they must« (Was in Staub gesät wird, muss wachsen). Der Boden ist trocken, aber um die Samen herum feucht.

Widerstehen Sie der Versuchung, in der nächsten Zeit zu gießen, sondern warten Sie drei Wochen, bis sich die Keimlinge etabliert haben. Wegen des trockenen Bodens müssen sie sich nicht gegen Schnecken und Unkräuter behaupten, und gleichzeitig bilden sie ein tiefes, kräftiges Wurzelwerk aus.

## Gießen

Bei trockenem Wetter brauchen die Jungpflanzen Wasser, nicht viel aber gezielt. Ich bohre mit einem langen Pflanzstock Löcher in den trockenen Boden, die ich oben etwas weite. Damit kann ich wenig Wasser ganz gezielt rund um die neue Pflanze gießen, nicht auf das ganze Beet.

Gezieltes Gießen um die Samen und Jungpflanzen spart Wasser und vermindert Unkrautwuchs, denn im trockenen Boden um das Gemüse keimt nichts.

## Erstfrucht und Folgefrucht

| Säen/Pflanzen | Erste Frucht | Säen/Pflanzen | Folgefrucht |
|---|---|---|---|
| Aug. – Sep. | Spitzkohl | Mai – Juni | Buch- und Stangenbohnen; viele andere |
| März – Apr. | Spinat, Radieschen | Juni | Fast alle Gemüse, beispielsweise Kohlrüben, Möhren, Bohnen, Staudensellerie |
| Okt. – Nov. | Knoblauch, Dicke Bohnen | Mai – Juli | Grünkohl, Weißkohl, Brokkoli |
| März – Apr. | Frühkartoffeln | Juni – Juli | Busch- und Stangenbohnen, Porree (im April gesät), Kohlsorten |
| März – Apr. | Kopfsalat, Möhren, Rote Bete | Juni – Juli | Zwergbuschbohnen, Porree, viele Salate |
| März – Apr. | Blumenkohl, Brokkoli, Erbsen | Juli – Aug. | Kopfsalat, Endivien, Chicorée |
| Feb. – Apr. | Zwiebeln | Juli – Aug. | Endivien, Chicorée, Steckrüben |
| März – Mai | Viele Gemüse | Aug. | Asia-Salate, Spinat, Kerbel, Koriander, Petersilie, Endivien |

## Fruchtfolgen im Gartenjahr

Die Tabelle oben stellt mögliche Fruchtfolgen für Gemüse aus der ersten Jahreshälfte vor. Machen Sie sich klar, welche Sorten für welchen Zeitabschnitt geeignet sind. Die Termine stellen die beste Zeit für Aussaat/Pflanzen dar, entweder an Ort und Stelle oder in Töpfen und Topfschalen; präzisere Daten fin-

Anfang Mai: Knoblauch und Petersilie haben im Polytunnel überwintert. Die Petersilie steht kurz vor der Blüte und kann nicht mehr geerntet werden.

Ende Juni: Der Knoblauch ist geerntet. Vor einem Monat hatte ich die Petersilie abgeerntet und eine Zuckermelone gepflanzt.

# Ergebnisse eines Fruchtfolgeversuchs

| Erste Frucht | | Folgefrucht | |
|---|---|---|---|
| Zwiebeln | Gesät im Februar*, gepflanzt im März, geerntet im August (6,3 kg); aus 11 Kammern mit je 5 Pflanzen | Steckrüben | Gesät Anfang August, geerntet im November (3 kg); aus zwei Reihen |
| Rote Bete | Gesät im Februar*, gepflanzt im März, geerntet im Juni (3,1 kg); aus 5 Kammern mit je 4 Pflanzen | Porree | Im April draußen gesät, gepflanzt Ende Juni, geerntet bis Dezember (3,2 kg); 15 Pflanzen |
| Hohe Zuckererbsen | im März gesät und gepflanzt, geerntet Ende Juni und Juli (8,5 kg); aus 12 Kammern mit je 2 Pflanzen | Endivien | Im Juli in Topfplatten gesät, Anfang August gepflanzt, bis November geerntet (1,6 kg); von 5 Pflanzen mehrfach die äußeren Blätter gepflückt |
| Kopfsalat | im Februar* gesät, gepflanzt im März, geerntet April bis Juni (11,3 kg); 18 Pflanzen in drei Sorten, äußere Blätter wöchentlich gepflückt | Porree | Im April draußen gesät, Mitte Juli gepflanzt, bis Dezember geerntet (3,3 kg); 22 Pflanzen |
| Frühkartoffeln | Im März gepflanzt, bis Mitte Juni geerntet (4,3 kg), aus 4 Knollen | Möhren | Mitte Juni gesät, im Oktober geerntet (2,7 kg), eine 1,50 m lange Reihe |
| Spinat | Im März gesät, bis Anfang Juni geerntet (9,5 kg), aus 2 Reihen je 1,50 m | Zwergbuschbohnen | Anfang Juli gepflanzt, bis September geerntet (1,2 kg); vier Pflanzen |

* in Topfplatten gewachsen, bis zur Keimung auf einer beheizten Arbeitsplatte im Gewächshaus.

den Sie ab Seite 113 und 139. Betrachten Sie diese Tabelle vorrangig als Richtschnur und erwarten Sie keine genaueren Angaben.

Es erfordert viel Erfahrung, die Jungpflanzen genau auf den Punkt zur Verfügung zu haben, wenn die ersten Gemüse geerntet werden – ideal wäre derselbe Tag. Damit sparen Sie bis zu vier Wochen und verlängern die Vegetationszeit um diesen Zeitraum. Sie können länger und mehr ernten und der Boden ist länger bedeckt.

Dasselbe Ergebnis – verlängerte Vegetationsperiode und höhere Ernte – erzielen Sie, wenn die im März und April gesäten und gepflanzten Gemüse für etwa einen Monat mit Vlies oder Folie abgedeckt werden. Dieser Schutz verschafft ihnen einen guten Start und besseres Wachstum bis Mai.

Denkbar wären, je nach Klima, Erfahrungen, Möglichkeiten und Geschmacksvorlieben, noch viele weitere Kombinationen. Die Tabelle zeigt nur einige Möglichkeiten auf.

## Vielseitige Gemüse

Manche Gemüse verhalten sich je nach Saattermin unterschiedlich. So bildet im März oder April gesäter Spinat nach zwei bis drei Monaten Blüten, muss also bis Juni geerntet sein – darauf folgen Sommer- und Herbstgemüse.

Wird er jedoch Anfang August gesät, lebt Spinat neun Monate lang, liefert im Herbst Blätter, übersteht den Winter und liefert weitere Blätter bis Ende Mai. Damit kann Spinat sowohl als erste wie als Folgefrucht genutzt werden. Ähnliche Erfahrungen habe ich auch mit anderem Gemüse gemacht, das einen Winter im Freien übersteht, wie Weißkohl, Blumenkohl, Kopfsalat und Zwiebeln.

Andere Gemüse verhalten sich vorhersagbarer; sie brauchen die Hälfte der Vegetationszeit bis zur Reife reifen in der Hälfte der Vegetationszeit und können somit als erste oder Folgefrucht gepflanzt werden: Rote Bete, Brokkoli, Möhren, Kohlrabi, Kopfsalat, Frühlingszwiebeln und Radieschen.

Einige Gemüse brauchen zwar ebenfalls eine halbe Vegetationszeit, allerdings eine bestimmte Hälfte: So wachsen Dicke Bohnen, Erbsen und Frühkartoffeln als Sommersaat nur schwach und sind krankheitsanfällig. Knollenfenchel, Kerbel, Chicorée, Endivien, Gartenkresse, Steckrüben, Chinakohl, Mizuna, Senf, Pak Choi und Tatsoi liefern dagegen nur in der zweiten Hälfte der Vegetationszeit verlässliche Ernten, da sie im Frühling blühen.

RECHTS: Ein üppig bewachsenes Beet im September mit vielen Folgefrüchten: Kohlrüben, lila Sprossenbrokkoli, Blattrettich, Spinat, Pak Choi, Kerbel, Koriander, Endivien und Chinakohl (unter dem Vlies).

# Weniger Schädlinge und Krankheiten

## Gesundes Wachstum fördern

Wer sich an die optimalen Saattermine hält, gute Sorten zur richtigen Zeit kultiviert, die Grenzen von Garten und Klima respektiert und seine Freizeit richtig einschätzt, kann viele Schädlinge und Krankheiten bereits im Ansatz vermeiden und sich an einem relativ problemlosen Garten erfreuen.

Selbstverständlich kann es keinen »schädlingsfreien« Garten geben. Wir können die Natur nicht von bestimmten Flächen fernhalten. Gäbe es keine Schnecken mehr oder noch schlimmer, wären alle vergiftet, hätten die Vögel nichts zu fressen. Wovon sollen Marienkäfer und ihre Larven leben, wenn wir den Blattläusen verbieten, auf unseren Pflanzen zu saugen?

Ein gesunder Garten basiert auf Gleichgewicht: Wir tolerieren einige Schädlinge und Krankheiten und versuchen gleichzeitig, die Schäden zu minimieren, die sie anrichten.

Der Begriff »Schädling« ist bereits eine Wertung: Vermutlich würden einige Tiere uns gerne so nennen. Ich benutze es für Tiere, die den Gartenpflanzen Schaden zufügen. Im Ökosystem spielen aber auch »Schädlinge«

eine wichtige Rolle, denn sie recyceln Pflanzenabfälle und entfernen schwache Exemplare. Der Gärtner kann dazu beitragen, das Pendel in die andere Richtung schwingen zu lassen: Gesunde Pflanzen auf gesundem Boden bieten Schädlingen weniger Angriffspunkte; sie brauchen weder entfernt noch recycelt zu werden.

## Gesundheit und Gleichgewicht fördern

Der Boden ist der Maschinenraum für gesundes Wachstum. Die Bodenqualität durch regelmäßige, ausgeglichene Versorgung zu verbessern, ohne ihn durch Umgraben zu stören, ist ein Riesenschritt hin zu gesünderen Pflanzen.

Dieses Kapitel behandelt zwar Schädlinge und Probleme, doch eigentlich geht es um Gesundheit und Produktivität: Wie kann man Wachstum fördern und damit potenziellen Problemen begegnen? Betrachten Sie Gesundheit als einen positiven Zustand – Schädlinge und Krankheiten sind nur kurzfristige Störungen, wenn die Gesundheit leidet.

Leider herrscht im Garten und in unserer Gesellschaft eine andere Einstellung: Schädlinge und Krankheiten sind Eindringlinge, die wir unter Einsatz teurer,

LINKS: Raupen des Kohlweißlings auf Grünkohl. Die Schäden sehen schlimm aus, aber die Pflanze wird sich erholen.

chemischer Mittel bekämpfen müssen. In der Tat braucht ein Gärtner nur wenige Gemüse zu bestimmten Zeiten zu schützen. Außerdem erledigen sich viele Probleme von selbst, wenn wir zielgerichtet vorgehen und potenzielle Schwierigkeiten erkennen, bevor sie auftreten.

Manchmal erweisen sich angebliche Probleme sogar als völlig natürlich und saisonbedingt. So breitet sich Mehltau auf Zucchini, Gurken und Kürbissen vor allem im feuchten Herbst aus, wenn die Pflanzen ohnehin ihre Blätter und die Früchte abwerfen, um zu reifen. Ein Problem tritt auf, wenn Sie auch weiterhin Zucchini ernten möchten, eigentlich also unreife Früchte …

Weitere, ähnliche Beispiele in diesem Kapitel werden ihnen hoffentlich helfen, die natürlichen Prozesse im Garten besser zu verstehen. Auch wenn die Auswirkungen auf den ersten Blick sehr ärgerlich sind, dienen sie doch einem bestimmten Zweck.

# Goldene Regeln

Jeder Schädling tritt zu einer bestimmten Zeit besonders häufig und aktiv auf: Blattläuse und Erdflöhe im Frühling, Motten und Mücken im Sommer und Herbst, rote Blattspinnmilben bei warmem, trockenem Wetter, Schnecken bei feuchtem. Wer die Vorlieben der Schädlinge kennt, kann seine Pflanzen gezielt schützen: Legen Sie die Aussaattermine so, dass die wachsende Pflanzen so wenig wie möglich von Schädlingen bedroht werden.

Halten Sie sich an die folgenden Richtlinien, wenn Sie Gemüse kultivieren – das Ziel ist, Schäden zu minimieren. Schädlinge sind fast immer vorhanden, wenn auch hoffentlich in geringer Zahl; ansonsten würden ihre Feinde verhungern.

## Der richtige Saattermin

Dass Schädlinge auftreten und Schäden anrichten, oder eben nicht, ist oft eine Folge des Saat-/Pflanztermins. Wird beispielsweise Porree zu spät gepflanzt, fallen Lauchmotten über ihn her; Erdflöhe knabbern an Kohl, der zu früh im Frühling gepflanzt wurde, und wenn es zu kalt ist für Zucchini, greifen die Schnecken zu. Wer gesundes Gemüse möchte, muss sich an einen genauen Zeitplan halten: Die Termine ab Seite 99 und 113 garantieren bestes Wachstum bei geringsten Problemen.

Wer zur rechten Zeit sät, bietet den Pflanzen die besten Voraussetzungen für ein robustes und oft schnelles Wachstum mit den geringsten Problemen. Häufig wachsen sie ihren Feinden einfach davon. Vergleichen Sie Stangenbohnen, die im April gesät wurden – schwach, Schnecken fressen die kleinen Blätter – mit einer Junisaat, wenn sie in der Sommerwärme so schnell wachsen, dass die Schnecken kein Interesse zeigen.

Gelegentlich können Sie eine Jahreszeit »überspringen«, um Schädlinge zu vermeiden. Wenn beispielsweise die Herzen ihrer Kohlköpfe regelmäßig von Raupen angefressen werden, dann säen Sie Spitzkohl im Spätsommer und ernten ihn im April und Mai, wenn die Schmetterlinge nicht fliegen. Sollte Kartoffelfäule ein häufiges Problem sein, wechseln Sie zu Frühkartoffeln; so sind die Kartoffeln bereits geerntet, wenn sich im Hochsommer die Fäulepilze vermehren.

## Aussaat bei optimalen Bedingungen

Damit sich Keimlinge gut und gesund entwickeln, brauchen sie ideale Umweltbedingungen und Temperatur. Dabei hilft nicht nur die Aussaat zur rechten Zeit, sondern manchmal auch eine geschützte Umgebung: Keimlinge sind in der Regel anfälliger gegenüber Schädlingen als große Pflanzen und bestimmte Keimlinge haben besondere Probleme. Beispielsweise lieben Vögel und Asseln die kleinen Blätter der Roten Bete: Säen Sie Rote Bete unter Glas in Topfplatten an und pflanzen Sie die Jungpflanzen erst ins Freie, wenn sie sich etabliert haben. Während Kohlrüben draußen manchmal Schwierigkeiten haben, wachsen sie umso besser unter Glas, wo sie vor den Angriffen der Erdflöhe geschützt sind.

## Widerstandsfähige Pflanzen kultivieren

Gelegentlich kommt es vor, dass bestimmte Sorten besonders anfällig für Probleme sind, die in ihrer Region auftreten.

Ich habe festgestellt, dass der Salat 'Grenoble Red' weniger von Schnecken attackiert wird als andere Sorten. Roter Salat ist zwar anfälliger für Mehltau als grüne Sorten, aber weniger beliebt bei Schnecken; Wirsing verträgt Raupen besser als feste Köpfe; und Kartoffeln 'Sarpo', deren Geschmack und Textur schwanken, fallen seltener der Braunfäule zum Opfer. Andererseits konnten mich die angeblich gegen Möhrenfliege resistenten Möhren nicht überzeugen!

## Nicht vergessen

Überprüfen Sie, dass die empfindlichen Gemüse mit einem Netz oder Vlies abgedeckt sind.

Nutzen Sie die Begleitpflanzen (siehe Seite 139 ff.), um bessere Wachstumsbedingungen zu schaffen.

Gießen Sie seltener, aber tiefgründig, um Schnecken und Pilze zurückzudrängen.

Schneiden Sie die Rasenkanten kurz, damit sich dort keine Schnecken verstecken.

Überwinternder Spitzkohl: Im April und Mai sind noch keine Schmetterlingsraupen unterwegs.

# Schädlinge

## Schnecken

Die meisten Gärtner machen früher oder später mit Schnecken – mit und ohne Haus – Bekanntschaft. Im feuchten Klima meines Gartens mit Tonboden bleibt mir nichts anderes übrig, als die Schnecken auf einem vertretbaren Level zu halten. Da Schnecken, *zumindest potenziell*, allgegenwärtig sind, setze ich alles daran, ihre Lebensräume zu reduzieren. Bei Trockenheit sind Schnecken kein Problem, aber bei warmem, dauerhaft feuchtem Wetter nimmt ihre Zahl enorm zu, sie fressen mehr und wandern weiter. Am liebsten mögen sie Salatblätter, Kohl, Möhrenkeimlinge und -wurzeln, Kartoffelknollen und Rote Bete. Andere Gemüse, vor allem Zwiebelgewächse, werden kaum befallen.

Schnecken interessieren sich vor allem für die äußeren Blätter, die ohnehin verworfen werden.

**TIPP** Unkräuter, alte und verrottende Blätter, langes Gras, Mauern und Steinhaufen sind typische Schneckenverstecke – alle feuchten, dunklen Lebensräume.

Am ehesten fallen die ältesten, manchmal auch die zartesten Teile einer Pflanze den Schnecken zum Opfer; die mittelgroßen, kräftig wachsenden Blätter bleiben verschont.

Entfernen Sie zur Vorbeugung alte, absterbende Blätter. Halten Sie die Schnecken von jungen Blättern fern:

■ Säen Sie zum richtigen Zeitpunkt, damit die Jungpflanzen wachsen, selbst wenn sie angeknabbert werden.

■ Wenn Sie unter Glas säen, entfernen Sie alle potenziellen Lebensräume für Schnecken und sehen Sie regelmäßig in dunklen feuchten Ecken nach.

■ Säen Sie draußen in sauberen, nackten Boden, nicht in der Nähe von Unkräutern oder Pflanzen mit großen, auf dem Boden liegenden Blättern. Schnecken liefern einen weiteren Grund, die Unkräuter so weit wie möglich zurückzudrängen, damit feuchte Lebensräume verschwinden.

■ Zwei feuchte Wochen zwischen Mai und September lassen die Schneckenpopulation dramatisch zunehmen. Gehen Sie zur Sicherheit in der Morgen- oder Abenddämmerung mit einer Taschenlampe auf die Suche – Sie werden sich über die Zahl der Schnecken wundern. Ich habe immer ein Messer dabei und spieße sie auf. Sie können Schnecken auch in einem Eimer sammeln – Hühner lieben sie.

Häufig sind Containerpflanzen gefährdet, weil sich Schnecken darunter verstecken können. Legen Sie

TIPP Wenn die kleinen bis mittleren Salatblätter regelmäßig gepflückt werden, bleiben kaum große Blätter übrig, unter denen sich Schnecken verstecken könnten.

ein Kupferband zur Abschreckung um die Container und entfernen Sie überhängende Blätter, die als Einfalltor dienen könnten. Gehen Sie rund um die Container auf die Jagd; Schnecken verstecken sich in allem, was dunkel und feucht ist.

Schneckenfallen sind wirkungsvoll, kosten aber Zeit und in den Fallen fangen sich auch Hundertfüßer und Käfer. Ruß, Sand, Kies, Salz und Knoblauch zur Abschreckung müssen mit Vorsicht eingesetzt werden. Viele Pflanzen mögen keinen salzigen Boden und zu viele Kieselsteinchen verderben Boden und Kompost; außerdem sind Ruß, Sand und Asche nach dem ersten Regen wieder nutzlos und Ruß und Asche können Schadstoffe enthalten.

Obwohl »biologisches« Schneckenkorn mit Eisenphosphat ein mildes Gift ist, sollte es maßvoll, für extreme Situationen und zum Schutz sehr empfindlicher Pflanzen eingesetzt werden. Die teuren Nematoden sind wirkungsvoll, verlieren ihren Schrecken aber, wenn nach dem Aussetzen trockenes Wetter herrscht.

## Raupen und Erdflöhe

Beide sind zu bestimmten Zeiten häufig, Erdflöhe im Frühjahr, Raupen im Sommer und Herbst, und sie befallen vor allem die Kohlgemüse. Säen Sie außerhalb der gefährlichen Zeiten: Rucola, Mizuna und Steckrüben im August statt April; oder säen Sie zum Schutz der Keimlinge unter Glas und decken Sie die Pflanzen später mit Netzen ab.

Wenn die Pflanzen gegen Ende des Sommers zu groß werden für Netze, stellen sich auch die Schmetterlinge ein. Zerdrücken Sie alle Raupen, die Sie finden. Sollten sie sich aber schon bis ins Herz vorgearbeitet haben, ist das unmöglich. Manchmal bewundere ich ihre Hartnäckigkeit, wenn ich die äußeren Blätter abstreife und auf ein unbeschädigtes Herz hoffe.

## Lauchmotten

Porree gehört zu den problemlosen Gemüsen, doch wenn sich die Lauchmotten vermehren, müssen Maßnahmen ergriffen werden. Die Raupen der Schmetterlinge sind sehr klein und fressen die zarten, inneren Blätter, was eine starke Wachstumshemmung, bei kleinen Pflanzen sogar den Tod zur Folge hat. Strategien gegen die Lauchmotte finden Sie auf S. 187.

**Raupe einer Lauchmotte im September. Deutlich sind die Fraßgänge erkennbar.**

## Minierfliegen

Obwohl man Minierfliegen nur selten zu sehen bekommt, sind die hellgelben Flecken in gesunden Blättern Zeugnisse ihres Hungers. Ich nehme sie einfach hin, weil ihre Schäden an den Gänsefußgewächsen (Rote Bete, Spinat, Mangold) gering ausfallen und die meisten Blätter auf gutem Boden gesund sind.

## Möhren- und Kohlfliegen

Die kleinen Fliegen fallen kaum auf, richten aber großen Schaden an: Sie legen ihre Eier in den Boden und die Maden fressen sich durch die Wurzeln. Ein Vlies oder feines Netz ist der sicherste Schutz. Die Kohlfliegen (Kohlsorten und Radieschen) sind zwischen April und August unterwegs, die Möhrenfliegen im Frühsommer und Herbst; siehe S. 189.

## Vögel

Tauben stellen gewöhnlich das größte Problem dar. Nach meiner Erfahrung bietet ein Netz über dem Beet oder einzelnen, besonders gefährdeten Pflanzen – Kohlsorten im Winterhalbjahr – den besten Schutz. Den größten Schaden richten sie in kalten Wintern an; decken Sie bei Frost und Schnee die Pflanzen ab. Breiten Sie Plastiknetze mit 2,5 bis 5 cm Maschenweite – große Maschen lassen den Schnee durchfallen – auf Pfosten (stülpen Sie oben Blumentöpfe darüber) oder große Drahtbögen (im Abstand von 1,20 m) über den Beeten aus. Zwischen Netz und Pflanzen müssen 45 cm frei bleiben, sonst landen die Tauben auf dem Netz und picken durch.

Im Frühling schützt ein Vlies über Brokkoli, Kohl und Erbsen gegen Tauben; außerdem dient es als Wärmespeicher.

Möhrenfliegen können nicht durch das feine Netz fliegen. Die wachsenden Möhren drücken es nach oben.

## Kaninchen

Sie finden schnell heraus, ob es Kaninchen in ihrer Nachbarschaft gibt, da sie die Pflanzen schneller und gründlicher abfressen als Schnecken. Kaninchen lieben, vor allem im Winter und Frühling, Salate in jeder Form, Kohlgewächse, einige Doldenblüten- und Zwiebelgewächse. Decken Sie gefährdete Beete mit Netzen ab oder zäunen Sie den ganzen Garten ein. Dazu muss der Draht aber mindestens 30 cm tief eingegraben oder 60 cm weit außerhalb des Zaunes über den Boden gezogen werden, damit sich die Kaninchen nicht durchbuddeln. Das Gras wächst durch die Maschen und kann gemäht werden.

## Mäuse und Eichhörnchen

Sie sind für verantwortlich angeknabberte Wurzeln und Blütenknospen, verschwundene Maiskörner, Erbsen- und Bohnensamen. Leider gibt es keine Patentlösung: Mäuse graben sich in Sicherheit und Eichhörnchen sind zu schnell. Sie dringen sogar in meine Scheune ein und klauen jede Haselnuss, die sie finden können.

Im Gewächshaus muss eine Mäuseplage unbedingt eingedämmt werden. Stellen Sie Fallen auf, wenn Sie gesät haben, und wundern Sie sich über die Zahl der Mäuse, die darin Schutz und Futter suchen, und schützen Sie die Erbsen-, Zuckermais- und Salatkeimlinge.

## Rehe und Dachse

Gegen Rehe hilft nur eine teure, zeitaufwendige Lösung: ein 2,50 m hoher, stabiler Maschendrahtzaun. Bei freiem Zugang machen sich Rehe über Bohnen, Rote Bete, Salat, Kohl und andere Pflanzen her. Immerhin können Sie Rehe mit Netzen von bestimmten Pflanzen fernhalten.

Auch Dachse lassen sich nur mit einer Mauer oder einem stabilen Zaun fernhalten; sie sind sehr stark und überraschend beweglich, wenn sie vom Duft fast reifer Maiskolben, Erbsen und Erdbeeren angelockt werden. Dachse richten eher Chaos als Zerstörung an, aber seit sie in Großbritannien nicht mehr gejagt werden dürfen, hat ihre Zahl stark zugenommen. Ich habe schon seit Jahren keinen Igel mehr gesehen, eine Lieblingsbeute der Dachse, und davon wiederum profitieren die Schnecken, die von Igeln gefressen werden.

**Breiten Sie das Netz gegen Tauben an Pfosten befestigt über den Pflanzen aus.**

**Obwohl Tauben den Rosenkohl angeknabbert haben, sind die Röschen noch essbar.**

# Krankheiten

## Braunfäule

Diese häufige Pilzkrankheit befällt Tomaten und Kartoffeln. Da der Pilz immer aggressiver wird, verschlimmert sich die Situation von Jahr zu Jahr und selbst vorher resistente Sorten, wie die Kartoffel 'Lady Balfour', werden befallen. Ich kenne keine Tomatensorte, die wirklich resistent wäre. Die Sporen der Pilze wachsen auf feuchten Blättern aus, wenn eine Woche lang hohe Luftfeuchtigkeit und Durchschnittstemperaturen von 15 °C herrschen. Ab Juni nimmt die Infektionsgefahr bei jeder feuchten Wetterlage zu. Selbst unter Glas wachsende Tomaten, deren Blätter ein paar Mal Wasserspritzer beim Gießen abbekommen haben, sind gefährdet, vor allem in feuchter Herbstluft.

Braunfäule bei Tomaten; Blätter und Stängel färben sich braun, schließlich auch die Früchte.

Braunfäule äußert sich als dunkle Flecken auf den Blättern, die durchscheinend werden (siehe »Tomaten« und »Kartoffeln« ab Seite 190 und 184). Infizierte Pflanzen, Wurzeln und Früchte dürfen kompostiert werden. Der Ratschlag, sie zu verbrennen, gilt streng genommen nur für Nordamerika, wo ein Pilzstamm die Winterkälte im Boden überlebt. In Europa entwickelt sich der Pilz nur unter idealen Bedingungen, wenn seine Sporen ab Juni vom Wind verbreitet werden.

In manchen Jahren ist es zu trocken für die Braunfäule, aber das ist leider vorher nicht abzusehen. Es ist auf jeden Fall sicherer, mehr resistente Sarpo-Sorten oder Frühkartoffeln zu pflanzen (als erste und Folgefrucht); sie bilden ihre Knollen gewöhnlich, bevor der Pilz aktiv wird. Tomaten sind sicherer unter Folie, solange ihre Blätter beim Gießen nicht befeuchtet werden.

## Umfallkrankheit

Auch diese Pilzkrankheit ist an feuchte Bedingungen geknüpft. Sie befällt die winzigen Keimlinge, wenn es zu oft regnet, zu häufig gegossen wird oder Boden bzw. Substrat nicht durchlässig genug sind; unter Glas sind zu dicht stehende Keimlinge gefährdet (siehe Seite 109).

## Falscher Mehltau

In letzter Zeit hat diese Pilzerkrankung im Beet und bei gelagerten Zwiebeln zugenommen. Es beginnt bei feuchtem Wetter am Ende des Frühlings mit einem grauen Schimmel auf den Blättern. Schließlich färben sich die Blätter gelb und stellen nach zwei bis drei Wochen ihr Wachstum ein. Dann sind die kleinen Zwiebeln bereits infiziert; der Mehltau dringt im Sommer und Herbst weiter vor und die Zwiebel verfault. Selbst bei der Ernte noch gesund wirkende Zwiebeln können infiziert sein.

Leider gibt es keine Patentlösung; hier nur drei Tipps:

■ Säen Sie Zwiebeln, statt Steckzwiebeln zu pflanzen; infizierte Zwiebeln sind nicht als solche zu erkennen.

■ Kultivieren Sie resistente Sorten, wie 'Santero' und 'Hylander'; weitere werden gezüchtet.

■ Vor allem sollten Sie im September keine Winterzwiebeln pflanzen, in denen der Pilz den Winter übersteht (Frühlingszwiebeln sind möglich).

## Andere Krankheiten und Schädlinge

Ameisen scheiden so viel Ameisensäure aus, dass die Wurzeln leiden und Pflanzen sterben. Sie bauen ihre Nester vorwiegend in trockene, warme Böden; regelmäßiges Gießen wirkt vorbeugend. Allerdings sind Ameisen erstaunlich widerstandsfähig und können zur Epidemie werden, wenn sie sich wohl fühlen.

Spinnmilben sind gefährlich für Auberginen und Gurken, die unter Folie wachsen; dort finden sie die Trockenheit und Wärme, die sie brauchen. Zusätzliches Gießen und Befeuchten der Blätter sollte sie unter Kontrolle halten. Es gibt natürliche Feinde, die im Frühling ausgesetzt werden – sie sind allerdings teuer. Nach meiner Erfahrung wirkt Wasser genauso effektiv.

Echter Mehltau ist eine häufige Pilzkrankheit, die ab dem Hochsommer viele ältere Blätter befällt. Der Pilz gehört zum natürlichen Kreislauf, der alte Blätter zerstört, um Platz für neue zu machen. Dennoch kann Mehltau in feuchten Sommern, vor allem auf Kopfsalat, zum Problem werden. Pflücken Sie regelmäßig alle befallenen Blätter ab. In meinem Garten wachsen im Herbst Endivien statt Kopfsalat. Sie sind weniger anfällig und gedeihen auch in den kürzeren, kühleren Tagen. Sie liefern Blätter bis November, sofern das Wetter mild bleibt.

Zwiebeln mit den ersten Anzeichen von Weißfäule. Diese Pilzkrankheit zerstört die Zwiebelernte, kommt allerdings nur selten vor.

# Salate das ganze Jahr

## Sorten, Pflanzung, Ernte

Salat wächst schnell und kann oft geerntet werden, mit weniger Aufwand und auf kleinerem Raum als viele andere Gemüse. Im Folgenden stelle ich verschiedene Salate für alle Jahreszeiten vor und wie sie produktiv kultiviert werden (Tipps zur Aussaat und Pflanzen finden Sie ab Seite 113). In der Tat hat jeder Monat Salate zu bieten – im Winter weniger, dafür mit kräftigem Aroma.

In jeder Jahreszeit wachsen unterschiedliche Salate, jeder mit ganz eigenem Geschmack. Im Winter sind beispielsweise Salate mit würzigen Blättern erntereif, wie Senf und Rucola. Sie wachsen in den dunklen Monaten besser als Kopfsalat. Als Ausgleich für den würzigen Geschmack stehen zur gleichen Zeit Spinat, Kerbel, Feldsalat und Winterportulak mit milderem Aroma zur Verfügung.

Das Thema dieses Kapitels sind die vielfältigen Möglichkeiten, die jede Jahreszeit zu bieten hat, dazu kommen Erntetipps, die das Leben der Salate verlängern. Beispielsweise liefert eine Kopfsalatpflanze länger als 10 bis 12 Wochen frische Blätter. Wenn sie im März/April und nochmals Juni säen, reicht die Kopfsalat-Saison von Mai bis Anfang Oktober.

LINKS: Pflänzchen für den Wintersalat, aufgenommen im Oktober: Kopfsalat, Endivien, Blattrettich, Koriander und Senf.

# Vorschläge für Kultur und Ernte

## Empfehlenswerte Salatsorten

Das Aroma der Salate aus dem eigenen Garten ist kräftiger als bei Salaten aus dem Supermarkt; auf Seite 163 finden Sie einige »Geschmacks-Tipps«. Die Saattermine für gesunde Pflanzen und lange Ernten finden Sie in der Tabelle auf den Seiten 166 f. Wählen Sie die richtigen Sorten je nach Jahreszeit aus: So liefert beispielsweise im März gesäter Mizuna viel weniger Blätter als im August gesäte Pflanzen.

## Kommerzielle Samenmischungen

Viele Samenfirmen bieten fertige Salatmischungen an, Sie können aber ebenso gut eine eigene Kombination zusammenstellen, in der Sie ihre besonderen Vorlieben mit dem idealen Saattermin kombinieren. Natürlich ist es einfacher und sicher auch preiswerter, auf eine fertige Mischung zurückzugreifen, doch die besseren Ergebnisse liefern ausgesuchte Sorten, die zum optimalen Termin gesät werden. Einer der Gründe dürfte sein, dass Samenfirmen nach meiner Erfahrung zu wenig Wert darauf legen, Sorten zu mischen, die dieselben Ansprüche an die Jahreszeit stellen. Daher lohnen sich die Mehrkosten, eine eigene Mischung aus einzelnen

Sorten zusammenzustellen. Die Kosten für die Samen zahlen sich durch längere Ernte wieder aus.

## Direktsaat oder Pflanzung?

Beides ist möglich, obwohl die Aussaat unter Glas für Ernten im zeitigen Frühjahr günstiger ist (siehe Saattermine, Seite 113 ff.). Eine Direktsaat im Beet erscheint einfacher, aber wenn Sie statt Kopfsalat aus dichten Reihen nur die jeweils äußeren Blätter weniger, weit auseinanderstehender Pflücksalate ernten (siehe unten), brauchen Sie weniger Pflanzen. Mit der Aussaat in Töpfen oder Topfplatten sparen Sie Saatgut ein und das Auspflanzen kostet kaum zusätzliche Zeit.

## Wie viele Pflanzen?

In fruchtbarem Boden und Kompost reichen 50 bis 80 unterschiedliche Salatpflanzen (beispielsweise Kopfsalat, Spinat, Sauerampfer, Dill im Frühling; Endivien, Asia-Salate, Kopfsalat, Rucola im Spätsommer)

im Abstand von 22 × 22 cm aus. Sie liefern bei warmem Wetter etwa zehn Wochen lang insgesamt 1 kg Blätter pro Woche, im Freien, ohne Folie. Zur Sicherheit sollten Sie ein paar Salate mehr pflanzen, falls Schädlinge auftreten oder das Wetter nicht mitspielt: Säen und pikieren Sie zwei Topfplatten mit je 40 bis 60 Keimlingen – das reicht in den meisten Haushalten für üppige Salate. Eine Aussaat an Ort und Stelle in acht bis zwölf Reihen in einem 1,20 m breiten Beet (25 cm Reihenabstand) liefert eine ähnlich große Ernte. Dünnen Sie die Pflanzen nach einem Monat auf einen Abstand von 15 bis 20 cm aus. Werden die Reihen nicht ausgedünnt, sterben die Pflanzen früher ab.

## Wo soll der Salat wachsen?

Solange die Umgebung nicht dauerhaft feucht ist (zur Schneckengefahr, siehe Seite 152), kann Salat auch in einem schattigen Beet wachsen. Alle Behälter (siehe Seite 164) eignen sich als Topf, da Salate flach wurzeln und im Winter sogar auf dem Fensterbrett wachsen. Natürlich sind größere Ernten über einen längeren Zeitraum

Mitte Juni: Eine Salatmischung aus der Vorkultur in Topfschalen wird ausgepflanzt.

Drei Wochen später: Der Pflücksalat kann zum ersten Mal geerntet werden.

nur im Beet garantiert, dessen Erde mit viel Kompost und gut verrottetem Mistkompost verbessert wurde.

## Bodendüngung für Salate

Reifer Mistkompost und Gartenkompost sind ideal für Salatpflanzen, weil sie einen regelmäßigen, gut zugänglichen, aber geringen Nachschub an Nährstoffen garantieren. Da Kompost außerdem die Feuchtigkeit speichert, werden die Salatblätter kontinuierlich mit Wasser versorgt, was wiederum ein längeres Leben garantiert. Verteilen Sie vor Weihnachten ihren besten Kompost oder gut verrotteten Mistkompost (ein Jahr oder älter) auf der Beetoberfläche. Mistkompost hört sich im Hinblick auf Hygiene vielleicht fragwürdig an, aber der Boden braucht viele Bakterien, damit die Pflanzen gut wachsen. In ihrer Evolution haben sich die Menschen Resistenz gegen viele Bakterien erworben, von den Abermillionen, die wir in uns tragen, gar nicht zu reden. In der Tat düngen manche Bauern ihren Salat mit Kuhmist, weil er Pflanzen resistent gegen Pilzinfektionen machen soll.

## Saattermine

Die Tabelle auf den Seiten 166 f. nennt die besten Termine für verschiedene Sorten. Wer zum falschen Zeitpunkt sät, riskiert magere Ernten: Mizuna, Senf und Endivien, die im April auflaufen (keimen), bilden nur ein paar Blätter und gehen zur Blüte über; im Mai gesäter Spinat blüht früh; im Juni gesäter Feldsalat und im Juli gesäte Frühlingszwiebeln sind anfällig für Mehltau. Manchmal ist die Aussaat jenseits des besten Termins möglich und sogar unvermeidlich, doch dann sind die Ernten kleiner, über einen kürzeren Zeitraum und die Pflanzen nicht selten weniger gesund.

## Aussaat an Ort und Stelle

Säen Sie Salat in 1 bis 2,5 cm tiefe Saatrillen. Feuchten Sie bei trockenem Wetter zuerst den Boden an – mehrmals bei sehr trockenem Wetter – und prüfen Sie mit der Pflanzschaufel, ob das Wasser mindestens 10 cm tief eingedrungen ist. Danach braucht das Beet mindestens 14 Tage nicht mehr gegossen zu werden. Da

Nach der ersten Ernte: Die äußeren Blätter wurden abgedreht und das Unkraut gejätet.

Fünf Wochen später, nach drei weiteren Ernten: Die Salate wachsen immer noch.

**TIPP** Wenn Sie das Herz von Kopfsalat, Endivien und Chicorée abschneiden, treiben aus den Stängeln im Boden weitere Blätter aus. Im Spätsommer können Sie fast reife Endivienherzen kurz oberhalb der kleinsten Blätter abschneiden und alle Blätter verwerten. Aus dem Zentrum treibt die Endivienpflanze wieder aus – manchmal sogar bis zu einem zweiten Herzen.

Kopfsalat bei sehr heißem Wetter schlechter keimt, wird er besser im Schatten unter Glas vorkultiviert: Streuen Sie die Samen auf feuchtes Substrat in einer Anzuchtschale; eine Glasscheibe sorgt für Feuchtigkeit. Nach etwa fünf Tagen werden die Keimlinge pikiert (siehe Seite 108 f.).

## Gießen

Salat muss seltener gegossen werden, als man meinen möchte, vor allem, wenn er in feuchtem Kompost wächst. Erst, wenn die Erdoberfläche trocken aussieht, wird gegossen. Gießen Sie alle paar Tage bis einmal wöchentlich tiefgründig, statt jeden Tag ein bisschen Wasser zu verteilen – das lockt nur Schnecken an und fördert Mehltau. Die langsam wachsenden Wintersalate brauchen sogar noch weniger Wasser.

## Ernte: die Blattgröße

Lassen Sie die Blätter ruhig so groß werden, wie Sie möchten, insbesondere, wenn die Einzelpflanzen in großem Abstand wachsen (22 cm) – Sommerblätter sind größer als Winterblätter. Mit zunehmender Blattgröße und -alter nimmt das Aroma zu. Dicht gesäte Keimlinge können schon im Zweiblatt-Stadium mit dem Stängel geerntet werden. Solche Mikrosalate sind teuer und kosten viel Zeit, denn die Ernten sind sehr klein und Sie müssen ständig neu säen. Mikrosalate können Sie ganzjährig ernten, außer mitten im Winter.

## Wie werden die Blätter gepflückt?

Die sorgfältige Ernte einzelner Blätter bestimmt die Größe und Qualität der Ernte ebenso wie die Aufzucht der Pflanzen. Es gibt zwei Optionen:

**Abschneiden:** Wenn die Salate sehr dicht (2,5 cm Abstand) in Reihen wachsen (Reihenabstand 25 cm), erzielen Sie die beste Ernte, wenn alle Blätter zwei- oder dreimal komplett abgeschnitten werden; die gelben, äußeren Blätter werden aussortiert. Greifen Sie eine Handvoll Blätter und schneiden Sie unter ihrer Hand ab. Legen Sie den Schnitt oberhalb der kleinsten Blätter, damit der Stängel nicht verletzt wird und die Salate weiterwachsen. Chicorée, Endivien, Mizuna, Mibuna, Rucola, Sauerampfer und Winterportulak reagieren gut auf Schnitt und wachsen rasch wieder nach. Mit derselben Technik können Sie auch verwachsene Salate retten: Schneiden Sie die gesunden Blätter ab und entfernen Sie die gelben Blätter. Der Salat erholt sich und die nächste Ernte wird einfacher.

**Äußere Blätter pflücken:**
1. Pflanzen Sie mit 22 cm Abstand.

2. Lassen Sie die Salate wachsen, bis sich die äußeren Blätter (fast) berühren.

3. Drehen oder knipsen Sie vorsichtig alle größeren Blätter ab. Bei der ersten Ernte sind häufig einige der äußeren Blätter durch Schnecken oder Krankheiten geschädigt – ein einmaliges Problem der ersten Ernte. Die Blätter kommen auf den Kompost.

4. Nach etwa einer Woche folgt die zweite Ernte der neuen, großen Blätter außen. Die jeweils inneren Blätter

wachsen weiter und liefern wöchentlich über zwei bis drei Monate die nächsten Ernten gesunder Blätter. Weitere Hinweise zur Salaternte, siehe Seite 168.

## Wie werden die Herzen geerntet?

Salate mit großen Herzen brauchen mehr Feuchtigkeit und sind anfälliger gegenüber Krankheiten, bei denen die Herzen verfaulen. Schneiden Sie von Kopfsalat, Endivien und Chicorée zunächst die äußeren Blätter ab, bevor die Köpfe fester werden. Damit verzögert sich die Ernte zwar um eine Woche oder mehr, aber das Risiko sinkt, dass die Herzen verderben oder der Salat zu blühen beginnt.

## Wie häufig wird geerntet?

In warmem, sonnigem Wetter wächst Salat sehr schnell, sodass die Blätter alle fünf bis sieben Tage erntereif sind; im Winter dauert es drei bis vier Wochen. Im Winter sollten die Blätter gepflückt und nicht abgeschnitten werden, um neues Wachstum anzuregen – Senf, Rucola und Mizuna wachsen schneller als Feldsalat, Mangold und Frühlingszwiebeln.

## Wie bleiben die Blätter nach der Ernte frisch?

Die Blätter sterben nach dem Pflücken nicht ab, sondern bleiben an einem kühlen, feuchten Ort mehrere Tage frisch. Für längere Lagerung werden die Blätter in kaltem Wasser gewaschen, in einem Sieb oder mit der Salatschleuder getrocknet und in eine Plastiktüte gefüllt. Im Kühlschrank oder draußen, sofern es nicht friert, halten sie bei Temperaturen zwischen 2° und 10°C noch mehrere Tage, vor allem wenn sie auf gesundem Boden wuchsen.

## Geschmackstipps

Der wichtigste Geschmack des Sommers wird von dem milden, nicht sehr ausgeprägten Kopfsalat geprägt. Es gibt allerdings Unterschiede: Römischer Salat schmeckt etwas süßer, rote und die Blätter von blühenden Salaten etwas bitterer; auch sandiger Boden fördert bitteren Geschmack. Die Blätter des Herzens schmecken so mild und süß wie kein anderer Salat.

Dill, Basilikum, Sauerampfer und andere Kräuter sorgen für stärkeres Aroma. Der Römische Sauerampfer (Schildampfer) gibt Salaten eine besonders frische, »zitronige« Note. Die zahlreichen Basilikumsorten unterscheiden sich deutlich im Aroma, von starkem Zitronen- und Limonengeschmack bis zu Anis- und mildem Zimtaroma.

Im Herbst nimmt das Aroma vieler Salate zu. An einem Ende des Spektrums stehen die scharfen, würzigen Asia-Salate und Rucola, am anderen die bitteren Endivien und Chicorée als Wohltat für die Leber. Scharfe Senfblätter nehmen die Bitterkeit von Endivien und Chicorée; auch die Herzen oder gebleichte Blätter (siehe Seite 164) schmecken milder – ein gesüßtes Dressing hilft ebenfalls.

Wintersalate bieten das vielleicht breiteste Geschmacksspektrum, denn nun sind mehr Salate erntereif, dazu zähle ich auch Kräuter wie Kerbel, Koriander und intensiv schmeckende Blätter wie Gartenkresse.

Mizuna, Pak Choi und Chinakohl geben Wintersalaten eine angenehme Schärfe, ausgeglichen durch knackige, saftige Blätter. Jungpflanzen schmecken milder, einige Sorten werden nach zwei bis drei Monaten würziger und schärfer, wie Senf 'Green in the Snow' und Senfrauke. Der hübsche Senf 'Red Frills' – im Garten und auf dem Teller – schmeckt milder.

Spinat schmeckt wie kein anderer Salat, angenehmer als Mangold, und die Spinatblätter werden im Spätwinter bemerkenswert süß, weil sie im Frost Zucker bilden. Kauen Sie die Blätter etwas länger, bis sich das Aroma und der zuckersüße Nachgeschmack jüngst gefrorener Blätter entfaltet. Die Süße lindert die Schärfe der Senfblätter angenehm ab.

## Schädlinge auf Salatblättern

Schädlinge können große Schäden an zarten Salatblättern anrichten. Zum Glück lassen sich die schlimmsten Schäden vermeiden, die zu bestimmten Zeiten extrem zunehmen.

Mit dem richtigen Saattermin reduzieren Sie die Gefahr durch jahreszeitlich auftretende Schädlinge: Die Pflanzen wachsen kräftiger und leisten mehr Widerstand. In der ersten Jahreshälfte sind Erdflöhe eine echte Plage für junge Kohlblätter; daher säe ich meine Kohlgewächse erst nach Mitte Juli. Dann sind zwar Kohlfliegen und ihre Maden aktiv (zweite Jahreshälfte), sie richten aber geringere Schäden an als die Erdflöhe. Wenn Sie partout keine durchlöcherten Blätter mögen, decken Sie Salate aus der Kohlfamilie im August und September mit feinen Netzen oder Vlies ab.

Bei feuchtem Wetter sind Schnecken ein ganzjähriges Problem, vor allem jedoch zwischen Juni und September. Säen Sie zur richtigen Zeit unter Glas und pflanzen Sie die Jungpflanzen erst nach gründlichem Abhärten ins Freie. Jäten Sie das Unkraut und entfernen Sie große Blätter, die als Verstecke dienen können. Auf diese Weise trocknet auch die Bodenoberfläche nach Regenfällen schneller ab; weitere Details auf Seite 152.

## Bleichen

Die Blätter großer Salate wie Endivien schmecken nicht so bitter, wenn sie eine bis zwei Wochen unter Lichtabschluss wachsen. Binden Sie die Köpfe mit Schnur

zusammen oder stülpen Sie einen Topf darüber. Manchmal faulen dabei allerdings die Blätter oder Schnecken stellen sich ein. Ein gesüßtes Salatdressing mit normal gewachsenen Blättern erfüllt denselben Zweck! Herzblätter (im Juli gesäter Chicorée und Endivien) sind von Natur aus bleich und schmecken milder.

## Salat im Topf

Salate eignen sich hervorragend für die Kultur auf kleinem Raum und in Töpfen. Sie liefern reiche, unterschiedliche Aromen über einen langen Zeitraum. Passende Pflanzgefäße finden Sie auf Seite 34.

Ein Jahr alter, gut verrotteter Kompost aus dem eigenen Garten ergibt ein gutes Substrat. Füllen sie ihn in einen Eimer, sortieren Sie Holzstücke heraus und mischen Sie zusätzliche Nährstoffe bei. Topferde eignet sich ebenfalls und liefert viele Blätter bevor sie wieder gedüngt werden muss. Auch Mistkompost – ein Jahr alt, dunkel und krümelig – ist ein gutes Substrat für Salate. Auf einigen Bildern sehen Sie Topfplatten, die ausschließlich mit Kuhmist-Kompost gefüllt sind; sie sollten aber Garten- oder Grünkompost beimischen, um den Nährstoffgehalt zu reduzieren.

Da Sie nur wenige Pflanzen brauchen, kaufen Sie vorkultivierte Exemplare: In einer Kiste von 30 × 40 cm finden sechs Pflanzen Platz, in einem Topf (25 cm Durchmesser) eine oder zwei. Bepflanzen Sie größere Gefäße wie ein Beet: Lassen Sie zwischen den Pflanzen (einzeln oder als Gruppe) 22 cm Platz und pflücken Sie einzelne Blätter, um die Lebensdauer zu verlängern.

Nach einigen Monaten dürften sich einige der äußeren Blätter an den Rändern gelb färben oder blaue bis purpurne Töne auftauchen. Dann wird mit einem flüssigen Volldünger gedüngt.

Wann gegossen werden muss, ist bei feuchtem, aber nicht wirklich nassem Wetter kaum zu erkennen, da das Substrat auch bei feuchter Oberfläche knochentrocken sein kann. Heben Sie den Topf zur Sicherheit an; wenn er sich erstaunlich leicht anfühlt, braucht er dringend Wasser!

Gießen Sie jeweils kurz und nach einer Minute erneut, damit das Wasser in das Substrat eindringt und nicht einfach durchfließt.

## Wintersalat aus dem Topf

Im Winter ist Salat aus dem Topf besonders praktisch, da Sie die Töpfe unter Glas bringen können, um das Wachstum von Kopfsalat, Endivien, Chicorée, Asia-Salaten, Spinat, Winterportulak, Gartenkresse und Frühlingszwiebeln anzuregen.

Ein im September gesäter Topf auf der Fensterbank, der zur gleichmäßigen Belichtung alle 14 Tage gedreht wird, liefert Blätter bis März/April. Dann beginnt der Salat zu blühen – die Blüten sind essbar.

# Salatpflanzen für draußen

Die Tabelle auf den nächsten Seiten enthält die wichtigsten Informationen, um gute Salatblätter von unterschiedlichen Arten/Sorten zu ernten.

Die Spalte »Saattermin« ist besonders wichtig, denn der richtige Zeitpunkt garantiert lange und gute Ernten. Alle Daten gelten für draußen gesäte Salate, nur Basilikum muss in der trockenen Wärme unter Glas gesät werden.

Suchen Sie in der Tabelle nach ihrem Lieblingssalat und machen Sie einen Zeitplan.

Hier zunächst ein paar hilfreiche Vorschläge:

**März:** Säen Sie zuerst Kopfsalat-Sorten (Ernte von Herz und/oder Blättern), Spinat, Erbsen, Frühlingszwiebeln, Sauerampfer, Gartenmelde, Baumspinat, Dill, glatte Petersilie.

**Mai:** Mangold oder Rote Bete, Chicorée zur Treiberei, Basilikum.

**Juni:** Zum zweiten Mal Kopfsalat, Grünkohl, Erbsen für Sprossen.

**Juli:** Chicorée (Herzen), Sommerportulak.

**Ende Juli:** Zum dritten Mal Kopfsalat, Endivien (Herzen), Senfrauke, Spinat, Chinakohl, Pak Choi, Tatsoi, Kerbel, Koriander.

**Anfang August:** Asia-Salate, Rucola, Endivien, Gartenkresse.

**Ende August:** Feldsalat (für den Winter), Asia-Salate, Winterportulak, Chicorée (Blätter)

**September, erste Woche:** Feldsalat, Mizuna, Rucola, Blattrettich

**Im Februar:** Drei im September gesäte Senfsorten; von links nach rechts: 'Green in the Snow', 'Red Frills' und 'Pizzo'.

## Salate für die Blatternte, im Freiland gesät und gewachsen

| Salat<br>(* = Asia-Salate) | Familie | Aussaattermin | Ernte | Vorteile | Tipps |
|---|---|---|---|---|---|
| Basilikum | Lippenblüten-gewächse | Apr. – Mai (unter Glas) / Juni (draußen) | Juli – Sep. | Tolles Aroma, große Auswahl | Warm und trocken halten |
| Baumspinat | Gänsefuß-gewächse | März – Apr. | Mai – Sep. | Farbige Stängel | Stängel regelmäßig pflücken |
| Chicorée (Herzen) | Korbblüten-gewächse | Juni – 25. Juli | Aug. – Nov. | Gut lagerbar | Nährstoffreicher Boden |
| Chicorée (Pflücksalat) | Korbblüten-gewächse | Juni – Aug. | Juli – Apr. | Winterhart | Kleine Blätter pflücken |
| Chicorée (Treiberei) | Korbblüten-gewächse | Mai – Juni | Nov. – Dez. Jan. – Apr. | Gelb, knackig | Im Dunkeln treiben |
| * Chinakohl (Herzen) | Kohlgewächse | Juli | Sep. – Nov. | Knackige Blätter, dichtes Herz | Abdecken zum Schutz vor Insekten |
| Dill | Doldenblüten-gewächse | März – Mai | Mai – Juli | Früh, duftend | Im Frühling säen |
| Endivien (Herzen) | Korbblüten-gewächse | Juni – Juli | Sep. – Nov. | Große Pflanzen | Säen im Sommer |
| Endivien (Pflücksalat) | Korbblüten-gewächse | Juni – Aug. | Juli – Apr. | Frei von Krank-heiten | Kleine Blätter pflücken |
| Erbsen (Sprossen) | Leguminosen | März – Juni | Mai – Aug. | Kräftiges Erbsen-aroma | Frühe Saat bringt die meisten Sprosse |
| Feldsalat (Rapunzel) | Baldriangewächse | Aug. | Okt. – Apr. | Der winter-härteste Salat | Ende August an Ort und Stelle säen |
| Frühlings-zwiebeln | Zwiebel-gewächse | März – Juni, Ende Aug. | Mai – Sep. Apr. – Mai | Lange Ernte, winterhart | Früh oder spät säen |
| Gartenkresse | Kohlgewächse | Juli – Aug. | Sep. – Apr. | Intensiver Geschmack | Abdecken gegen Tauben |
| Gartenmelde | Gänsefuß-gewächse | Feb. – Apr. | Apr. – Juli | Leuchtende Farben | Aussamen verhindern |
| Grünkohl (glatter) | Kohlgewächse | Juni – Juli | Sep. – Mai | Winterhart | Blüht im Frühling |
| *Komatsuna | Kohlgewächse | Aug. | Sep. – Nov | Schnell und zart | durch Schnecken gefährdet |

# Salate für die Blatternte, im Freiland gesät und gewachsen (Fortsetzung)

| Salat (* = Asia-Salate) | Familie | Aussaattermin | Ernte | Vorteile | Tipps |
|---|---|---|---|---|---|
| Koriander, Kerbel | Doldenblüten-gewächse | Juli – Aug. | Sep. – Apr. | Winterhart | Koriander 'Calypso' für eine lange Ernte |
| Stiel-, Blatt-mangold, Rote Bete | Gänsefuß-gewächse | Apr. – Aug. | Mai – Okt. März – Apr. | Farben sind schöner als der Geschmack | Kleine Blätter pflücken |
| * Mizuna und Mibuna | Kohlgewächse | Aug. | Sep. – Nov., Apr. | Winterhart, lecker | Viele Sorten |
| * Pak Choi und Tatsoi | Kohlgewächse | Juli – Aug. | Aug. – Nov. | Sortenreine Aus-wahl | Abdecken zum Schutz vor Insekten |
| Petersilie | Doldenblüten-gewächse | März – Juli | Juni – Mai | Lange Saison | Glatte oder krause |
| Portulak, Sommer | Portulak-gewächse | Juni – Juli | Juli – Sep. | Sukkulent | Braucht trockenes Wetter |
| Portulak, Winter | Portulak-gewächse | Aug. | Okt. – Apr. | Winterhart, zart | Ab Oktober abdecken |
| * Blattrettich | Kohlgewächse | Aug. – Sep. | Sep. – Nov. | Üppig | Essbare Wurzeln |
| Rucola | Kohlgewächse | Apr. | Sep. – Apr. | Scharfes Aroma | Aug.-Saat mit gesunden Blättern |
| Kopfsalat (Herzen) | Korbblüten-gewächse | März – Juli | Juni – Okt. | Süßes Herz | Regelmäßig nachsäen |
| Kopfsalat (Pflücksalat) | Korbblüten-gewächse | März – Aug. | Mai – Okt. | Bei 22 cm Abstand viele Ernten | Äußere Blätter pflücken, ohne Messer |
| Sauerampfer | Knöterich-gewächse | März – Juli | Feb. – Nov. | Zitronen-geschmack | Römischer Sauer-ampfer schmeckt gut im Salat |
| *Senf | Kohlgewächse | Aug. | Sep.–Nov., Apr. | Scharfer Geschmack | Kleine Blätter pflücken, |
| Senfrauke | Kohlgewächse | Juli | Sep. – Juni | Ernte im Frühling | Großer Abstand |
| Spinat | Gänsefuß-gewächse | Marz – Apr., Juli | Apr. – Juni Sep. – Mai | Winterhart | Schnecken absammeln |

# Tipps zu den einzelnen Salaten

## Basilikum

Basilikum fühlt sich in voller Sonne wohl, sowohl im Topf wie im Beet, wenn möglich unter Folie. Es gibt eine große Sortenauswahl mit unterschiedlichen Aromen. Pflücken Sie regelmäßig Blätter und Stängel ab, damit die Pflanze produktiv bleibt; Blütenstängel werden sofort entfernt. Das Genueser-Basilikum ist die ergiebigste Sorte.

## Baumspinat

Baumspinat wird im Februar unter Glas, März/April draußen gesät. Die winzigen Samen wachsen bis zum Ende des Sommers zu mächtigen, 1,50 m hohen Pflanzen heran. Die Sprosse werden im Mai oder Juni geerntet, wenn die Pflanzen gerade 15 bis 20 cm hoch sind. Knipsen Sie regelmäßig die magentafarbenen Triebspitzen und alle schönen Seitentriebe ab – jeder mit vier oder sechs Blättchen. Sie schmecken nicht besonders ausgeprägt, sehen aber großartig aus. Bis Anfang September erscheinen immer wieder neue Triebe; die Pflanze wächst enorm, bis sie blüht und Samen bildet. Eine Pflanze reicht für eine gute Ernte aus; große Blätter werden gekocht.

## Chicorée (Herzen)

Die Herzen bilden sich zehn bis zwölf Wochen nach der Aussaat. Säen Sie nicht im Frühling – die Pflanzen könnten blühen –, sondern besser von Juni bis zur dritten Juliwoche. Die Herzen werden geschnitten, sobald sie sich fest anfühlen. Lagern Sie die November-ernte an einem kühlen, feuchten Ort, wo sie bis Januar

**Die zarten, farbigen Triebspitzen des Baumspinats werden regelmäßig für Salate gepflückt. Sie lassen sich aber auch wie normaler Spinat dünsten.**

Blätter für Salate liefern. Im November können Sie kleine Pflanzen mit dem Wurzelballen ausgraben und bis zum Gebrauch in einem Schuppen lagern.

## Chicorée (Pflücksalat)

Die Blätter sind bitterer als nach der Treiberei oder aus dem Herzen, aber die Kultur ist einfacher. Säen Sie irgendwann im Sommer.

## Chicorée (Treiberei)

Graben Sie im Spätherbst die Wurzeln aus (spätestens bis Weihnachten) und schneiden Sie alle Blätter ab (Kompost). Pflanzen Sie die Wurzeln in einen Eimer mit völlig oder teilweise verrottetem, organischem Material. Stellen Sie den Eimer an einen dunklen Ort mit Raumtemperatur. Innerhalb von drei bis fünf

Wochen wachsen aus den Wurzeln feste, hellgelbe Chicorée aus; danach ist noch eine zweite, kleinere Ernte möglich (bis April).

## Chinakohl

Chinakohl liefert sowohl einzelne Blätter als auch Herzen, wird aber durch Schnecken und Insekten bedroht. Pflanzen Sie ihn möglichst unter einem feinen Netz, sonst bohren wahrscheinlich im September und Oktober Raupen ihre Gänge durch die Herzen. Ernten Sie die Herzen nach Geschmack – fest oder mit lockeren Blättern.

## Dill

Säen Sie das Sommer- und Herbstkraut so früh wie möglich, im Februar unter Glas und März draußen. Dill

Chicorée 'Castelfranco' (Mitte und rechts) mit Gartenkresse (oben links) und Mizuna (unten links).

Dill Anfang Juni; die Stängel wachsen stärker und werden immer dichter.

braucht etwas Zeit, bis sich die Blätter reichlich entwickeln. Pflücken Sie die Blätter vor der Blüte (Ende Juni und im Sommer), weil dann alle Energie in Blüten und Samen fließt. Immerhin sind die Blüten essbar, wenn auch etwas hart.

## Endivien (Herzen)

Endivien werden in zwei Formen angeboten: Frisée oder Krause Endivien haben dünne, gezackte Blätter; Scarola oder Glatte Endivien haben dickere, größere Blätter. Beide werden zwischen Juni und August gesät und entwickeln sich zu riesigen Pflanzen. Irgendwann nimmt die Qualität ab und die Blattränder färben sich braun. Dann schneiden Sie die Herzen aus, sofern sie groß genug und etwas gebleicht sind; etwa zehn Wochen nach der Aussaat. Nach einer Ernte im Frühherbst ist eine zweite Ernte möglich.

### ENDIVIEN ALS PFLÜCKSALAT

Die Blätter der außergewöhnlich langlebigen, frostharten Pflanzen schmecken etwas bitter.

■ Säen Sie die Endivien wie für die Ernte von Herzen, auch dieselben Sorten.

■ Wenn die Pflanzen etwa sechs Wochen alt sind, drehen Sie die äußeren Blätter nach Bedarf ab. Die ersten Blätter sind häufig sehr groß.

■ Pflücken Sie die nächsten, kleineren und hübscheren Blätter wöchentlich; die Ernte kann sich bis in den Herbst hinziehen (Aussaat Ende Juli bis Anfang August). Die Blätter, vor allem Scarola-Sorten, wie 'Bubikopf', sind im November sehr wichtig, wenn die meisten Kopfsalate im Frost eingegangen sind.

## Erbsen (Sprosse)

1. Suchen Sie nach einer kräftig wachsenden, hohen Sorte.

2. Säen Sie zwischen März und Juni in Topfplatten oder an Ort und Stelle (mit Vlies abdecken zum Schutz vor Tauben). Eine Aussaat nach Juni ist nicht empfehlenswert, da die Erbsen im Spätsommer und Herbst leicht von Mehltau befallen werden und vor der Blüte schwächer wachsen.

3. Wenn die Pflanze etwa 30 cm hoch ist, knipsen Sie die obersten 5 cm des Sprosses ab; er wird zusammen mit Blättern und Ranken gegessen.

4. Nachdem die Pflanze einige Tage abzusterben schien, bildet sie zahlreiche neue Seitensprosse und wächst auch an der Spitze weiter. Diese neuen Sprossspitzen können nach zehn bis zwölf Tagen geerntet werden.

5. Pflücken Sie acht bis zehn Wochen lang wöchentlich neue Sprosse, bis sie dünn werden und Blüten erscheinen. Sie können die Blüten essen oder die Hülsen ausreifen lassen.

## Feldsalat, Rapunzel

Feldsalat kann zwar im Frühling gesät werden, leidet aber unter heißem Wetter, ist dann mehltauanfällig und beginnt zu blühen. Da er in den feuchten Monaten besser wächst, liefern Augustsaaten im Herbst gesündere Pflanzen. Er wird gegossen, wenn der Boden im September und Oktober trocken wird. Die beste Winter- und Vorfrühlingsernte liefert die Aussaat im August. Schneiden Sie die Blätter ab, wenn die Pflanzen 7 bis 10 cm hoch sind – in der Winterkälte nicht ganz einfach. Führen Sie den Schnitt oberhalb des Hauptstängels, damit kleinere Blattbüschel austreiben. Pflanzen, die ab

Dezember mit Vlies abgedeckt werden, liefern größere Blätter in besserer Qualität.

## Frühlingszwiebeln

Sie werden im August gesät und die kleinen Pflanzen überstehen den Winter trotz ihres zarten Aussehens. Im März und April wachsen sie kontinuierlich weiter und können jederzeit, ganz nach Geschmack, geerntet werden. Sie können auch einzelne Blätter abknipsen und die Pflanzen stehen lassen. Säen Sie im Frühling im Februar unter Glas oder März bis Mai an Ort und Stelle. Die mittelgroßen Blätter der Sommersaaten sind anfällig für Mehltau – ziehen Sie in diesem Fall die Zwiebeln heraus.

## Gartenkresse

Sie blüht im Frühling und bildet nach Aussaat im Sommer die meisten Blätter im Herbst und Winter. Sie werden entweder als Büschel abgeschnitten oder es werden nur die großen, äußeren Blätter gezupft. Gartenkresse ist völlig winterhart, aber Tauben mögen die Blätter noch mehr als wir – ab Oktober mit einem Vogelschutznetz abdecken.

## Gartenmelde

Ideal ist eine Sorte mit dunkelroten Blättern als Beimischung für Salate. Sobald sich eine Pflanze etabliert hat, sät sie sich selbst aus, was sich zu einem Melden-Problem auswachsen kann. Ab Juni oder ab einer Höhe von 30 bis 45 cm bilden die Pflanzen keine Blätter mehr, sondern Blütenstängel.

## Grünkohl

Sorten mit glatten Blättern, wie 'Sutherland' und 'Red

Winter'/'Red Russian' bieten viele Möglichkeiten, vor allem wenn andere Blattgemüse selten werden. Säen Sie im Juni oder Juli; im Sommer und Herbst wachsen sie ziemlich hoch, ab März bis Mai liefern sie kleine, neue Blätter und zarte Stängel.

## Kerbel

Die Blätter des winterharten Kerbels haben ein mildes Anisaroma und passen gut in Herbst- und Wintersalate. Er wird gesät und gepflanzt wie Koriander (unten); im Frühling gesäter Kerbel bildet sofort Blüten.

## Komatsuna

Komatsuna wächst so schnell, dass Schnecken Probleme haben, große Löcher in seine zarten Blätter zu fressen. Die Blätter schmecken angenehm mild; eine attraktive rotblättrige Sorte erinnert an roten Pak Choi.

## Koriander

Im Frühling gesäter Koriander treibt zwar leicht Blüten, doch im März gesäte Pflanzen liefern mehr Blätter als nach der Aussaat im Mai. Säen Sie Ende Juli die Sorte 'Calypso'; sie übersteht den Herbst, manchmal sogar den Winter und bildet im März/April neue Blätter, bis sie im Mai wohlschmeckende, zarte, weiß blühende Dolden bildet.

## Mangold und Rote Bete

Die Blätter sehen zwar äußerst attraktiv aus, schmecken roh aber metallisch bis erdig. Pflücken Sie möglichst junge Blätter; zwei Pflanzen dürften reichen. Wenn Sie Blütensprosse sofort entfernen, können Sie über die gesamte Vegetationszeit ernten, bei milden Wintern sogar bis Mai.

## Mizuna und Mibuna

Beide sind ausgezeichnete Salate mit zahlreichen, nicht zu würzigen Blättern. Gute Sorten sind 'Waido' F1 mit größeren Blättern und dickeren Stängeln und 'Red Knight' F1 mit wenigen, größeren Blättern in attraktivem Rot. Größere Blätter lassen sich besser einzeln pflücken und verlängern die Lebensdauer der Pflanze. Schneiden Sie die Blätter mit einem Messer ab, damit die empfindlichen Wurzeln nicht ausgerissen werden. Die Pflanzen überstehen milde Winter draußen; im März und April können Sie neue Blätter ernten, darauf folgen die leckeren Blütenstängel.

## Pak Choi und Tatsoi

Da sie von Schnecken geliebt werden, ist die Kultur nicht ganz einfach. Manchmal muss man eben mit ein paar Löchern in den gesunden, glänzenden Blättern leben. Ich empfehle, einzelne große Blätter statt die ganze Pflanze zu ernten. Die Pflanzen unterscheiden sich in Form, Farbe und Größe – entscheiden Sie nach persönlichem Geschmack. Rote Sorten von Pak Choi wachsen gut und sehen sehr gut in Salaten aus. Sie sind draußen nicht so winterhart wie andere Asia-Salate.

## Petersilie

Mit ihrem ausgezeichneten Aroma, den zahlreichen Nährstoffen und viel Vitamin C sollte die Petersilie häufiger in Salaten auftauchen. Mit zwei Saatterminen (März und Juli) liefert glatte Petersilie fast das ganze Jahr lang Blätter. Obwohl manche Pflanzen der Märzsaat den Winter überstehen, blühen sie meist irgendwann im Sommer. Die Pflanzen der Sommersaat sind jünger und haben bessere Chancen, den Frost zu überstehen.

## Portulak, Sommer-

Gedeiht nur bei trockenem Wetter, bildet aber herrlich saftige Blätter: Säen Sie ihn im Hochsommer und

Mizuna 'Red Knight' (unten links) und Senfsorten 'Green in the Snow' sowie 'Red Frills' (rechts außen).

Bunt gemischter Salat aus Winterportulak und rotem Radicchio.

hoffen auf Sonnenschein. Knipsen Sie zur Ernte die obersten 2,5 bis 5 cm der Sprossspitzen ab, bevor sich Blütenknospen zeigen – sie sind schwer zu sehen, haben dieselbe Farbe wie die Blätter und schmecken bitterer. Nach dem ersten Schnitt bilden sich neue Seitensprosse.

## Portulak, Winter-

Gedeiht nur bei kühlem, feuchtem Wetter.
1. Säen Sie ihn möglichst im August (Ernte draußen) oder im September (Winterernte unter Folie oder einer einfachen Vlieslage).

2. Die Ernte beginnt zwei Monate später, wenn sich die Blätter der 20 bis 25 cm voneinander entfernten Pflanzen berühren oder sich die Blütenstängel zeigen.

3. Sie können den ganzen Blattschopf abschneiden oder, besser, die äußeren Blätter pflücken und alle 14 Tage erneut ernten.

4. Der Winterportulak blüht meist im zeitigen Frühjahr. Alle Triebe und Blüten sind essbar; sie machen sich gut im gemischten Salat. Aus den Blüten entwickeln sich Hunderte von Samen: Ziehen Sie eine ganze Pflanze heraus, hängen Sie sie zum Trocknen auf und reiben Sie die winzigen Samen heraus. Wenn er sich selbst aussät, kann Portulak zum Unkraut werden.

## Rettich, Blatt-

Wächst im Herbst sehr schnell. Die Blätter haben einen milden Rettichgeschmack und wenn Sie nicht zu viele pflücken, können Sie bis Oktober eine lange weiße Daikon-Wurzel ernten. Die Pflanzen vertragen schwachen Frost und leben bis Weihnachten, wenn der Herbst mild ausfällt.

## Rucola

Die Aussaat im August liefert den ganzen Herbst über Pflanzen mit gesunden Blättern, die z.T. sogar den Winter überleben und im März/April als acht Monate alte Pflanzen weitere Blätter liefern. Nur die größeren Blätter zu pflücken und die gelben zu entfernen, verlängert die Lebensdauer, Sie können ihn aber auch abschneiden. Von den vielen Sorten fand ich den einfachen Rucola-Salat am verlässlichsten und leckersten.

## Salat, Kopf-

Wenn Sie über einen langen Zeitraum Köpfe ernten möchten, säen Sie zwischen März und Juni monatlich, im Juli alle zwei Wochen aus. Um die Chance zu erhöhen, stets einen festen, süß schmeckenden Kopf ernten zu können, sollten sie mehrere Sorten nebeneinander säen, die zu unterschiedlichen Zeiten reifen; 'Little Gem' reift beispielsweise schneller als 'Lobjoits'. Schneiden Sie die Köpfe ab, bevor sie zu hell und dicht werden, denn in diesem Stadium verfaulen die

**Blühender Rucola im Mai; Erdflöhe haben Löcher in die Blätter gefressen.**

Blätter leicht. Unter Wassermangel bilden sich braune Ränder (Spitzenbrand); Gießen verhindert diese Mangelkrankheit.

## Salat, Pflück-

Pflücksalat kann unter Glas schon im Februar, draußen ab Mitte März gesät werden (unter »Wie werden die Blätter gepflückt« auf S. 162 finden Sie empfohlene Abstände).

Vor allem die Art des Pflückens bestimmt darüber, wie und wie lange Pflanzen wachsen. Die zweite Voraussetzung für langes Wachstum ist ein Boden mit viel organischem Material, der die Feuchte festhält.

Die zahlreichen Sorten bieten ein breites Spektrum an Aromen und Farben: 'Bijou' und 'Rosemoor' haben dunkelrote Blätter, 'Freckles' und 'Mottistone' sind gescheckt (panaschiert). Die Blätter von 'Freckles' schmecken ähnlich süß wie die verschiedener Sorten des Römischen Salats, wie z. B. 'Chartwell'. Suchen Sie in Samenkatalogen oder im Internet und bedenken Sie, dass sich alle Kopfsalatsorten auch wunderbar als Pflücksalat eignen. Damit erhöht sich die Auswahl an Blattsalaten beträchtlich!

## Sauerampfer

Am einfachsten als Staude zu kultivieren, die im zeitigen Frühjahr Blätter mit Zitronenaroma liefert. Zwischen Mai und Juni erscheinen die Blütenstängel, die entfernt werden müssen. Im Herbst und dann wieder im Frühling wachsen neue Blätter. Die Wurzeln werden mehrere Jahre alt; sie lieben Mulchkompost im Herbst.

Der **Große Sauerampfer** ist die häufigste Form. Pflücken Sie kleine Blätter für den Salat, größere können in Suppen und Omelettes verwendet werden.

**Römischer Sauerampfer** hat kleinere, zarte Blätter für Salate; er ist jedoch bei Weitem nicht so winterhart wie der Große Sauerampfer.

## Senf

Der scharf schmeckende, schnell wachsende Senf ist winterhart. Die Sorte 'Green in the Snow' ist sehr frostresistent und liefert die schärfsten Blätter. 'Pizzo' hat krause, grüne und 'Red Giant' riesige Blätter, die besser zu Wok-Gerichten als in Salate passen. Wenn ich wählen müsste, entschiede ich mich für 'Red Frills', die sowohl im Garten als auch auf dem Teller großartig aussieht; ihre Blätter haben ein milderes Aroma.

## Senfrauke

Im Juli gesäte Pflanzen wachsen sehr gut und bilden bei einem Abstand von 20 bis 25 cm ordentliche Blattbüschel. Sie können die äußeren Blätter oder die ganze Pflanze ernten. Senfrauke übersteht oft den Winter und liefert dann von April bis Anfang Mai im Abstand von 14 Tagen noch zwei oder drei Ernten. Schließlich bilden sich aber zu viele Blütenstängel. Die Pflanze ist mehrjährig, wächst schütter und sät sich selbst aus.

## Spinat

Da er um Mittsommer blüht, bildet Spinat die meisten Blätter davor und danach. Im März oder April gesäte Pflanzen liefern sechs bis acht Wochen lang Blätter. Eine zweite Aussaat Ende Juli kann bis Mitte September geerntet werden. Manchmal übersteht der erstaunlich frostharte Spinat den Winter und treibt im Frühling neue Blätter. Nehmen Sie den Schneckenfraß in den Blättern hin; der Geschmack ist Entschädigung genug.

## ■ Verschiedene Sorten Pflück- und Kopfsalate ■

'Amorina'

'Bergamo'

'Chartwell'

'Freckles'

'Mottistone'

'Navara'

# Top 10 der Gemüse

## Meine Lieblingsgemüse

Dieses Kapitel stellt einige der wichtigsten Gemüsesorten vor. Sie finden Tipps zur erfolgreichen Kultur
und Ernte als Ergänzung zu den Aussaat- und Pflanz-
terminen (siehe Seite 99 ff.). Obwohl hier nur zehn
Gemüse behandelt werden, möchte ich ihnen mit
diesen Hinweisen die Augen öffnen, sich auch mit
anderen Möglichkeiten für eine reiche Ernte zu
beschäftigen:

LINKS: Ein Kolben Zuckermais 'Sweet Nugget' F1 im
August, eine gute Kombination aus zarter Süße und
knackigen Maiskörnern.

UNTEN: Möhrenernte (von links nach rechts) 'Maestro',
'Honeysnax', 'Purple Haze' und 'Nantes'.

■ Es gibt zahlreiche Sorten, die einen Versuch lohnen,
wie Zuckererbsen, Zuckerschoten und normale Erbsen
sowie die breite Vielfalt der Tomaten.

■ Nutzen Sie die unterschiedlichen Jahreszeiten, mit
Frühkartoffeln als erster Frucht und Dicken Bohnen, die
als Folgefrucht überwintern oder im Frühling gesät
werden.

■ Probieren Sie den unterschiedlichen Geschmack reifer
und unreifer Gemüse, beispielsweise Dicke Bohnen als
zarte, unreife Hülsen und als reife Bohnen voller Stärke.

■ Viele miteinander verwandte Gemüse, wie Zucchini
und Sommerkürbis, brauchen etwa dieselben Pflege-
maßnahmen.

# Bohnen

Busch- und Stangenbohnen wachsen gut in der Wärme und können regelmäßig geerntet werden. Zwerg-buschbohnen sind als erste reif und die Ernte endet früh. Die Stangenbohnen reifen etwas später, ab Mitte Juli bis September; ihre Qualität nimmt gegen Ende ab. Eine zweite Aussaat von Stangenbohnen Ende Juni liefert im Frühherbst reiche Ernte von erstklassigen Bohnen.

## Vorkultur

Frühe Bohnen werden nach überwinterten Salaten, Kohl und Spinat angebaut, können aber auch in nackten Boden gesät werden, der seit dem Herbst brachliegt. Zwergbuschbohnen können bis Anfang Juli gepflanzt werden; sie nehmen die Stellen von Möhren, Roten Bete, Salat oder Knoblauch ein.

## Aussaat

Säen Sie für eine frühe Ernte im Mai unter Glas; Mitte Mai draußen auspflanzen. Häufig bringen eine Aussaat in der zweiten Maihälfte (unter Glas) und das Auspflanzen im Juni bessere Ernten, da die Pflanzen warmen Boden brauchen. Jede kalte Nacht bei 6 bis 8 °C wirft sie zurück. Die Aussaat draußen ist ab Anfang Juni am erfolgreichsten.

## Erntezeit

**Ab:** Anfang Juni (Zwergbuschbohnen, die Anfang Mai gesät wurden)
**Bis:** Mitte Oktober (Aussaaten Ende Juni)

## Ernte

Im Juni und Juli bilden die Stangenbohnen sehr hübsche Blüten, eine Woche später folgen die Zwergbuschbohnen mit ihren schnell wachsenden Hülsen. Sie werden ent-weder jung – dünn und zart – oder später geerntet, wenn sich die Samen abzeichnen. Werden die Bohnen regelmäßig gepflückt, bevor sie anschwellen, verlängert sich die Ernte. Lassen Sie die Bohnen auf einer Pflanze vollständig ausreifen; sie liefern die Samen für das nächste Jahr.

## Sorten

Die Auswahl ist riesig. Ich empfehle die Buschbohne 'Cupidon' mit vielen, langen, grünen Bohnen und 'Sonesta' für eine gute Ernte gelber Bohnen. Unter den Buschbohnen bildet 'Blue Lake' kleine grüne und 'Blauhilde' purpurne Bohnen. 'Borlotto' hat grüne Bohnen mit magentafarbenen Flecken. Wenn sie bis Ende September an der Pflanze bleiben, sind die Hülsen trocken und hart und Sie können die hübschen, trockenen Bohnen ernten und in Gläsern aufbewahren.

Dank ihrer roten und/oder weißen Blüten galten Boh-nen früher als Zierpflanzen. Ich mag 'Lady Di' (weiße Blüten) und 'Enorma' (rote Blüten) wegen ihrer langen Bohnen ohne Fäden. Die Hülsen von 'The Czar' werden erst im Oktober geerntet; sie liefern eine reiche Ernte großer, weißer Bohnen.

## Bohnen im Topf

Zwergbuschbohnen eignen sich bestens für mittelgroße bis große Töpfe; in feuchten Sommern machen sich Schnecken darüber her. Die Prunkbohne 'Hestia' wächst kompakt und ohne Stütze auch in großen Töpfen.

## Standort und Pflege

**Boden:** Die schnell wachsenden Bohnen brauchen Boden mit organischem Material, der die Feuchtigkeit hält. Füllen Sie einen Graben mit Kompost, Mistkompost und Grünabfall und decken Sie ihn mit Erde ab, bevor Sie Stangenbohnen hineinpflanzen. Sie können das Beet auch im Herbst 5 cm hoch mit Kompost und Mistkompost mulchen und die Bohnen im Frühsommer pflanzen.

**Wetter:** Bohnen brauchen warmes Wetter und etwas Regen.

**Gießen:** In trockenen Sommern müssen insbesondere Stangenbohnen alle vier bis fünf Tage tiefgründig gegossen werden. Spätestens, wenn die Blüten abfallen, ohne dass sich Hülsen bilden, wird es Zeit für einen ordentlichen Schuss Wasser.

**Abstand:** 30 cm. Zwergbuschbohnen werden gleichmäßig auf dem Beet verteilt. Stangenbohnen wachsen auf einem Stangenzelt (90 cm Durchmesser) aus sechs bis acht Stangen mit je einer Bohne. Buschbohnen brauchen 30 cm Abstand in Reihen, zwischen denen genügend Platz für die Ernte bleibt.

**Stützen:** Kletternde Bohnen brauchen 2 bis 2,75 m hohe Bambus- oder Haselnussstangen, die tief in den Boden gerammt und in Kopfhöhe zusammen gebunden werden. Stellen Sie die Stangen auf, wenn Sie die Bohnen pflanzen und helfen Sie nach zwei bis drei Wochen nach, die Triebe um die Stangen zu wickeln.

**Jäten:** Zupfen Sie während der Ernte jedes Unkraut aus, das Ihnen auffällt. Auf keinen Fall dürfen sich zwischen den Blättern versteckte Unkräuter aussamen. Sehen Sie nach und reißen Sie kleine Unkräuter aus.

## Mögliche Probleme

Zu früh gesäte und gepflanzte Bohnen wachsen schwächer und fallen leichter Schnecken zum Opfer; die Blätter sehen eher gelb als grün aus. Wassermangel kann zum Problem werden und ist ein Hauptgrund für kleine Ernten in trockenen Sommern. Suchen Sie unter den Zwergbuschbohnen nach Schnecken; sammeln sie die Schnecken während der Ernte. Wenn sich die Spatzen über die roten Blüten hermachen, pflanzen Sie im nächsten Jahr eine weiß blühende Sorte, wie 'Czar'.

## Tipps

Wenn Sie die Mitte Mai gepflanzten Zwergbuschbohnen zwei oder drei Wochen mit Vlies abdecken, entwickeln sie sich schneller. Damit ist die Ernte um eine oder zwei Wochen früher möglich.

## Abräumen/Folgefrucht

Wenn die letzten Bohnen geerntet sind und die Blätter abfallen, kommen die Pflanzen auf den Kompost (geschredderte Stängel von Stangenbohnen verrotten schneller). Die Wurzeln mit den Knöllchen bleiben wie bei den Dicken Bohnen im Boden, wenn Sie die Pflanzen herausziehen. Sie können die Stängel aber auch direkt über dem Boden abschneiden.

Auf die frühen Zwergbuschbohnen folgen Salate, die Ende August oder Anfang September gepflanzt werden. Auf spätere Bohnen folgt Knoblauch, wenn der Boden bis Anfang Oktober wieder unkrautfrei ist. Nachdem die Beete im Frühherbst aufgeräumt wurden, breiten Sie eine Kompostschicht aus. Sie wird im Winter abgebaut und bereitet den Boden auf die Frühlingspflanzen vor: Kopfsalat und Kohlpflanzen bzw. ausgesäte Möhren.

Stangenbohnen 'Stenner' im August; die Blüten zeigen, dass mit weiteren Bohnen gerechnet werden darf.

# Bohnen, Dicke

Ein wirklich winterhartes Gemüse, dessen erste Ernte im Juni den aufregenden, frischen Geschmack des Sommers ankündigt. Die Bohnen für die frühe Ernte werden im Herbst gesät und überwintert, sind aber durch das Wetter gefährdet; siehe Aussaattipps (rechts).

Alle Bohnen zeichnen sich durch kleine Knöllchen an den Wurzeln aus, in denen Bodenbakterien leben. Sie machen den Stickstoff aus der Luft für die Pflanzen nutzbar. Der in den Knöllchen gespeicherte Stickstoff geht in den Boden über und kann auch von anderen Pflanzen genutzt werden. Obwohl sie damit über eine eigene Stickstoffquelle verfügen, gedeihen Dicke Bohnen besser in Beeten, die mit Kompost gemulcht wurden; er hält die Feuchte zurück und fördert die Pflanzengesundheit.

## Vorkultur

Dicke Bohnen werden nach dem Sommergemüse im Herbst gesät. Entfernen Sie Pflanzenreste und Unkraut und legen Sie die Samen in 2,5 bis 5 cm tiefe Löcher (Pflanzholz). Decken Sie die Löcher mit Kompost oder Mistkompost zu.

## Aussaat

Decken Sie die Ende Oktober/Anfang November draußen gesäten Bohnen mit einem Netz oder Geäst ab, damit die Vögel die Keimlinge nicht herausziehen können. Alternativ werden Bohnen in Topfplatten (Kammern 5 cm Durchmesser) unter Glas gesät und im Februar ausgepflanzt. Im Frühling gesäte oder gepflanzte Bohnen – Februar bis Mai draußen – können vier bis sechs Wochen mit Vlies abgedeckt werden, um die Wärme der Sonne einzufangen. Obwohl Bohnen bis Juni gesät werden können, tragen sie im Spätsommer weniger und sind häufig nicht so gesund wie Frühlingssaaten.

**Anfang November gesäte Dicke Bohnen im Juni. Aus einem Samen sind drei Sprosse ausgewachsen.**

## Erntezeit
**Ab:** Juni, nach Aussaat im November
**Bis:** August, nach Aussaat Ende April und Mai

## Ernte
Die jungen Hülsen und Spitzen der Blütentriebe können entweder im Salat oder als Gemüse gegessen werden. Die Bohnen schmecken je nach Entwicklungsstand völlig unterschiedlich. Rubbeln Sie die Haut der reifen, stärkereichen Bohnen ab, nachdem sie ein paar Minuten gekocht wurden, übrig bleibt der feste, cremige Kern. Nach zwei bis drei Wochen sind die zarten, essbaren Hülsen dunkelgrün und braun geworden und enthalten die vollreifen Dicken Bohnen. Nach weiteren zwei Wochen sind sie hart und trocken – fertig zur Lagerung.

## Sorten
'Aquadulce Claudia' mit großen, blassen Bohnen kann überwintern; 'Imperial Green Longpod' hat kleinere, aber farbige Bohnen; 'The Sutton' wächst zu kompakten Pflanzen von 30 bis 40 cm Höhe heran.

## Bohnen im Topf
Die hohen Bohnen passen mit Unterstützung in große Gefäße; 'The Sutton' braucht weniger Wasser und lohnt einen Versuch.

## Standort und Pflege
**Boden:** Keine besonderen Ansprüche, aber überwinternde Bohnen bevorzugen gut wasserdurchlässige Böden.

**Wetter:** Trockene Winter sind besser als feuchte; Fröste im Frühling werden ertragen, aber bei starken Frösten im Winter sterben viele Pflanzen ab.

**Gießen:** Obwohl Bohnen Trockenheit ertragen, brauchen sie in heißen Sommern Wasser, vor allem, wenn die Hülsen wachsen und die Samen dicker werden.

**Abstand:** Reihen mit 40 cm Abstand; zwischen den einzelnen Pflanzen sollte 10 cm Abstand bleiben.

**Stützen:** Größere Sorten können gestützt werden, ich mache es nicht: Spannen Sie eine Schnur um das Beet, wenn die Pflanzen 75 cm hoch sind; sie verhindert, dass die Bohnen auf die Wege fallen.

**Jäten:** Halten Sie das Beet unkrautfrei wie üblich.

## Mögliche Probleme
Schwarze Bohnenläuse, die sich im Mai und Juni über die Triebspitzen hermachen, stellen das größte Problem dar. Wenn Sie zur Blütezeit die Triebspitzen abknipsen (essbar), nehmen Sie den Blattläusen ihren Landeplatz. Sie landen nicht auf der Schnittfläche und mögen die kräftigeren Stängel und Blätter der im Herbst gesäten Pflanzen nicht. Ansonsten knipsen Sie sofort jede Triebspitze mit Blattläusen ab und werfen sie auf den Kompost. Die lästige Braunfleckenkrankheit wird von einem braun/orangefarbenen Pilz verursacht, der sich in trockenen Sommern auf den Blättern festsetzt – häufiger bei nährstoffarmen Böden. Abhilfe schaffen Gießwasser und reiche Kompostgaben vor der nächsten Bohnensaat. Mäuse holen sich die Samen: Lassen Sie die Samen vor der Aussaat über Nacht in Wasser quellen und geben Sie eine zerdrückte Knoblauchzehe dazu; das hält sie ab.

## Tipps
Dicke Bohnen lassen sich gut einfrieren und liefern in guten Jahren reichlich Gemüse für den Tisch.

## Abräumen/Folgefrucht
Schneiden Sie die Stängel mit dem Spaten oder einem Messer bis zum Boden ab. Die Wurzeln mit den Knöllchen bleiben im Boden; der Stickstoff kommt der Folgefrucht zugute: Porree, Brokkoli, Rote Bete, Salate, je nachdem, wann der Boden aufgeräumt ist. Schneiden Sie die Bohnenstängel vor dem Kompostieren in 15 cm lange Stücke.

# Erbsen

Die Erbsen umfassen niedrige Büsche bis zu hohen Sorten, die gestützt werden müssen. Manche reifen früher, andere später, einige haben essbare Hülsen mit und ohne Samen (Zuckerschoten und Zuckererbsen, s. u.). Für welche Sorte Sie sich auch entscheiden, frisch geerntete, süße, saftige Erbsen sind immer ein Genuss.

## Vorkultur

Der beste Saattermin ist der Frühling, wenn die Erde den Winter über brachlag – Aussaat im März und April – oder nach überwinterten Kohlsorten, Porree und Salaten – Aussaat im Mai.

## Aussaat

Da Mäuse und Vögel die Samen lieben, sollten Sie Erbsen von Mitte März bis Anfang Mai unter Glas in Topfplatten säen; stellen Sie in der Nähe eine Mausefalle auf. Nach drei bis vier Wochen werden die Keimlinge umgepflanzt. Säen Sie zwei bis drei Samen je Kammer und pflanzen Sie die gesamte Gruppe um. Draußen werden Erbsen von April bis Mitte Mai gesät. Decken Sie Samen und Pflanzen ab, bis sie gestützt werden müssen. Eine spätere Aussaat ist möglich, wenn auch mit geringerem Ertrag und schlechterer Qualität. Häufig wird empfohlen, im November zu säen und die Pflänzchen über Winter für die Frühlingsernte stehen zu lassen. Mir ist es allerdings nie gelungen, genügend Pflanzen zum Fruchten zu bringen.

Hohe gelbe und purpurne Erbsen wachsen im Juni an einem Tipi aus Haselnussstangen hoch.

## Erntezeit

**Ab:** Juni; die frühen, im März/April gesäten Sorten.
**Bis:** August; die im Mai gesäten Sorten.

## Ernte

Bereits kurz nach der Blüte erscheinen die winzigen Hülsen und 14 Tage darauf werden sie dicker. Ernten Sie nach Geschmack die jungen, kleinen, süßen oder die älteren, stärkereichen Erbsen. Wenn Sie Samen ernten möchten, lassen sie eine oder zwei Pflanzen ausreifen, bis die Hülsen zwei oder drei Wochen nach der Haupternte braun werden.

## Sorten

Überprüfen Sie stets die Endhöhe der Sorten, damit Sie nicht enttäuscht werden. Sorten wie 'Feltham First' mit runden Samen sind früh erntereif, aber nicht so süß wie die Sorten mit runzligen Samen – 'Greenshaft' (buschig), 'Alderman' (hoch), Markerbsen und Zuckerschoten. Ich ziehe die Zuckerschoten den Zuckererbsen vor, denn sie werden vollreif gegessen. Zuckererbsen (Mangetouts) müssen dagegen geerntet werden, bevor sich die Samen voll entwickelt und die Hülsen Fäden haben – andernfalls sind sie zäh und faserig, keine Delikatesse zum Genießen! Es gibt Sorten mit blauen und gelben Blüten, die aber meist besser aussehen als schmecken. Für frische Erbsen im Spätsommer, die im Juni gesät werden, empfehle ich Sorten wie die angeblich mehltauresistente 'Oasis', die aber dennoch Mehltau haben kann und geringen Ertrag liefert.

## Erbsen im Topf

Buschige Sorten wachsen gut im Topf; anschließend wachsen darin Salate für den Herbst. Schnecken lieben die Hülsen; eine regelmäßige Kontrolle ist absolut unabdingbar.

## Standort und Pflege

**Boden:** Erbsen entwickeln sich besser unter Mulchkompost, er speichert die Bodenfeuchte.

**Wetter:** Im Frühling herrscht das ideale Wetter für Erbsen, mild oder warm mit höherer Luftfeuchte, statt heiß und trocken.

**Gießen:** Ist häufig nötig; vor allem die hohen Sorten brauchen viel Wasser.

**Abstand:** Je nach Sorte 10 bis 15 cm zwischen Pflanzen und 60 bis 150 cm zwischen Reihen; buschige Sorten brauchen weniger Platz, hohe etwas mehr.

**Stützen:** Je nach Sorte unterschiedlich; geeignet sind Reisig, Stangen oder Netze. Erbsen wachsen auch auf Stangenzelten im gleichen Abstand wie Stangenbohnen. Spannen Sie für die Ranken zwischen den Pfosten einige Schnüre wie Spinnweben.

**Jäten:** Ist leicht, wenn alle Erbsen auf Stützen wachsen; hacken Sie am Rand der Reihe entlang und zupfen Sie die Unkräuter zwischen den Pflanzen mit der Hand aus.

## Mögliche Probleme

Wenn unsere Erbsen die Fraßattacken von Mäusen, Vögeln und Schnecken überstanden haben, haben sie nichts mehr zu befürchten, bis sich im Juli Mehltau und Erbsenmotte einstellen. Ich kenne kein Mittel dagegen, doch die Schäden sind nie katastrophal – frühe Aussaat vermeidet beides. Wenn im Frühling Tauben die Blätter abzupfen, sollten sie buschige Sorten pflanzen, die mit einem Vogelschutznetz oder Vlies abgedeckt werden können.

## Tipps

Erbsensprossen für Salat wachsen ohne Stütze.

## Abräumen/Folgefrucht

Entfernen Sie unmittelbar nach der Ernte alle Stängel und alte Blätter und machen Sie das Beet frei für die Folgefrüchte: Ende Juni Rote Bete, Grünkohl und Porree nach den Erbsen; Herbst- und Wintersalate, Spinat, Spitzkohl und Frühlingszwiebeln nach den späten Ernten.

# Kartoffeln

Frühkartoffeln gehören zu den ersten neuen Gemüsen, die im Juni, manchmal sogar schon im Mai geerntet werden, wenn die Spätfröste ausblieben. Frisch geerntete Kartoffeln haben ein ausgesprochen feines Aroma, das sich je nach Sorte unterscheidet.

## Vorkultur

Da Kartoffeln das einzige Gemüse sind, das sich in mechanisch gelockertem Boden wohl fühlt, pflanze ich sie häufig nach den Pastinaken an. Beim Ausgraben der Wurzeln wird der Boden zwangsläufig etwas gelockert. Außerdem mögen Kartoffeln reichliche Mist- oder Grünkompostgaben im Boden – sie liefern das lockere Medium, in dem sich die Knollen besser entwickeln.

## Pflanzen

Kartoffeln brauchen nicht unbedingt vorgekeimt werden, aber wenn Sie die Saatkartoffeln sehr früh kaufen, sollten Sie sie in einer Kiste bei schwachem Licht lagern, damit keine langen, helle Keime auswachsen. Graben Sie die Frühkartoffeln Ende März mit einer Pflanzschaufel 5 cm tief ein, im April bis in die ersten Maiwochen folgen spätere Sorten.

Im Sommer für die Weihnachtsernte gepflanzte Kartoffeln sind durch Braunfäule gefährdet, die verstärkt im Spätsommer auftritt (siehe unten).

## Aufhäufeln

Ziehen Sie die Erde um die wachsenden Stängel zu einem Hügel hoch – als Stütze und damit die Knollen nicht vergrünen. Organisches Material unterstützt die Wirkung der Hügel. Allerdings sollten Sie rohes Material, wie Gras oder Stroh, meiden, weil sich darin die Schnecken verstecken. Ich benutze gut oder halb verrotteten Mist- und Grünkompost, den ich nach der Erde gleichmäßig auf dem Beet für den folgenden Porree und Herbstsalat verteile.

## Erntezeit

**Ab:** Ende Mai für die ersten Frühkartoffeln, sobald die Blätter gelb werden.
**Bis:** September für die Haupternte; sie sollten bis zum Monatsende geerntet werden, bevor Schnecken Schäden an den Knollen anrichten.

## Ernte

Ab Mitte Mai dürfen Sie die ersten Kartoffeln ernten, die Sie mit der Hand erfühlen können. Lassen Sie die Pflanze weiter wachsen; die größte Ernte ist von Pflanzen zu erwarten, deren Blätter sich gelb und braun färben; bei Braunfäule empfiehlt sich eine frühere Ernte (s. u.). Ernten Sie Kartoffeln aus ungestörten Beeten, indem Sie einfach am Stängel ziehen; tiefe Kartoffeln graben Sie mit der Pflanzschaufel aus.

## Sorten

Die ersten Frühkartoffeln überzeugen mehr durch Schnelligkeit als Geschmack, aber im Mai und Juni frische Kartoffeln ernten zu können, ist ein Wert an sich. Ähnlich wie die späteren Frühkartoffeln werden sie geerntet, bevor sich die Braunfäule etablieren kann. Die einzige Bedrohung sind Spätfröste in den Mainächten. Wählen Sie Sorten aus, die zur rechten Zeit reif werden und ihren kulinarischen Vorlieben entsprechen. Ich bevorzuge die spätere Frühkartoffel 'Charlotte' wegen ihres Geschmacks und des hohen Ertrages. Außerdem pflanze ich Salatkartoffeln, wie 'Pink Fir Apple'. Die Sarpo-Sorten sind zwar resistent gegen Braunfäule, schmecken aber nicht so gut und haben eine trockene Struktur.

## Kartoffeln im Topf

Kartoffeln wachsen gut in Töpfen, Eimern und Säcken, aber die Erträge sind oft geringer als angekündigt und die hohen Blätter können stören. Mit einem 40-Liter-Sack Kompost kommen Sie billig zu Kartoffeln: Schneiden Sie den Sack oben auf, stechen ein paar Dränagelöcher hinein und schütten Sie das obere Drittel Kompost aus; pflanzen Sie die Kartoffeln 10 cm tief ein. Nach vier bis sechs Wochen, wenn die Kartoffeln kräftig wachsen, füllen Sie den ausgeschütteten Kompost wieder ein. Zur Erntezeit, wenn die Blätter gelb werden, schütten Sie den Sack in eine Schubkarre, holen die Kartoffeln heraus und verteilen den Kompost um andere Gemüse oder lagern ihn für später.

## Standort und Pflege

**Boden:** Möglichst locker und/oder mit einer dicken Decke aus organischem Material.

**Wetter:** Die Blätter sollten im April und Mai möglichst nicht Spätfrösten ausgesetzt sein (decken Sie Töpfe darüber oder häufeln Sie viel Erde auf). Nach Mitte Juni ist dann ein trockenes Wetter ideal, weil sich die Braunfäule eher bei Feuchtigkeit ausbreitet.

**Gießen:** Große Pflanzen, wenn die Blüten erscheinen, und grundsätzlich bei Trockenheit.

**Abstand:** Frühkartoffeln werden mit 30 bis 40 cm, die Haupternte mit 40 bis 50 cm Abstand gepflanzt.

**Jäten:** Das Aufhäufeln oder eine Kompostdecke reichen gewöhnlich aus, um die Unkräuter zu ersticken. Entfernen Sie dennoch jedes Unkraut, während die Kartoffeln wachsen.

## Mögliche Probleme

Das Hauptproblem ist die Braunfäule, die Blätter abtötet und die Knollen befallen kann. Sie tritt verstärkt auf, wenn es ab Ende Juni eine Woche oder länger regnet oder feucht ist, außerdem während feuchter Wetterperioden im Herbst. Erste Anzeichen sind hellbraune Flecken auf den Blättern, die sich binnen einiger Tage ohne Sonnenschein über die ganze Pflanze ausbreiten. Um die Knollen vor der Braunfäule zu schützen – braune Flecken, die sich rasch ausbreiten, gefolgt von stinkender Fäule –, sollten Sie alle Stängel beim ersten Anzeichen abschneiden und auf den Kompost werfen. Ernten Sie die Kartoffeln dann am nächsten trockenen Tag.

## Tipps

Ernten Sie die Lagerkartoffeln bei trockenem Wetter; andernfalls werden sie auf trockenem Boden oder Regalen ausgebreitet, bis die Schalen trocken sind. Füllen Sie die Kartoffeln in Säcke und lagern Sie sie an einem trockenen, kühlen Ort. Wenn die Pflanze von Braunfäule befallen war, könnten auch die Knollen infiziert sein und später verfaulen – verzehren sie verdächtige Kartoffeln sofort. Grüne Kartoffeln sind schwach giftig, aber kleine grüne Stellen können Sie vor dem Kochen abschneiden. Aus Lagerkartoffeln wachsen in milden Wintern gelegentlich bleiche Triebe; sie werden vor dem Schälen abgerieben.

## Abräumen/Folgefrucht

Entfernen Sie alle Blätter; sie werden kompostiert (auch solche mit Braunfäule). Auf die im Juni geernteten Frühkartoffeln folgen Lauch und Buschbohnen oder die ab Seite 139 als Folgefrüchte aufgeführten Gemüse. Nach den im August geernteten Kartoffeln können Sie Herbst- und Wintersalate pflanzen.

Mitte Juli: Die Ernte einer Kartoffelpflanze 'Charlotte'; sie wuchs in Mistkompost mit einer Gasschicht als Mulch.

# Lauch, Porree

Bis die Lauchmotte auftrat, gehörte Lauch oder Porree zu den einfachsten Gemüsen. Wenn sie in ihrer Region fehlt, erfreuen Sie sich an einem Gemüse, dem Schnecken und Frost nichts anhaben und das von August bis Mai geerntet werden kann.

## Vorkultur

Lauch wächst in Beeten, in denen Frühkartoffeln, überwinterte Dicke Bohnen oder Spinat geerntet wurden. Er braucht viel Wasser unmittelbar nach dem Pflanzen und bei trockenem Wetter auch einige Tage später. Pflanzen Sie die Wurzeln etwa 7 cm tief ein, damit der untere Spross weich und süß wird.

## Aussaat

Säen Sie entweder ab März in Topfplatten unter Glas oder ab Mitte April draußen in unkrautfreien, nährstoffreichen Boden. Mitte Juni sind die Pflanzen stricknadel- bis bleistiftdick. Der unkrautfreie Boden ist entscheidend, denn die Keimlinge wachsen mit dünnen, grasartigen Blättern, die genügend Licht zu den Unkräutern am Boden durchlassen. Säen Sie zwei Samen je Zentimeter in Saatrillen mit 30 cm Abstand. Eine lange Reihe bringt mindestens 40 gute Pflanzen; verwerfen Sie beim Umpflanzen im Juni/Juli die schwächeren Exemplare. Breiten Sie bei Mottengefahr ein Vlies über dem Saatbeet aus.

## Erntezeit

**Ab:** August sind die frühen, langen Sorten reif, wie 'Swiss Giant' und 'King Richard'.
**Bis:** Anfang Mai für die frostresistenten, kürzeren Sorten, wie 'Apollo', 'Bandit', 'Edison' und 'St. Victor'.

## Ernte

Bis auf die Sommersorten für frühe Ernten wächst Porree sehr langsam und ist standfest. Ernten Sie zuerst die größeren Stängel, ohne die Nachbarn zu stören; gelegentlich müssen Sie mit dem Messer oder einer scharfen Pflanzschaufel nachhelfen, um den Porree auszuheben. Abgeschnittene Wurzeln und äußere Blätter dürfen liegen bleiben; sie werden von den Würmern eingezogen.

## Sorten

Siehe oben unter Erntezeit; die schneller wachsenden, langen Sommersorten sterben bei Temperaturen unter 4 °C ab, während die kürzeren Sorten zum Überwintern, deutlich frosthärter sind – sie werden im März und April geerntet.

Wenn Sie nur ein Tütchen aussäen und die Winter in ihrer Region nicht zu streng sind, empfehle ich die Mammoth-Sorten: Sie können bereits ab September geerntet werden, müssten aber bis April essbar sein, weil sie winterliche Fröste besser überstehen als andere Herbst-Sorten.

## Porree im Topf

In einem 30-cm Topf wachsen etwa ein Dutzend Stängel zu ordentlicher Größe heran. Gießen Sie den Topf ab Juli regelmäßig; eine Düngergabe Mitte August unterstützt das Wachstum. Ich empfehle früh reifende Sorten oder 'Mammoth'.

## Standort und Pflege

**Boden:** mit viel organischem Material, vor allem um die Feuchtigkeit zu speichern.

**Wetter:** Warme Sommer mit viel Feuchtigkeit garantieren rasches Wachstum; nach der Winterruhe erneutes Wachstum bis zur Blüte im Mai.

**Gießen:** Zwischen Juli und September gießen, wenn der Boden austrocknet.

**Abstand:** 15 cm zwischen Pflanzen oder mit 10 cm Abstand in Reihen (30 cm Abstand).

**Jäten:** Wenig, aber regelmäßig, denn Porree deckt den Boden nicht ab und ein paar Unkräuter wachsen immer.

Sie sollten gejätet werden, so lange sie noch klein sind; mit Kompost auf der Erde kein Problem.

## Mögliche Probleme

Lauchmotten kommen nicht überall vor, können aber jederzeit zuschlagen. Vorrangig im August legen Sie ihre Eier zwischen die kleinen Blätter. Dann fressen sich die Maden durch die Blätter, sodass die Pflanze abstirbt, wenn sie keine neuen Blätter bilden kann. Halten Sie sich an die oben genannten Termine, damit die Porree-pflanzen im August bereits eine gewisse Größe erreicht haben. Die Aussaat in Topfplatten unter Glas erschwert es den Motten, Keimlinge zu finden. Das sicherste Mittel ist ein feines Netz, das sofort nach der Aussaat über das Beet gelegt wird. Es bleibt bis Mitte September liegen und wird nur zum Jäten kurz hoch genommen.

Ein weiteres Problem stellt die Weißfäule der Wurzeln dar (eine Pilzerkrankung, die auch bei Knoblauch und Zwiebeln auftritt). Die Pilze überleben mehrere Jahre lang im Boden. Die Pflanzen werden plötzlich gelb und die Wurzeln zerfallen zu einer weißen Masse. In diesem Fall muss Porree woanders gesät werden. Mir ist aber aufgefallen, dass die Weißfäule nach einigen Jahren Mulchen mit Mistkompost nachlässt.

Auf den Blättern zeigen sich häufig orangefarbene Flecken, eine Pilzkrankheit auf trockenen Böden, die arm an organischem Material sind. Obwohl sich die Flecken ausbreiten, sterben die Pflanzen nicht ab und der Porree überwindet die Krankheit, wenn der Boden wieder feucht ist.

## Tipps

Porree gedeiht besser in feuchtem Wetter; gießen Sie im Sommer regelmäßig, um das Wachstum zu fördern und Rostpilze einzudämmen. Weiße Stängel bekommen Sie durch Aufhäufeln mit Erde. Porree kann zwar auch bei Frost geerntet werden, doch wenn der Wetterbericht starke Fröste ankündigt, sollten Sie rechtzeitig genug Porreestangen für zwei bis drei Wochen ernten und im Haus kühl lagern. Entfernen Sie die äußeren Blätter erst kurz vor Gebrauch.

## Abräumen/Folgefrucht

Wenn auf die August- und Septemberernte Herbstsalate (Asia-Salate) folgen, werden alle Pflanzenreste entfernt. Andernfalls lassen Sie die Blätter liegen und breiten den Mist- und Gartenkompost darüber aus. Bis zum Frühling und Frühsommer sind die Blätter in den Boden aufge-nommen.

'Swiss Giant' im Spätsommer. Sie wurden im April gesät und im Juni gepflanzt.

# Möhren, Gelbe Rüben, Karotten

Schnecken lieben Möhrenkeimlinge. Wenn sie das überlebt haben, fallen die Möhrenfliegen über sie her. Frisch geerntete Möhren, die alle Angriffe überstanden haben, schmecken köstlicher als jedes Angebot aus dem Supermarkt.

## Vorkultur

Säen Sie die ersten Möhren für den Sommer in völlig unkrautfreien Boden, in dem auch im Winter nichts gewachsen ist. In milden Frühjahren ist die Saat ab Mitte März möglich, Anfang April ist ein guter Durchschnittswert. Im Juni gesäte Möhren werden im Herbst geerntet und für den Winter gelagert; sie folgen auf frühen Spinat oder überwinterte Salate oder auf Unkraut (siehe unten).

## Aussaat

Da die winzigen Möhrensamen leicht vom Unkraut überwuchert werden, zahlt sich gründliches Jäten vor der Aussaat aus. Warten Sie in Böden mit vielen Unkrautsamen bis zum April und jäten Sie die Unkräuter mit der Hacker wiederholen Sie die Prozedur alle 14 Tage, zwei- bis dreimal, bis die Möhren für den Winter im Juni gesät werden.

In den unkrautfreien Beeten werden die Möhren im Juni zwischen Knoblauch gesät, dessen Blätter nun vergilben. Bis Sie die Zwiebeln Ende Juni vorsichtig mit der Pflanzschaufel ausgraben, haben sich die Möhrenpflänzchen etabliert und können auf 1 cm Abstand ausgedünnt werden; 2 cm, wenn sie dickere Möhren wünschen.

Sie können Möhren in Topfplatten (»Root-Trainers« mit großer Tiefe) säen und ins Beet pflanzen, bevor die Hauptwurzeln unten anstoßen. Die Aussaat an Ort und Stelle ist jedoch die bessere Methode.

## Erntezeit

**Ab:** Nach der Aussaat Mitte April in der dritten Juniwoche.
**Bis:** Nach der Aussaat Mitte Juni im November; bis Mitte Juli gesäte Möhren bilden bis zum Spätherbst kleinere Wurzeln.

## Ernte

Sobald die Oberseite der Wurzel sichtbar wird, können die ersten Möhren geerntet werden:

Vorsichtig ziehen und gleichzeitig den Boden vorsichtig mit der Pflanzschaufel auflockern. Durch die frühe Ernte bleibt den anderen Wurzeln mehr Platz, um dicker zu werden; sie sind eine oder zwei Wochen später erntereif. Auf diese Weise liefert eine Aussaat im April den ganzen Sommer über frische Möhren.

Im Oktober oder November geerntete Möhren sind lagerfähig. Trennen Sie die großen Wurzeln (zum Lagern) von den kleinen, die sofort verzehrt werden.

## Sorten

'Early Nantes' sind Möhren mit stumpfer Spitze, die zu jeder Jahreszeit gut wachsen. Die Möhren von 'Autumn King' enden spitz; sie liefern eine gute Herbsternte. 'Purple Haze' F1 ist sehr schön gefärbt und 'Resistafly' F1 soll resistent gegenüber Möhrenfliegen sein – ich bin aber nicht sicher. Da alle Sorten auch in ungestörtem Tonboden wachsen, kann ich kugelige Möhren nicht empfehlen, die keine große Ernte liefern.

## Möhren im Topf

Möhren lassen sich sehr gut im Topf kultivieren, solange sie kräftig ausgedünnt werden. Andernfalls bilden sie großartige Blätter, aber kleine Wurzeln. Streuen Sie die Samen aus und verdünnen Sie die Keimlinge auf 5 cm Abstand.

## Standort und Pflege

**Boden:** Alle Böden sind möglich, wenn sie mit Kompost abgedeckt werden; nicht einarbeiten.

**Wetter:** Möhren vertragen ein breites Temperaturspektrum; bei Trockenheit schmecken sie süßer.

**Gießen:** Feuchten Sie die Saatrillen vor der Aussaat im Sommer gründlich durch; gehen Sie sparsam mit dem Wasser um, damit die Möhren möglichst süß werden.

**Abstand:** Früh gesäte Möhren kommen mit 15–20 cm Reihenabstand aus, später sind 30 cm Abstand besser; lassen Sie zwischen den Wurzeln 1 cm Abstand, um mehr Wurzeln mit weniger Blättern zu kultivieren.

**Jäten:** Ist entscheidend für die Keimlinge (siehe oben unter Säen). Zupfen Sie auch zwischen gut wachsenden Möhren jedes Unkraut aus, damit es keine Samen ausstreut.

## Mögliche Probleme

Die größten Probleme bereiten die Möhrenfliegen, die im Mai und September fliegen. Gefährdet sind alle Pflanzen, da die Fliegen ihre Eier in die Erde legen und die Maden zu den Wurzeln kriechen. Die Maden fallen erst auf, wenn es zu spät ist. Nachdem sie zwei bis drei Wochen aktiv waren, ist die Möhre ungenießbar: Breiten Sie ab Anfang Mai (Frühlingsernte) und im August (Herbsternte) dichte Netze oder Vlies über den Beeten aus. Schnecken mögen die Blätter der Keimlinge und alte Wurzeln: Ernten Sie in tonigen Böden vor Ende Oktober, denn Schnecken machen sich vor allem bei feuchtem Wetter über Blätter und Wurzeln her.

## Tipps

Wenn Sie in der Nähe Unkräuter und andere Pflanzen entfernen, sinkt die Zahl der Schnecken. Nach der Aussaat Anfang April laufen die Keimlinge nach etwa zwei Wochen auf. Bleiben sie aus, sollten Sie genauer hinsehen: Wenn nur noch von Schnecken abgenagte Stümpfe zu sehen sind, bleibt ihnen nichts übrig als neu zu säen. In einem feuchten Frühjahr kann das mehrmals passieren, während Aussaaten bei trockenem Wetter in der Regel erfolgreich sind. Wenn Sie die Saatrillen gut durchfeuchten, brauchen die Möhren für etwa drei Wochen kein zusätzliches Gießwasser.

## Abräumen/Folgefrucht

Entfernen Sie sorgfältig alle Möhrenwurzeln, um die Verstecke für Maden zu beseitigen. Nach der Ernte im Juni und Juli wird die Erde mit einer dünnen Kompostschicht bedeckt, wenn Sie das nicht bereits im Winter erledigt hatten. In der Folge können Sie Grünkohl, Zwergbuschbohnen, Rote Bete und Herbstsalate pflanzen. Lassen Sie die Blätter nach der Herbsternte liegen – die Regenwürmer ziehen sie in den Boden – jäten Sie alle Unkräuter und und breiten Sie 2,5 bis 5 cm hoch Kompost aus.

Möhrenernte im Juni aus einem Hochbeet, das im Winter mit reifem Kompost gefüllt war.

# Tomaten

Wenn Sie eigene Tomaten kultivieren, haben Sie die Auswahl zwischen aufregenden Aromen, Farben und Größen. Tomaten reifen nur in warmen, reifen Sommern vollständig aus. Wenn sich bei andauerndem Regenwetter im Sommer die Braunfäule ausbreitet, geht die Ernte verloren. Daher sollten Sie in »unsicheren« Wetterregionen die Tomaten unter Folie kultivieren.

### Vorkultur

Tomaten sind schneckenresistent; ein Mulch aus dunklem Kompost unterstützt ihren Anspruch auf warmen Boden. Im Freiland ist die Zeit für eine Vorkultur zu kurz, aber im Polytunnel können die Tomaten nach Wintersalaten wachsen – Salaternte und Tomatensaat am selben Tag.

### Aussaat und Anzucht

Säen Sie Tomaten unter Glas Ende Februar bis März in eine Anzuchtschale oder Topfplatte mit kleinen Kam-

'Sungold' Tomaten in einem Polytunnel im September; sie wachsen auf einem ungedüngten Boden, der mit Mistkompost vorbereitet wurde.

mern. Nach einem Monat sind die Pflänzchen 20 bis 30 cm hoch und werden im Mai unter Glas, Anfang Juni draußen gepflanzt. Im Idealfall haben sich zu dieser Zeit bereits die ersten Blütenknospen gebildet.

### Erntezeit

Frühe Sorten wie 'Sungold' ab Ende Juni unter Glas. Bis Oktober; dann werden alle ausgewachsenen Früchte zur Nachreife im Haus gepflückt.

### Ernte

Die Zeit von der ersten Verfärbung bis zur Vollreife kann quälend lang werden – eine bis zwei Wochen –, aber das Warten lohnt sich. Tomaten schmecken am besten, wenn sie zu drei Vierteln durchgefärbt sind; noch später werden sie fade und weich.

### Sorten

Die Wahl der richtigen Sorte ist entscheidend. Fragen Sie zuerst, ob Sie

- buschig wachsende, niedrige Strauchtomaten,
- kriechende Sorten für einen Hängekorb, oder
- eine Sorte wünschen, die gestützt werden muss; Stabtomaten werden 2 m hoch und höher.

Sehen Sie sich danach die Früchte an: süße Kirschtomaten, Eiertomaten zum Kochen, normale, runde Tomaten mit hohem Ertrag oder Fleischtomaten mit viel Aroma und guter Textur. Wählen Sie unter den jedes Jahr neu angebotenen Hybridsorten, einige mit ausgezeichnetem Geschmack, oder den alten Sorten, deren Samen sie wieder aussäen können. Ich schlage Ihnen vor, im ersten Jahr probehalber je ein Exemplar aus dem reichen Sortenangebot zu kaufen, statt viele Samen auszuprobieren.

### Tomaten im Topf

Strauchtomaten und kriechende Sorten wachsen sehr gut im Topf. Die hohen Stabtomaten brauchen große Töpfe oder Kompostsäcke und müssen zwischen Juli und September fast täglich gegossen werden.

## Standort und Pflege
**Boden:** Eine 5 bis 7 cm dicke Mulchschicht aus Mistkompost liefert auch ohne Zusatzdünger genügend Nährstoffe für das Wachstum. Tomaten lieben nährstoffreichen Boden, der die Feuchtigkeit speichert.

**Wetter:** Muss warm sein, daher nicht zu früh pflanzen, denn ein plötzlicher Kälteeinbruch kann die Tomaten töten.

**Gießen:** Die Wurzeln, nicht die Blätter, brauchen Wasser, daher nur die Erde gießen. Ich gieße bei heißem Wetter zweimal wöchentlich; große Tomaten im Topf müssen bei sonnigem Wetter sogar täglich gegossen werden.

**Abstand:** 45 cm sind möglich, doch 60 cm steigern das Wachstum, erleichtern die Ernte, das Jäten und Entgeizen.

**Stützen:** Nur die Stabtomaten mit Stöcken; die Stängel werden alle 20 cm locker angebunden. Spannen Sie im Polytunnel eine Schnur vom Pflanzloch (beim Einpflanzen) bis zum Dach und drehen Sie den wachsenden Stängel darum; die Wurzeln halten die Schnur unten fest.

**Jäten** Sie unter Strauchtomaten, obwohl die Tomaten meist den Boden decken; hacken Sie zwischen den Stabtomaten.

## Entgeizen
Stabtomaten bilden zur Pflanzzeit und später wöchentlich neue Seitentriebe. Entfernen Sie die neuen Seitentriebe (»entgeizen«), sobald sie entstehen: Sie wachsen im Winkel zwischen dem Stängel und dem Blattstiel aus. Bei Stabtomaten wird die Wachstumsspitze im August entfernt, damit die vorhandenen Früchte ausreifen und keine neuen gebildet werden. Bei den Strauchtomaten werden die Triebspitzen im August und September entfernt.

## Mögliche Probleme
Problem Nummer Eins ist die Braunfäule, die sich auf den Blättern genauso schnell ausbreitet wie bei den Kartoffeln. Sollte das während einer regnerischen Woche im Sommer eintreten, verwandelt sich die Vorfreude auf die Ernte in tiefe Enttäuschung: Die Ernte ist ruiniert. Gießen Sie unter Glas sehr vorsichtig, immer nur die Erde und entfernen Sie im Juli die untersten Blätter, damit kein Wasser auf die Blätter spritzen kann. Halten Sie das Dach des Gewächshauses geschlossen, solange Tomaten darin wachsen. Mit dem eindringenden Regen könnte sich der Pilz festsetzen und rasch alle anderen Pflanzen im Gewächshaus infizieren – langsam in trockener, rasch in feuchter Luft.

Auch wenn im Boden lebende Fadenwürmer (nach mehreren Jahren Tomaten) das Wachstum der Tomaten einschränken, bilden sie gute Früchte. Nachdem ich teure, gepfropfte Tomaten ausprobiert habe, die Resistenz gegenüber Nematoden versprechen, glaube ich inzwischen, dass die Bodenschädlinge eine geringere Bedrohung darstellen als oft behauptet (das gilt allerdings nicht für Tomatenbauern, die Jahr für Jahr eine reiche Ernte brauchen). Weiterhin ist mir aufgefallen, dass die gepfropften Tomaten zwar kräftig wachsen, aber ihre Früchte spät reifen.

## Tipps
Im September wird weniger, unter Glas ab Mitte September nicht mehr gegossen, damit die Früchte reifen.

## Abräumen/Folgefrucht
Tomaten stellen ihr Wachstum im Oktober ein. Hat die Braunfäule zugeschlagen, landen die Pflanzen sofort auf dem Kompost und es bleibt Zeit für einige Herbstsalate. Tomaten unter Glas werden ebenfalls im Oktober entfernt; danach wird das Beet mit diversen Salaten bepflanzt (Aussaat Mitte September). Wenn die Tomaten und andere Sommergemüse unter Mulch aus Mist- oder Grünkompost gewachsen sind, brauchen Sie keinen neuen Kompost für den Salat zu verteilen. Treten Sie den Mulch vor dem Pflanzen vorsichtig fest, um große Brocken zu zerkleinern und ihn einzuebnen; gründlich gießen.

# Zucchini

Damit die schnell wachsenden Zucchini ihre Endgröße erreichen können, brauchen sie 1 m Platz um sich herum. Bei warmem Wetter tragen sie reichlich; nicht gepflückte Früchte werden sehr groß.

## Vorkultur

Pflanzen Sie Zucchini in einen Boden, der möglichst einen Monat lang brachgelegen hat, um die Zahl der Schnecken zu reduzieren. Alternativ können Sie Zucchini auch auf einen halbgaren Komposthaufen pflanzen.

## Aussaat

Wenn Sie Zucchini um die dritte Aprilwoche unter Glas aussäen, sind sie um den Mittsommertag erntereif. Legen Sie einen Samen flach auf das Substrat (5 cm Töpfe), drücken ihn vorsichtig fest und streuen Sie 1 cm hoch Kompost darüber. Wenn die ersten echten Blätter nach etwa drei Wochen groß genug sind, pflanzen Sie die Zucchini entweder nach draußen oder topfen Sie sie für eine weitere Woche in einen größeren Topf um. Gehen Sie immer vorsichtig mit den Pflanzen um, denn Wurzeln, Stängel und Blätter sind zerbrechlich.

Ab Mitte bis Ende Mai, wenn der Boden wärmer ist, können Zucchini auch draußen gesät werden; streuen Sie jeweils zwei Samen aus und entfernen Sie die schwächeren Keimlinge.

## Erntezeit

**Ab:** Ende Juni (Mitte Mai unter Vlies gepflanzt).
**Bis:** Zu den ersten Frösten im Oktober oder früher, wenn der Mehltau in einem kühlen, feuchten Herbst die Blätter zerstört hat.

Acht Zucchini im Spätfrühling; sie wurden vor acht Wochen gepflanzt. Dahinter wachsen Knoblauch und Kopfsalat.

## Ernte

Zuerst tauchen die exotischen gelben Blüten auf, einige an dünnen Stielen (männlich), andere mit einer Verdickung dahinter (weiblich). Pflücken Sie die ersten Früchte, wenn sie 5 bis 7 cm lang sind, damit sich die übrigen besser entwickeln. Bis Ende Juli sollte alle ein bis zwei Tage eine Frucht reifen – wählen Sie nach der Größe aus. Nicht gepflückte Früchte werden kürbisgroß; sie hemmen das Wachstum der anderen Früchte.

## Sorten

Im Angebot sind längliche oder kugelige, grüne oder gelbe; Pflanzen mit gelben Früchten sind nicht so produktiv wie solche mit grünen.

## Zucchini im Topf

Eine einzige Zucchinipflanze im Topf liefert eine ordentliche Ernte, muss aber nach der Blüte selbst bei Regen täglich gegossen werden, da die großen Blätter im Sommer sehr viel Wasser transpirieren. Wählen Sie eine kleine Sorte wie 'Bambino' F1.

## Standort und Pflege

**Boden:** Zucchini brauchen viel organisches Material, das entweder im Winter auf den Beeten oder im Sommer als Mulch um die Pflanzen ausgebreitet wird, um Nährstoffe zu liefern und die Feuchte zu halten.

**Wetter:** Viel Wärme sichert gesundes Wachstum und reiche Ernte.

**Gießen:** In trockenen Sommern lohnt es sich, die Zucchini einmal wöchentlich tiefgründig zu gießen, es sei denn Sie haben zu viele Früchte. Allerdings gehen die Pflanzen bei Trockenheit in einen Ruhezustand über und bilden nach Regen oder Gießen zusätzliche Früchte.

**Abstand:** 1 m zwischen den Pflanzen.

**Stützen:** Sind nur nötig, wenn wenig Platz zur Verfügung steht. Zucchini wachsen aufrecht bis August, dann kippen sie um und die neuen Früchte wachsen nahe am Boden. Zur Abhilfe binden Sie die Stängel an Stützen fest (alle 14 Tage den Triebzuwachs erneut festbinden).

**Jäten:** Da diese große, stark wachsende Pflanze Unkräuter unterdrückt, ist Jäten nicht unbedingt erforderlich. Sie sollten aber dennoch unter den Blättern nach Unkräutern suchen, damit sie keine Samen bilden und im nächsten Jahr Arbeit machen.

## Mögliche Probleme

Schnecken mögen die Jungpflanzen, insbesondere, wenn ihr Wachstum bei kühlerem Wetter stockt. Pflanzen Sie Zucchini daher erst ab Mitte Mai nach draußen. Gurken-Mosaikviren überleben im Boden; wenn sie Zucchini befallen, beginnen die Pflanzen plötzlich zu welken. Die Sorte 'Defender' F1 soll resistenter sein.

Ab August können einige Blätter dem Mehltau zum Opfer fallen; es gibt eine Abhilfe, doch Zucchini wachsen trotz Mehltau auf den älteren Blättern meist weiter bis September.

## Tipps

Da Blätter und Stängel mit stachligen Spitzen besetzt sind, sollten Sie bei der Ernte Handschuhe und langärmlige Hemden tragen. Knipsen Sie Seitentriebe am unteren Stängel ab, damit sich dort keine Früchte bilden und die Bildung der oberen hemmen.

## Abräumen/Folgefrucht

Bringen Sie die Pflanzenreste im Oktober auf den Komposthaufen; wenn sie liegen bleiben, zerfallen sie im Frost bis auf faserige Reste. Breiten Sie vor Weihnachten Kompost darüber aus.

Manchmal habe ich Knoblauch gepflanzt, aber meistens lasse ich das mit Kompost bedeckte Beet den Winter über brachliegen und säe/pflanze erst im Frühling neue Gemüse.

# Zuckermais

Die exquisite Süße und der Geschmack frisch geernteter Kolben machen Zuckermais zu einer wertvollen Gartenpflanze. Sie können die Kolben ernten, wenn ihnen die Größe zusagt – junge und weiche oder ältere, süßere und festere Körner.

## Vorkultur
Säen und pflanzen Sie Mais in Böden, die seit Herbst/ Winter brach unter einer Kompostdecke liegen.

## Aussaat
Zuckermais braucht Wärme. Bei einer Aussaat draußen, Ende Mai bis Anfang Juni, reicht die Zeit für vollreife Kolben nur in einem warmen Sommer. Die Ernte wird verlässlicher, wenn Sie nach Mitte April unter Glas säen und Anfang Mai nach draußen pflanzen; decken Sie die Jungpflanzen bis Anfang Juni mit einem Vlies ab, es sei denn das Jahr ist ungewöhnlich warm.

## Erntezeit
**Ab:** August für die frühen Sorten in einem warmen Sommer.
**Bis:** Oktober für spätere Sorten und in einem kühlen Sommer.

## Erntetipps
Die Körner sind reif, süß und prall, wenn sich die Fäden dunkelbraun färben. Die Körner früher geernteter Kolben sind kleiner und heller; in älteren Kolben sind sie dunkelgelb, enthalten weniger Zucker aber mehr mehlige Stärke.

## Sorten
Die Sorten unterscheiden sich im Aroma, der Höhe der Pflanzen und Reifezeit. Ich finde die verlässliche 'Sweet Nugget' F1 köstlich. Es gibt auch kleine Sorten, die aber viel Platz für geringe Ernte verbrauchen. Lässt man sie stehen, um größere Kolben zu ernten, erweisen sie sich als nicht besonders süß oder prall.

## Mais im Topf
Die großen Pflanzen brauchen viel Wurzelraum, sind also nicht ideal für den Topf; sie brauchen viel Wasser.

## Standort und Pflege
**Boden:** Wasser speichernd und mit Mulchkompost bedeckt.

**Wetter:** Zuckermais braucht durchweg sonniges Wetter, im Sommer auch etwas Regen.

**Gießen:** Wenn der Boden im August und Anfang September sehr trocken ist, sollten Sie gießen.

**Abstand:** Gleichmäßig 30 bis 40 cm, beispielsweise in vier Reihen in einem 1,20 m breiten Beet, damit der Pollen die weiblichen Blüten erreicht und alle Körner ausreifen.

**Stütze:** Wegen der holzigen Stängel nicht nötig.

**Jäten** ist auch um ausgewachsene Pflanzen im Sommer erforderlich (mit der Hand oder Hacke), damit die Unkräuter keine Samen bilden.

## Mögliche Probleme
Schädlinge betreffen vor allem den feldmäßigen Anbau, im Garten fallen manchmal Schnecken über Keimlinge her. Für die reifen Maiskörner interessieren sich die Vögel; in Regionen mit Dachsbestand finden sich Dachse ein, die nur ein stabiler, 1,20 m hoher Zaun fernhält.

## Tipps
In kleinen Töpfen kultivierte Maispflänzchen können Ende Mai bis Anfang Juni zwischen die Triebe von Kürbissen gepflanzt werden. Ich pflanze an den Rändern eines 1,20 m breiten Beet zwei Reihen Mais (1 m Abstand), dazwischen wachsen Kürbisse (ebenfalls 1 m Abstand); siehe Foto auf Seite 140. Zuckermais wächst aber auch gut zwischen den 2 m hohen Spalierapfelbäumen in

meinem Obstgarten. Dort sind die Pflanzen zwar kleiner, haben aber voll entwickelte Kolben.

### Abräumen/Folgefrucht

Schneiden Sie die oberflächlichen Wurzeln mit einem Messer oder scharfen Spaten ab und zerteilen Sie die Stängel vor dem Kompostieren in 15 cm lange Stücke. Wenn Sie den Mais vor Mitte September an entfernen, bleibt noch genug Zeit für einige schnelle Herbstsalate, wie Rucola oder Mizuna. Alternativ können Sie im Oktober auch noch Knoblauch und Dicke Bohnen pflanzen.

Die Zuckermaissorte 'Sweet Nugget' F1 hat jetzt im September prachtvolle Kolben und Körner gebildet.

# Zwiebeln und Schalotten

Diese nahen Verwandten des Lauchs gehören zu den wichtigsten Produkten im Garten und in der Küche; sind aber nicht immer so leicht zu kultivieren wie erwartet.

## Vorkultur

Ein unkrautfreier Boden ist entscheidend, weil die Zwiebelblätter keinen Schatten werfen und Unkräuter unterdrücken. Andererseits sind sie resistent gegen Schnecken und dürfen im Mulch wachsen.

## Aussaat

Säen Sie im März in dünne Saatrillen in unkraut-freien Boden (Umsetzen Anfang Mai) oder säen Sie zwischen Februar und Anfang März unter Glas in Topfplatten – sechs bis acht Samen je Fach. Sie werden als Gruppe gepflanzt und wachsen zu mittelgroßen Zwiebeln heran.

Schneller geht es mit Steckzwiebeln, die im März gepflanzt werden; nach der Monatsmitte, damit die Pflanzen nicht schießen. Steckzwiebeln könnten allerdings Mehltau in den Boden übertragen. Da die Überwinterung von Zwiebeln das Problem verstärken kann, empfehle ich, ab dem Herbst weder zu säen noch Steckzwiebeln zu pflanzen.

## Erntezeit

**Ab:** Juli bis Anfang August.
**Lagerbar** unter kühlen, trockenen Bedingungen bis zum folgenden April oder Mai.

## Ernte

Warten Sie ab, bis die Hälfte der Blätter abgeknickt ist – Anfang Juli bei den Schalotten, spätestens Mitte August bei den Zwiebeln – dann ziehen Sie die Zwiebeln heraus. Lassen Sie sie einige Tage in Sonne und Wind trocknen. Die teilweise trockenen Zwiebeln werden unter Glas an einem luftigen Ort ausgebreitet oder hängend völlig getrocknet. Trockene, nicht mit Mehltau infizierte Zwiebeln und Schalotten halten sich im Haus oder in einem Schuppen selbst bei Frost den ganzen Winter über.

## Sorten

Es gibt eine große Auswahl roter und gelber Zwiebeln und Schalotten; probieren Sie aus, welche sie mögen. Die Zwiebelsorten 'Santero' und 'Hylander' (beide F1-Hybriden) sind resistent gegenüber Mehltau.

## Zwiebeln im Topf

Im Vergleich zu den aufgewendeten Kosten lohnt die Mühe nicht, Zwiebeln im Topf zu kultivieren; nur Frühlingszwiebeln machen eine Ausnahme.

## Standort und Pflege

**Boden:** Zwiebeln wachsen außerordentlich gut in ungestörtem Boden mit Mulchkompost; ein unkraut-freier Boden ist günstig.

**Wetter:** Kritisch im Juni und Juli, wenn die warme Sonne das Wachstum und später den Trockenprozess fördert.

**Gießen** ist nur selten nötig, außer in sehr trockenen Frühjahren.

**Abstand:** Enger wachsende Pflanzen liefern kleinere Zwiebeln, ohne das Wachstum zu hemmen. Topfplatten mit drei bis vier Samen je Kammer, die als Gruppen mit 25 cm Abstand gepflanzt werden, liefern drei bis vier mittelgroße Zwiebeln. Steckzwiebeln werden mit 12 cm Abstand rundum oder mit 7 cm Abstand in Reihen (Abstand 25 cm) gepflanzt.

**Jäten:** Hacken Sie im April jedes Unkraut, das sich zeigt, ein weiteres Mal im Mai, bevor sich die Zwiebelblätter entwickeln; danach werden die Unkräuter mit der Hand alle zwei bis drei Wochen herausgezupft.

In unkrautfreie Erde können Sie im August Asia-Salate, Steckrüben und andere Pflanzen säen.

## Potenzielle Probleme

Die Weißfäule befällt auch Zwiebelwurzeln (siehe Porree, oben). Die Maden der Zwiebelfliege fressen gelegentlich im Mai und Juni die Blätter an, ohne größeren Schaden anzurichten. Die Grauschimmelfäule ist ein ernsteres Problem.

## Tipps

Am schwierigsten sind rote Zwiebeln zu kultivieren. Vor allem die Steckzwiebeln schießen leicht, mit Ausnahme der teureren, hitzebehandelten Exemplare, die ab Anfang April angeboten werden. Die Kultur aus Samen

lohnt sich auch für rote Zwiebeln. Schalotten können jedes Jahr neu eingepflanzt werden – Sie brauchen keine Steckzwiebeln zu kaufen. Legen Sie bei der Ernte ein paar kleine Zwiebeln beiseite: Die kleinen Zwiebeln wachsen wieder zu neuen Schalotten heran. Die Kultur aus Samen ist ökonomischer; ich habe mit den Samen aus einer einzigen Tüte riesige Ernten erzielt: Aussaat in Topfplatten und dann in dem hier angegebenen Abstand pflanzen.

## Abräumen/Folgefrucht

Wenn die Zwiebeln und Unkräuter entfernt sind, können Sie Asia-Salate, Rucola, Endivien, Chicorée, Steckrüben, Feldsalat, Gartenkresse und Winterportulak direkt an Ort und Stelle säen.

Aus sechs Zwiebelsamen 'Red Baron' in der Kammer einer Topfplatte wuchsen vier Zwiebeln aus; hier Anfang August.

# Lust auf mehr?

Zum Abschluss ein Ausblick auf weitere, spannende Methoden, die eine gesündere, reichere Ernte versprechen.

## Gärtnern nach dem Mond

Es gibt viele Möglichkeiten, sich nach dem Mond zu richten: Ist er zunehmend oder abnehmend, steigend oder sinkend? Auch seine Position im jeweiligen Tierkreiszeichen soll eine Rolle spielen. Was davon ist wichtig?

In diesem Gebiet gibt es sehr viele unterschiedliche Ansätze und ich maße mir kein abschließendes Urteil an. Aber die Idee ist faszinierend und es ist sicherlich interessant, auch weniger vordergründige Einflüsse auf das Pflanzenwachstum zu erkunden.

---

## MÖHREN 'EARLY NANTES'

Im September 2009 habe ich ein 1,20 × 2,4 m großes Beet mit einem Holzrahmen eingefasst und mit gut verrottetem Kuhmist gefüllt, direkt auf das Gras. In eine Deckschicht aus 3 cm feinem Kompost wurde im Herbst Salat gepflanzt.

Im folgenden April habe ich das Beet in zwei gleich große Hälften geteilt (A und B) und nach dem Aussaatkalender von Maria Thun Möhren 'Early Nantes' gesät:

**Beet A:** Möhren am 12. April, an einem »schlechten« Tag (gestrichelte Linie: »nicht säen«).
**Beet B:** Möhren am 19. April, an einem »Wurzeltag« im Sternbild Stier.
Da der Frühling trocken war, habe ich gelegentlich gegossen; es gab keine Schäden durch Möhrenfliegen.
Die Ernten fielen wie folgt aus (erste Messung am 29. Juli, jeweils eine Reihe pro Beethälfte):

|               | A      | B      |                                   |
| ------------- | ------ | ------ | --------------------------------- |
| 29. Juli      | 1,6    | 1,8    |                                   |
| 12. August    | 1,8    | 2,4    |                                   |
| 26. August    | 1,9    | 2,3    | in A mehr verzweigte Wurzeln      |
| 2. September  | 2,4    | 2,6    | die letzte Reihe, dieselbe Qualität |
| **Gesamt**    | **7,7 kg** | **9,1 kg** |                               |

Ergebnis: Die Ernte am Wurzeltag fiel um 20 % höher aus, obwohl die Möhren eine Woche später gesät wurden. In der Qualität gab es keine Unterschiede.

Meine weiteren Versuche zum Gärtnern nach dem Mond erbrachten unterschiedliche Ergebnisse. In den meisten Fällen traten Unterschiede auf, wenn auch kaum vorhersagbar. Nur bei dem Experiment nach Maria Thun, in dem ich Möhren an einem »guten« und einem »schlechten« Tag ausgesät hatte, folgte die Ernte der Erwartung.

Die Ratschläge in Maria Thuns Aussaatkalender richten sich meist nach der astronomischen Stellung des Mondes in den Tierkreiszeichen, während die Mondphasen selbst keine große Rolle spielen.

Es gibt Hinweise, dass Pflanzen, die bei zunehmendem Mond – insbesondere an den Tagen kurz vor Vollmond – gesät werden, stärker wachsen als bei abnehmendem Mond. Näheres können Sie in meinem Buch *Salad Leaves For All Seasons* S. 58, lesen. In dem nebenstehenden beschriebenen Versuch nahm der Mond am 12. April ab, ab 19. April wieder zu – vielleicht erklärt das den Unterschied.

## Biodynamisch gärtnern

Ein anderer, faszinierender Ansatz für bessere Ernten ist die Biodynamik, die ich hier nur kurz streifen möchte. Näheres steht auf der Website der *Biodynamic Agricultural Association* (www.biodynamic.org.uk).

Ich benutze das Spritzpräparat 500 (Demeter): Es wird im zeitigen Frühjahr und Spätherbst eine Stunde lang kräftig mit Wasser verrührt und dann in den Garten gespritzt. Ich glaube, dass es den Boden belebt. Mein Garten ist gesund, aber ich kann nicht beweisen, dass beides voneinander abhängt.

Landwirte, die solche Präparate in großem Maßstab nutzen, berichten von einer eindrucksvollen Veränderung des Bodens und einer Zunahme der Regenwürmer im Boden.

Andere Präparate dienen dazu, den Komposthaufen zu beleben, um gesunden Kompost zu erzeugen oder andere Aspekte des Gartenbaus.

Andererseits fällt mir auf, dass viele biodynamisch vorgehende Gärtner ihren Boden umgraben, häufig sogar holländern.

Keiner kennt alle Antworten!

Ich hoffe, Sie können sich mit den Ratschlägen und Methoden anfreunden, die ich in diesem Buch vorstelle – finden Sie ihren eigenen Weg im Garten.

Möhren 'Easy Nantes'

# Adressen und Bezugsquellen für Gemüsesamen und Jungpflanzen

Vertriebsgesellschaft Quedlinburger
Saatgut mbH
Dieselstr. 1
06449 Aschersleben
Tel.: 0 34 73 / 84 06 66
www.quedlinburger-saatgut.de

Albert Treppens & Co. Samen GmbH
Berliner Str. 84–88
14169 Berlin
Tel.: 030 / 8 11 33 36
www.treppens.de

Dreschflegel
In der Aue 31
37213 Witzenhausen
Tel.: 0 55 42 / 50 27 44
www.dreschflegel-saatgut.de

Gärtner Pötschke
41561 Kaarst
Tel.: 0 18 05 / 86 11 00
www.gaertner-poetschke.de

Flora Frey
Postfach 160147
42621 Solingen
Tel.: 02 12 / 25 70-0
www.florafrey.de

Manufactum
Hiberniastr. 5
45731 Waltrop
Tel.: 0 23 09 / 9 39 00
www.manufactum.de

Bruno Nebelung GmbH & Co.
(Kiepenkerl-Saatgut)
48351 Everswinkel
Tel.: 0 25 82 / 67 00
www.kiepenkerl.com
www. nebelung.de

Sperli GmbH
Freckenhorster Str. 32
48351 Everswinkel
Tel.: 0 25 82 / 67 09 00
www.sperli.de

Bingenheimer Saatgut AG
Ökologische Saaten
Kronstr. 24
61209 Echzell-Bingenheim
Tel.: 0 60 35 / 18 99-0
www.bingenheimersaatgut.de

Baldur-Gartenversand
Elbingerstraße 12
64625 Bensheim
Tel.: 0 18 05 / 10 35-11
www.baldur-garten.de

Hild samen gmbh
Kirchenweinbergstr. 115
Tel.: 0 71 44 / 84 73 11
71672 Marbach am Neckar
www.hildsamen.de

N. L. Chrestensen
Erfurter Samen- und Pflanzenzucht
GmbH
Witterdaer Weg 6
99092 Erfurt
Tel.: 03 61 / 22 45-0
www.gartenversandhaus.de

## Österreich

ReinSaat
A-3572 St. Leonhard 69
Tel.: +43 (0) 29 / 87-23 47
www.reinsaat.at

## Schweiz

Wyss Samen und Pflanzen AG
Schachenweg 14c
CH-4528 Zuchwil-Solothurn
Tel.: +41 (0) 32 / 6 86 68 68
www.samen.ch

Samen Mauser AG
Industriestr. 24
CH-8404 Winterthur
Tel.: +41 (0) 52 / 2 34 25 25
www.samen-mauser.ch

# Literatur

Meyer-Rebentisch, Karen
**Das Gemüsebuch**
BLV 2012

Radziewsky, Elke von, Regina Recht
**Das große Selbstversorger-
Kochbuch**
BLV 2012

Radziewsky, Elke von, Jürgen
Holzenleuchter
**Der Selbstversorger-Garten**
BLV 2012

# Stichwortverzeichnis

## Danksagung

Ein großer Dank gilt allen Menschen, die zum Gelingen dieses Buchs beigetragen haben. Das sind zum einen die Lektoren und das Team von Frances Lincoln, aber auch die Teilnehmer meiner Kurse, deren Feedback so interessant und hilfreich waren, und natürlich meine Familie, die meine langen Gartenaufenthalte erträgt und das Schreiben darüber unterstützt.

In ganz anderer Hinsicht bin ich dem Boden und den Pflanzen dankbar, die meine Experimente und Versuche aushalten müssen und mir so ihre ganz individuellen Vorlieben und Potenziale offenbaren. Im Laufe der Zeit entstand mit ihnen ein wirklich wunderbarer Garten. In die Zukunft blickend glaube ich, dass es noch viel Neues zu entdecken gilt, zu verstehen und wertzuschätzen: durch neue Anbaumethoden und genaues Beobachten der Ergebnisse.

Und zum Schluss möchte ich mich bei Ihnen, meinen Leserinnen und Lesern, bedanken, dafür, dass Sie meine Ideen und Methoden umsetzen und dadurch eine – hoffentlich – üppigere Ernte genießen können.

# Über den Autor

**Charles Dowding** wuchs auf einer Farm in Somerset (UK) auf. Nachdem er 1980 an der Cambridge University seinen Abschluss in Geographie machte, zog es ihn zurück aufs Land, wo er sich zu einem Pionier des biologischen Gemüsegärtnerns entwickelte. 1991 verpachtete er seinen stetig wachsenden Garten in England, gründete eine Gärtnerei in der tiefsten Provinz von Sambia und lebte eine Zeit lang in der Gascogne, ehe er nach Somerset zurückkehrte. Dort wandte er sich wieder dem Gemüsegärtnern zu, schrieb zahlreiche Artikel für Fachmagazine und gibt nun Seminare und Kurse dazu. 2007 und 2008 veröffentlichte er außerdem zwei sehr erfolgreiche Bücher über das Gemüse- gärtnern. Mehr Infos unter www.charlesdowding.co.uk

# Impressum

**Bibliografische Information der Deutschen Nationalbibliothek**

Die Deutsche Nationalbibliothek verzeichnet diese Publikation in der Deutschen Nationalbibliografie; detaillierte bibliografische Daten sind im Internet über http://dnb.d-nb.de abrufbar.

Aus dem Englischen von Dr. Wolfgang Hensel

Titel der englischen Originalausgabe:
*Charles Dowding's Vegetable Course*
Copyright © Frances Lincoln Limited 2012
Text und photographs copyright © Charles Dowding 2012
Drawings copyright © Susie Dowding 2012
First Frances Lincoln edition 2012

Deutschsprachige Ausgabe

BLV Buchverlag
GmbH & Co. KG

80797 München

© 2013 BLV Buchverlag GmbH & Co. KG, München

Das Werk einschließlich aller seiner Teile ist urheberrechtlich geschützt. Jede Verwertung außerhalb der engen Grenzen des Urheberrechtsgesetzes ist ohne Zustimmung des Verlags unzulässig und strafbar. Das gilt insbesondere für Vervielfältigungen, Übersetzungen, Mikroverfilmungen und die Einspeicherung und Verarbeitung in elektronischen Systemen.

Alle Fotos von Charles Dowding,
außer S. 2/3: Karen Meyer-Rebentisch,
S. 62 Mitte: Flora Press Agency/Martin Hughes Jones
Umschlagkonzeption: Kochan & Partner, München
Umschlagfotos: GAP Photos/Martin Hughes-Jones
Rückseite: Charles Dowding

Programmleitung: Dr. Thomas Hagen
Lektorat: Kullmann & Partner GbR, Stuttgart
Herstellung: Hermann Maxant
DTP: Satz+Layout Fruth GmbH, München

Gedruckt auf chlorfrei gebleichtem Papier

Printed in Germany

ISBN 978-3-8354-1086-2

**Hinweis**
Das vorliegende Buch wurde sorgfältig erarbeitet. Dennoch erfolgen alle Angaben ohne Gewähr. Weder Autoren noch Verlag können für eventuelle Nachteile oder Schäden, die aus den im Buch vorgestellten Informationen resultieren, eine Haftung übernehmen.

# Intensive Geschmackserlebnisse: alte Gemüse neu entdeckt

Bärbel Steinberger/Katrin Schumann
**Alte Gemüse – neuer Geschmack!**
Über 60 traditionelle Gemüsesorten in Porträts – von Mairübe, Ampfer und Spargelerbse bis Bamberger Hörnchen und einer paradiesische Tomatenvielfalt · Geschichte, typische Eigenschaften und Erhaltung der Sorten · Tipps zu Anbau, Ernte und Lagerung der Gemüse · Verwendungsmöglichkeiten in der Küche und tolle Rezepte zum Nachkochen.
ISBN 978-3-8354-0822-7